Was macht es aus, das Glück, nach dem wir alle streben? Wie kann man es erlangen? Macht Geld eigentlich glücklich? Eine steile Karriere? Das einfache Leben? Muntere Kinder? Die Antworten auf diese Fragen sind vielfältig. Wem also kann man trauen, wem soll man folgen? Wolf Schneider nimmt in diesem Buch die florierenden Glücksversprechen unter die Lupe, von den hehren Lehren der Philosophen bis zu den angeblich todsicheren Tipps der um sich greifenden Ratgeberliteratur. Kenntnisreich und unterhaltsam unterscheidet er, welche Rezepte plausibel sind, welche eher strittig – und welche Sie getrost vergessen können.

Wolf Schneider zieht die Summe aus 30 Jahren Beschäftigung mit der Frage, was das Glück ausmacht und wie man es steigern kann. Und deshalb sind seine Rezepte für ein glücklicheres Leben anders als die meisten: realistisch.

Wolf Schneider, geboren 1925, ist Ausbilder an sechs Journalistenschulen, Kolumnist des *Handelsblatts* und der *Neuen Zürcher Zeitung* und Autor von 27 Sachbüchern. Er war Korrespondent der *Süddeutschen Zeitung* in Washington, Verlagsleiter des *Stern*, Chefredakteur der *Welt*, Moderator der *NDR-Talk-Show* und 16 Jahre lang Leiter der Hamburger Journalistenschule. 1994 verlieh die Gesellschaft für Deutsche Sprache ihm den *Medienpreis für Sprachkultur*. Schneider lebt in Starnberg.

WOLF SCHNEIDER

Glück!

**Eine etwas
andere
Gebrauchsanweisung**

Rowohlt Taschenbuch Verlag

Für Lilo

Veröffentlicht im Rowohlt Taschenbuch Verlag,
Reinbek bei Hamburg, August 2008
Copyright © 2007 by Rowohlt Verlag GmbH,
Reinbek bei Hamburg
Gedicht S. 67: Mascha Kaléko:
In meinen Träumen läutet es Sturm
© 1977 Deutscher Taschenbuchbuch Verlag, München
Lektorat Frank Strickstrock
Umschlaggestaltung ZERO Werbeagentur, München,
nach einem Entwurf von any.way, Hamburg
(Foto: getty images/Image Source)
Satz aus der Plantin PostScript,
Dörlemann-Satz, Lemförde
Druck und Bindung CPI – Clausen & Bosse, Leck
Printed in Germany
ISBN 978 3 499 62231 1

Inhalt

Was ist das eigentlich – Glück?
  1 Den Plan der Schöpfung überlisten   11
  2 Macht Geld glücklich?   13
     Zwischenfrage: Wie werde ich Lottomillionär –
     und was hätte ich davon?   20
  3 Was die Leute so reden   23
  4 Mit der Tugend ins Jammertal   28
  5 Der Platzregen und die Liebe   32
     Stichwort: Luck und Happiness   35
  6 Glück – ohne Scheuklappen   38
     Stichwort: Der Flow   44
  7 Ist Glück machbar?   46
     Stichwort: Glückspillen und Endorphine   51

Gute Rezepte, das Glück zu steigern
  8 Tu was!   55
  9 Gönn' dir was!   62
     Zwischenruf: «Gönn' dir nichts!»
     (Die finsteren Puritaner)   68
10 Pflege die Kontraste   71
11 Pflege die Kontakte   80
12 Pflege die Erinnerung   84
     Zwischenfrage:
     Wie entwirre ich meine Familienbande?   92

Strittige Rezepte, das Glück zu steigern
13 Selbstverwirklichung – ein gemischtes Vergnügen   97
14 Feste und Räusche   104

	Zwischenfrage: Lässt sich Alkohol verbieten?	111
15	Nicht vorsorgen? Nichts vererben?	113
	Zwischenfrage: Was rät der Prediger Salomo?	120
16	Das einfache Leben	122
	Zwischenspiel: «Die Reise um mein Zimmer»	127

Wo Rezepte wenig helfen

17	Die Wahrheit über die Liebe	133
	Zwischenfrage: Wie finde ich meinen Traumpartner?	137
18	Die Macht und das Geld	140
	Zwischenfrage: Wie werde ich Bundeskanzler?	147

Wo Glück und Leid sich streiten

19	Hassliebe und Freudentränen	151
	Zwischenspiel: Angstlust auf dem Eiger-Grat	155
20	Ist die Ehe noch zu retten?	157
	Zwischenfrage: Wann findet ein Mann seine Ruhe?	166
21	Machen Kinder glücklich?	168
22	Vorfreude und Zukunftsangst	171
23	Die Arbeit: Last und Lust	179
	Zwischenfrage: Welcher Beruf ist der abscheulichste?	188

Das Unglück

24	Die große Langeweile	193
	Stichwort: Der Wortschatz der Schwermut	199
25	Enttäuschung, Erniedrigung und Neid	201
	Stichwort: Die sieben Todsünden	206
26	Die Angst	208
	Stichwort: Lexikon der Ängste	212
27	Der Schmerz und der Tod	214

ZWISCHENFRAGE:
Was bedeutet der Tod für Dietrich Grönemeyer? 219
28 Machen Religionen glücklich? 221
29 Der Trost und der Trotz 229

**Was kann – was darf der Staat tun,
um das Glück seiner Bürger zu mehren?**
30 Das größte Glück der größten Zahl ... 239
ZWISCHENFRAGE:
Können siamesische Zwillinge glücklich sein? 245
31 ... und einige Bedenken dagegen 247
32 Unsere lieben Utopisten 255
33 Marx und das Himmelreich auf Erden 261
34 Die so genannte Lebensqualität 265
ZWISCHENFRAGE:
Wo sind die Deutschen am zufriedensten? 271

Ausblick
35 Nimmt das Glück auf Erden zu oder ab? 275
36 Glück – ein heikles Ideal 284

Literaturverzeichnis 287
Namen- und Sachregister 294
Bücher von Wolf Schneider 304

Was ist das eigentlich – Glück?

1
Den Plan der Schöpfung überlisten

Das wird man erstaunlich finden dürfen: dass wir die Freiheit haben, unser Glück zu suchen, ja die Chance, es hie und da zu finden – auf diesem seltsamen Planeten, der mit 107 000 Stundenkilometern elliptisch um eine ferne Sonne rast, einsam in einem Universum aus Milliarden toten Sternen; bebend, feuerspeiend, von Wirbelstürmen überzogen und dennoch von kriechendem Leben bedeckt.

Was für Leben aber! Gefressen zu werden, ist das häufigste Schicksal aller Tiere auf Erden. Millionen Krebse und Tintenfische sind nur auf der Welt, um im Maul eines hungrigen Wals zu verenden. Schwarze Krähen hacken weißen Lämmern die Augen aus und verspeisen sie als Leckerbissen – «die sinnlose Grausamkeit der Natur», Albert Schweitzer hat sie beklagt, und Darwins Fazit hieß: «Über das stümperhafte, niedrige, schrecklich grausame Wirken der Natur» könnte ein Kaplan des Teufels ein Buch schreiben.

Und dann doch plötzlich irgendwo ein Lachen, ein Jubelschrei! Das hat der Mensch hineingetragen in die feindliche Welt. Aber er jubiliert nicht oft. Die meisten unserer Artgenossen waren zu allen Zeiten Arme und Elende, Hungernde und Hinkende, Geschundene und Getretene, und die halbe Menschheit ist es noch heute. «Die Absicht, dass der Mensch glücklich sei, ist im Plan der Schöpfung nicht enthalten», sagt Sigmund Freud.

Doch uns winkt die Chance, den Plan der Schöpfung – gesetzt, es gäbe ihn – dann und wann zu überlisten: durch Liebe, durch ein gelungenes Werk, durch einen fröhlichen Rausch, durch eine Stimmung des Einsseins mit uns und der Welt; und in den wohlhabenden Ländern sind die Aussichten, dass uns das manchmal gelingt, nicht einmal schlecht.

Da bleibt die Frage: Lässt das Glück sich mehren? Oder sind wir eingemauert einerseits in unsere Umwelt und andrerseits in unsere Erbanlagen? Kann, darf, soll der Staat Institutionen schaffen, die unsere Glückschancen verbessern? Können uns die Ratschläge etwas nützen, die uns aus den vielen schlauen Büchern entgegenschallen?

Zuerst allerdings müsste man sich darauf einigen, was das eigentlich ist, das Glück. Ist es Sex oder Nächstenliebe – das Bewusstsein edler Pflichterfüllung oder ein gelungener Coup? Ist es Romeos Leidenschaft für Julia oder Don Juans Erfolg bei 1003 Frauenzimmern? Wohnt es in der Studierstube oder im Harem? Können wir denn etwas daran ändern, dass der eine Olympiasieger hundertfach Unglück stiftet – unter denen nämlich, die es leidenschaftlich gern geworden wären? Darf man den Satz wagen: «Zwei Glas Wein stiften mehr Glück als zwei Tassen Tee»?

Und macht Geld eigentlich glücklich? Damit fangen wir einfach mal an.

2
Macht Geld glücklich?

Wann sitzt man schon mit einem leibhaftigen deutschen Milliardär an einem Tisch und sieht ihm beim Geldverdienen zu? Ich hatte die Chance vor ein paar Jahren in Madrid, und der Eindruck war nachhaltig.

Seine Frau, vom verspäteten Flug erschöpft, verlangte nach Champagner. Ihr Mann, auf fünf Milliarden Euro geschätzt, studierte die Weinkarte und sprach die goldenen Sätze: «Champagner kostet fünfmal so viel wie spanischer Sekt. Er kann unmöglich fünfmal so gut sein. Wir nehmen spanischen Sekt.» Zu diesem erstaunlichen Tischgespräch drängen sich vier Gedanken auf:

1. Die Entscheidung des Milliardärs war rechnerisch durchaus vernünftig.

2. Unfehlbar provoziert sie die Großmutter-Weisheit «Seht ihr – so kommt man zu Geld!» Doch eine Weisheit ist das nicht. So bringt man es nämlich allenfalls zu einem Bausparhäuschen. Wenn das beispielsweise 300 000 Euro kosten würde, ließen sich für fünf Milliarden mehr als 16 000 solcher Häuschen errichten; und nicht einmal Großmütter würden behaupten, dass die allesamt aus Champagnerverzicht finanziert werden könnten. Zu Milliarden bringt man es niemals durch Sparsamkeit – sondern durch glückliche Umstände und den Riecher für sie, durch Riskieren und Investieren, durch Habgier und Brutalität.

3. Überdies ist die Korrektheit des Sektvergleichs höchst vordergründig. Denn angenommen, der Milliardär hätte damit 50 Euro eingespart, so hätte es sich um den einhundertmillionsten Teil seines Vermögens gehandelt – so, als packte ihn der Ehrgeiz, den Preis für eine Fünf-Millionen-Villa um fünf Cent

zu drücken. Wenn es ihm jedoch gelänge, Tag für Tag bis an sein Lebensende 50 Euro auf die Seite zu legen, so würde er 273 972 Jahre leben müssen, um fünf Milliarden aufzuhäufen. Anders gerechnet: Bei einer Verzinsung mit nur fünf Prozent würden die fünf Milliarden jährlich 250 Millionen erbringen, das hieße 685 000 Euro pro Tag oder 50 Euro in eben jenen sechs Sekunden, die das Lob des spanischen Sekts ungefähr gedauert hat.

Die 50 Euro sind also das, was man in der Mathematik *eine zu vernachlässigende Größe* nennt. Sich von einer solchen die Wahrung oder Mehrung eines Milliardenvermögens zu versprechen, ist etwa so sinnvoll, wie es die Absicht wäre, den Bodensee zu süßen, indem man ein Stück Würfelzucker in ihn würfe.

4. Warum dann, um Himmels willen, die Aktion spanischer Sekt, die die Mathematik bis zum Unsinn überreizte, die Ehefrau düpierte und dem Gast die Sprache verschlug? Weil man Milliardär nur wird, wenn man ein Besessener des Geldes ist; wenn man ein irrationales, ein erotisches, ein gefräßiges Verhältnis zu ihm hat; wenn man 50 Euro so wenig missen will wie der Sultan auch nur eine seiner hundert Haremsdamen. Auf ihre Mitmenschen wirken Milliardäre folglich nicht sehr angenehm.

Doch fehlt die Antwort auf die Frage: Macht das viele Geld wenigstens sie selber glücklich? Einerseits nein: Beim verweigerten Champagner zahlen sie den Preis für die Zwangsvorstellung, die sie in keiner Sekunde ihres Lebens loslässt: Geld ist Gott! Diese Gesinnung hat sie reich gemacht, und nun siegt sie über alle Lebenskunst, alle Lebensart, allen Sinn für Proportionen und das kleine Einmaleins. Andrerseits ja: Denn Geld demonstriert Lebenserfolg, Geld heißt Macht – und Macht zu haben ist, traurig zu sagen, eines der höchsten Glücksgefühle (Kapitel 18). *Deshalb* finden Leute wie Rupert Murdoch, George Soros, Bill Gates es so dringend, weitere Milliarden heranzuschaufeln.

Reichtum gleich Macht: Entspricht dies der populären Vorstellung? Die ist eher als mit dem Geldscheffeln mit dem Geldausgeben verbunden – mit der Fähigkeit und mit der Lust, sich Luxus zu leisten, all das, wovon die meisten nur träumen: drei Villen, vier Autos, eine Yacht, Weltreisen erster Klasse und dabei nie ein sorgenvoller Blick aufs Konto. Erst *von da an abwärts* wird die Frage, ob Geld glücklich macht, wirklich interessant.

Unstrittig unter Psychologen ist nur eine höchst indirekte Art des Glücks am Geld: jene, die in der Abwesenheit von Unglück besteht. Es ist schön, nicht hungern zu müssen, nicht zu frieren, eine saubere, regenfeste Wohnung zu haben und für jede Krankheit einen Arzt zu finden. Aber wer in Mitteleuropa würde solche Grundbefriedigungen als «Glück» einstufen? Er müsste schon zuvor durch die Slums von Kalkutta gestreift sein, um seinen Wohlstand zu genießen – oder sich lebhaft an Phasen der Not im eigenen Leben erinnern. Doch da sind wir mitten in einem Wald von Problemen.

Zum Ersten: Ist es vernünftig, ist es vermittelbar, das Fehlen von Unglück mit dem Etikett «Glück» zu versehen? *Empfinden* wir irgendetwas dabei? Und doch scheint es, als sei eben dies die häufigste Annäherung ans Wohlbefinden: dass kein Leiden uns plagt.

Dies führt zur zweiten Schlüsselfrage: Haben Menschen mit einer lebendigen Erinnerung an Krankheit, Zwang und Not vielleicht eine höhere Chance, sich des Wohlstands, der Freiheit, der Gesundheit zu erfreuen als solche, denen es immer gut gegangen ist? Kann die Freuden voll nur der ausschöpfen, der die Leiden kennt? Die Butter dick aufs Brot zu streichen und nach Belieben ein heißes Bad zu nehmen ist für viele von der langsam wegsterbenden Generation der Weltkriegsteilnehmer immer noch ein Hochgenuss; Jüngere haben davon keine Vorstellung mehr (wie schön), und als Glücksquell stehen ihnen (wie schade) Bad und Butter einfach nicht mehr zur Verfügung. Oder: Hatte ein

Schweizer je die Möglichkeit, seine Freiheit so zu genießen, wie Millionen Bürger der DDR die ihre genossen haben, damals, 1989, in den Tagen nach dem Fall der Mauer?

Solches Glück ist also ein *Kontrast-Erlebnis*, nur eines von vielen: Denn der Gegensatz und ein frisches Gefühl für ihn gehören zu fast jedem Lebensgenuss, Kapitel 10 wird es demonstrieren. Das Geld macht aus dieser zwiespältigen Einsicht ein hochpolitisches Dilemma: Als reich empfindet sich ja nur, wer entweder mehr davon besitzt als früher – oder mehr als jene Zeitgenossen, an denen jeder sich unwillkürlich und fast unentrinnbar misst: Nachbarn, Freunde, Kollegen, Konkurrenten.

Mehr als früher: Das wiederum wird uns nur dann zum Erlebnis, wenn sich der Aufschwung in Riesenschritten vollzieht. Dem einzelnen Glückskind mag das gelingen; eine ganze Volkswirtschaft kann nur im Extremfall ein Tempo vorlegen, das ein kollektives Wohlgefühl begünstigt: die deutsche in den fünfziger Jahren beispielsweise – aber dieses «Wirtschaftswunder» geschah auf der Basis einer vorangegangenen Katastrophe. Im Abendland hat sich die Kaufkraft des Durchschnittsbürgers seit 1945 verdrei- oder vervierfacht, aber niemand behauptet, damit wäre eine Verdreifachung, ja auch nur eine spürbare Steigerung des durchschnittlichen Glücksempfindens einhergegangen.

Immer präsent dagegen und politisch viel brisanter ist der unvermeidliche horizontale Vergleich: der mit den Nachbarn, den Kollegen. Er ist eine Urtatsache des menschlichen Zusammenlebens, und er setzt einen unheimlichen Mechanismus in Gang: Der steigende Wohlstand *aller* hebt das Wohlbefinden nicht. Die Cornell-Universität im Staat New York hat dieses Grundgesetz des sozialen Wohlbefindens 2003 in einem Experiment erhärtet: Würden die Testpersonen lieber 100 000 Dollar im Jahr verdienen, wenn alle Vergleichspersonen nur 80 000 bekämen – oder 150 000, also 50 000 mehr, wenn die anderen es auf 200 000 brächten? Die Mehrzahl entschied sich für den ersten Weg: Lieber verzichteten sie auf 50 000 Dollar, als unter Reicheren der Ärmere zu sein.

Da ist es, das «Wohlstandsparadox», die *Hedonic Treadmill*, wie die amerikanischen Sozialforscher sagen, die Tretmühle der Lebenszufriedenheit: Weil einer sich nur dann wohlfühlt, wenn er mindestens so viel verdient wie die, mit denen er sich vergleicht, muss er umso heftiger in die Mühle treten, je wohlhabender die anderen werden. Das Wirtschaftswachstum, das die meisten Staaten als ihr Lebenselixier betrachten, trägt also zum Ideal des «größten Glücks der größten Zahl» überhaupt nichts bei (mehr über dieses Staatsziel in Kapitel 30).

Wachstum ist willkommen, solange eine Gesellschaft noch unterhalb der Armutsschwelle lebt; Wachstum ist wohl auch nötig, damit eine Volkswirtschaft sich in der globalisierten Welt behaupten kann; mit der Zufriedenheit der Bürger hat weiteres Wachstum in der Wohlstandsgesellschaft nichts zu tun. Doch die Volkswirtschaft, sagt der Harvard-Psychologe Daniel Gilbert, «kann nur dann gedeihen, wenn die Leute fälschlicherweise glauben, dass die Produktion von Wohlstand sie glücklich macht».

Zusätzlich gerät das Hamsterrad dadurch in Bewegung, dass bei fast allen Menschen im Gleichschritt mit der Vermehrung ihres Einkommens ihre Ansprüche steigen – bei vielen bis zu dem Grade, dass sie an eine permanente Ratenzahlung gekettet sind, nur später für eine schönere Couch, ein schickeres Auto als früher. In den fünfziger Jahren, ja: Da fand die deutsche Familie es selbstverständlich, dass sie sich keine Italien-Reise leisten konnte, wenn sie schon für ein Auto bezahlte, und keinen Fernsehapparat, bis der Kühlschrank abgestottert war. Heute lächeln wir darüber. Glücklicher geworden sind wir nicht – so sagen es die Leute, und die Lebenserfahrung spricht dafür, dass man ihnen glauben kann.

Also: Wie viel trägt es zu unserm Glück, zu unserm Unglück bei, das Geld? Zum Unglück ziemlich viel – über die nackte Not hinaus durch das millionenfache Unbehagen der Ärmeren beim Anblick der Reichen, oft bis zum gelben Neid (einem klassischen Unglück, Kapitel 25 handelt davon); durch den Schock, sich finanziell ruiniert zu sehen; durch die Grausamkeit, mit der ein Schüler, der sich die gerade modischen Klamotten nicht leisten kann, heutzutage ausgegrenzt und erniedrigt wird.

Doch für Zufriedenheit mit dem Leben sorgt Geld ebenfalls millionenfach. Der reichen Oberschicht gewährt ihr Wohlstand eine nachhaltige Befriedigung, gespeist aus dem Bewusstsein des sozialen Abstands und der Freiheit zum Luxus. Der exzentrische Hollywoodstar Zsa Zsa Gabor fand dafür die Formel: «In einem Rolls-Royce weint es sich angenehmer als in der Straßenbahn.»

Damit beschrieb sie jenes Glück, von dessen Schmähung die Bibel widerhallt. Die Reichen kommen nicht in den Himmel (Matthäus 19,24), sie sollen alles verkaufen und unter die Armen verteilen (Lukas 18,22) und sie sollen heulen über das Elend, das über sie kommen wird (Jacobus 5,1). «Die Großen dieser Erde mögen den Vorzug vor den Geringen haben, zu schwelgen und zu prassen, alle Güter der Welt mögen sich ihren nach Vergnügen lechzenden Sinnen darbieten ... Nur, mein Freund, das Vorrecht, glücklich zu sein, wollen wir ihnen nicht einräumen.» Kleist schrieb das 1799, und sein *wollen wir nicht* enthüllt das Tragikomische solcher Argumentation: An euerm Reichtum kann ich nichts ändern, aber euch das Prädikat «glücklich» zu missgönnen, dazu fühle ich mich stark genug.

«Traue denen nicht allzu sehr, die so tun, als ob sie den Reichtum verachteten», hatte Francis Bacon schon 1612 gemahnt: «Denn nur die verachten ihn, welche daran verzweifeln, zu ihm zu gelangen, und die sind die schlimmsten, wenn sie ihn einst doch erwerben.»

Unterhalb der Oberschicht machen es sich im Abendland Hunderttausende bequem, die ein sozialer Aufstieg dahin gebracht hat, dass sie den Euro nicht mehr dreimal umdrehen müssen und sich schöne Dinge leisten können. Ihre Freiheit, hie und da Geld auszugeben über den bloßen Bedarf hinaus, bringt ihnen vermutlich mehr Vergnügen, als kleinbürgerliche Sparsamkeit, hortender Geiz oder die Zufriedenheit des Milliardärs über die gesparten 50 Euro es je vermöchten.

Ein dritter Weg, sein Lebensglück mit dem Geld zu versöhnen, ist, sich von ihm nicht tyrannisieren zu lassen, ob man es hat oder nicht. Schließlich führen Millionen arme Teufel in der Dritten Welt ein fröhlicheres Leben als bei uns manche Witwe mit Chauffeur, und es fehlt jedes Indiz dafür, dass ein Zehnjähriger von heute inmitten seiner Elektronik eine glücklichere Kindheit hätte als vor hundert Jahren die sieben Kinder eines Einödbauern.

«Wenn ich reich wäre», lässt der Schweizer Schriftsteller Robert Walser seinen Jakob von Gunten sinnieren, «so beginge ich irgendwelche Tollheiten und Torheiten. Zum Beispiel könnte ich ja ein wahnsinnig reiches und lustbeladenes Gastmahl geben und Orgien nie gesehener Art veranstalten … Ganz bestimmt müsste das Geld auf sinnverwirrende Art und Weise verbraucht werden, denn nur das echt vertane Geld wäre ein schönes Geld – gewesen. Und eines Tages würde ich betteln, und da schiene die Sonne, und ich wäre so froh – über was, das würde ich gar nicht zu wissen begehren.»

Bis dahin gilt der alte Satz: «Geld allein macht noch nicht unglücklich.»

Aber fragen wir doch die Leute, was eigentlich sie glücklich macht.

ZWISCHENFRAGE:

Wie werde ich Lottomillionär – und was hätte ich davon?

Unter allen Glücksspielen ist das Lotto das einfachste, das harmloseste und sogar das vergleichsweise rationalste. Kein Wunder, dass es auch das populärste ist: Rund 41 Prozent der erwachsenen Deutschen betreiben es, mindestens gelegentlich. Zum Lottospielen braucht man kein Raffinement (wie fürs Pokern), keine Fachkenntnisse (wie für Sportwetten), keine Ortsveränderung (hin zur Spielbank) und keine Mutprobe (wie im Märchen der, der die Prinzessin erobern will). Man kann auch nicht betrogen werden (wie bei Fußball- oder Pferdewetten) und sich nur sehr schwer ruinieren (anders als beim Poker und beim Roulette).

«Lebendiger als im Lotto war die Gleichheit aller nie», resümieren Christoph Lau und Ludwig Kramer in ihrem gescheiten Büchlein über das Lottoglück. Das Glück aber liege nicht so sehr im Riesengewinn (denn der ist unendlich selten, und Zufriedenheit stiftet er auch nicht immer) – sondern in der *Hoffnung*. Der Lottospieler erhebt das sonst für ihn Unmögliche in den Rang des immerhin Möglichen, wenn auch extrem Unwahrscheinlichen; «das eigentliche Lottoglück erschließt sich *vor* der Ziehung».

Die fast immer enttäuschte Hoffnung wird leicht verschmerzt, denn schon am Montag blüht sie neu, und der Verlust ist, dramatisch anders als beim Roulette, bescheiden – außer bei jenen etwa fünf Prozent der Spieler, die mehr als 1000 Euro jährlich einsetzen und daher in der Fachwelt *Heavy User* heißen.

Den anderen 95 Prozent – kann ihnen das Spielen trotzdem Nachteile bringen? Ja, sagen die Autoren: Manche, die im Leben durchaus noch Chancen hätten, werden verleitet, andere Wege zum Glück und zum Erfolg gar nicht mehr zu suchen; und sehr viele spielen *zwanghaft* weiter – in der irrigen Meinung, nun hätten sie schon so viel investiert, dass das Glück sich endlich einstellen müsse, oder, wenn sie stets dieselben Zahlen setzen, in der panischen Angst, nach dem Aufhören würden gerade die gezogen.

Da gab es auch jenen Buchhalter, der zwischen 1986 und 1988 aus der Firmenkasse 4,5 Millionen Mark entwendete, sie in 300 Lottoscheine pro Woche umsetzte – und immerhin 1,8 Millionen Mark gewann, 40 Prozent seines Einsatzes, ehe das Landgericht Essen ihn zu zwei Jahren auf Bewährung verurteilte; mit dem mildernden Umstand, dass er «der Verlockung des Lottosystems» erlegen sei.

Und wie glücklich werden *die Gewinner*? Die Autoren haben 14 deutsche Lottomillionäre gründlich befragt und ihre Ergebnisse mit Statistiken aus Dänemark und Norwegen abgeglichen. Resultat: Keiner drehte so durch wie einer der ersten Großgewinner der Lottogeschichte, ein Hausierer. Der verjubelte seine 800 000 Mark binnen 22 Monaten mit Bardamen und Zechkumpanen; an die Kneipen, in denen er mit seinem Geld um sich warf, hängte er das Schild «Wegen Reichtum geschlossen».

Die meisten Lottomillionäre verhalten sich rational: ein kurzer Schock, dann überschäumende Freude, dann Formulierung der Wünsche (überwiegend in der Reihenfolge Haus – Weltreise – Auto) und meist ein kühles Abwägen: Wen wollen wir in unser jähes Glück einweihen und wen ausdrücklich nicht? Bald der Rückzug ins normale, ein bisschen opulentere Leben. Einig waren sich die Gewinner nur über eine Genugtuung: Am Bankschalter wurden sie deutlich freundlicher bedient.

Die riesige Mehrheit der Spieler bleibt mit der Hoffnung allein. «Die Chancen sind für alle gleich – schlecht», heißt das Fazit der Autoren. Sie betonen wiederholt, dass die meisten Spieler nicht die geringste Vorstellung vom Grad der Unwahrscheinkeit besäßen; Beispiele für diese Unwahrscheinlichkeit geben sie nicht. Da wäre also hinzuzufügen: Die Chance, Lottomillionär zu werden, ist geringer als das Risiko, vom Blitz erschlagen zu werden, zu ertrinken oder in einem öffentlichen Verkehrsmittel umzukommen (den Tod im Auto gar nicht erst gerechnet).

Die Chance, auch nur sechs Richtige zu haben, beträgt bekanntlich 1:14 Millionen (und mit dem Sechser hat man die Million ja keineswegs sicher). Aber was bedeutet das? Zum Beispiel: Wenn man 14 Millionen Ein-Euro-Münzen (Durchmesser 22 Millimeter) Kante an Kante legte, etwa an einer Autobahn entlang, so würden sie eine Kette von 308 Kilometern Länge bilden; und nun brauchte man während der zwei- bis dreistündigen Fahrt nur an der richtigen Stelle zu halten und aus der Kette die richtige Münze zu greifen, und schon hätte man den Sechser gezogen.

Oder so: Wer fünfzig Jahre lang jede Woche einen Tipp abgäbe, hätte seine Chancen natürlich verbessert – auf 1:5385. Wer den Sechser gar ertrotzen wollte und allwöchentlich zehnmal tippte, müsste nach statistischer Wahrscheinlichkeit 26 900 Jahre lang spielen, hat die Zeitschrift *Geo* ausgerechnet – und bekäme dann halb so viel heraus, wie er einbezahlt hat.

Im Oktober 2006 lobte das Deutsche Lotto den höchsten Jackpot seiner Geschichte aus, 35 Millionen Euro – nur zusammen mit der Superzahl, also für *sieben* Richtige. Die Wahrscheinlichkeit des Gewinns wurde dadurch noch einmal um das Zehnfache vermindert, auf 1:140 Millionen; das entspräche einer mehr als 3000 Kilometer langen Kette von Ein-Euro-Münzen, von Barcelona nach Moskau ungefähr.

Unter diesen Umständen überhaupt zu spielen, war also irrational in besonders hohem Grade. Ergebnis: Die Einsätze stiegen um 50 Prozent, im Durchschnitt auf zwei Euro von jedem Deutschen.

3
Was die Leute so reden

Die Antwort auf die Frage, mit der das vorige Kapitel schloss (Was eigentlich macht uns glücklich?), ist enttäuschend. Ob ein Mensch glücklich ist: dies zu entscheiden brauchen wir bessere Indizien als das, was er uns darüber erzählt. Ja, es lässt sich der Satz wagen: Ihm zuzuhören lohnt sich nicht.

Gewiss, Angela Merkel konnte man glauben, als sie am 23. November 2005, dem Tag, nachdem sie Bundeskanzlerin geworden war, den Fernsehmikrofonen den Satz «Ich bin glücklich» anvertraute. Dies aber in einer Ausnahmesituation: Mehr als ihre Worte sprachen die Umstände dafür, dass sie sich glücklich fühlte (es war also nicht dringend, sie überhaupt zu fragen); und vor allem artikulierte sie offensichtlich ihre augenblickliche Gemütsverfassung – sie zog nicht etwa eine Lebensbilanz.

Eben eine solche aber ist es, der die Meinungsforscher, die Psychologen, die Fernsehmoderatoren mit Vorliebe nachspüren, neuerdings sogar Sozialwissenschaftler und Neurobiologen: «Sind Sie mit Ihrem Leben zufrieden?», wollen sie wissen. «Sind Sie ein glücklicher Mensch?» Da werden rasche Antworten eingefordert, zu Statistiken summiert und zu Vergleichen mit anderen Völkern oder Gesellschaftsschichten herangezogen. Was daraus hervorgeht, ist für Laien ein Stoff zum Schmunzeln oder Staunen; viele Soziologen indessen neigen dazu, ihre treuherzig ermittelten Ergebnisse als «Sozial-Indikatoren» auszugeben, aus denen im Grenzfall sogar politische Schlüsse gezogen werden sollen.

Das aber ist töricht. Denn es geschieht etwas Merkwürdiges und Unkontrollierbares in jedem, der mit einer Frage nach seinem Lebensglück konfrontiert wird, zumal wenn nicht Freunde, sondern gleichsam Amtspersonen sie stellen. Zunächst, weil es nur selten sein klarer Wille ist, neugierigen Mitmenschen seine innerste Wahrheit preiszugeben. Aber kennt er eine solche Wahrheit überhaupt? Es ist nicht üblich und dem Individuum kaum möglich, zu einem vorgegebenen Zeitpunkt sein Leben redlich zu resümieren – zu viele Einflüsse spielen da hinein: Erlebnisse der jüngsten Vergangenheit, Gedächtnislücken, der Gesundheitszustand, das Prestige, sozialer Druck und die Laune des Augenblicks; ja selbst das Wetter und sogar der Umstand, dass der Interviewer dem Befragten sympathisch ist.

Das Wetter? Psychologen wissen es, seriöse Meinungsforscher auch: Umfragen bei Sonnenschein ergeben mehr positive Gesamturteile über die eigene Zufriedenheit als solche bei Regen. Die deutschen Soziologen Norbert Schwarz und Fritz Strack haben das bewiesen in ihrer fulminanten Studie «Die Bewertung des eigenen Wohlbefindens» («A Judgment Model of Subjective Well-being», Oxford 1991); ihre Ergebnisse werden nicht etwa bestritten, sondern von der Öffentlichkeit und den Autoren der meisten Glücks-Ratgeber noch immer ignoriert. Die Haare können einem zu Berge stehen, wenn man liest, was alles die Aussagen über das Lebensglück beeinflussen und folglich die Statistik verfälschen kann.

Schon beim Regen: Ein Institut, das seinem Auftraggeber möglichst glückliche Kunden, Bürger, Untertanen präsentieren möchte, fragt eben nur bei Sonnenschein, oder die Befrager neutralisieren den negativen Einfluss des Regens durch die statistisch abgesicherte Wirkung eines Begrüßungssatzes von der Art: «Was für ein Sauwetter! Ich mag das genauso wenig wie Sie.»

Ohnehin gehen aus einem persönlichen Gespräch, noch dazu in einem behaglichen Raum geführt, mehr günstige Bewertungen des eigenen Lebens hervor als aus einem Fragebogen oder einer Unterhaltung in einem schlecht geheizten Büro; werden

Männer gar von hübschen Frauen befragt, so entdecken sie mehr Sonnenschein in ihrem Leben als gegenüber einem Mann und *heben* so das angebliche Durchschnittsglück. Sitzt der Interviewer aber im Rollstuhl, so zögern manche Testpersonen, sich allzu zufrieden zu äußern, und drücken damit die Statistik. Als Deutschland 1990 Fußballweltmeister geworden war, da behaupteten besonders viele Deutsche, glückliche Menschen zu sein – und zwar nicht nur in jenen Tagen, wohlgemerkt, danach waren sie nicht gefragt worden: sondern seit Jahrzehnten, gleichsam rückwirkend.

Wir sind eben außerstande, beim Rückblick auf unsere dreißig, sechzig Lebensjahre von den Umständen und den Stimmungen des Tages abzusehen. Es wäre übermenschlich, im Licht einer gestern gewonnenen Lottomillion dieselbe Lebensbilanz zu ziehen wie in Erwartung der nächsten Nierenkolik.

Die meisten Sozialforscher durchschauen das, und die Vernünftigen unter ihnen warnen davor, erfragte Aussagen über das Lebensglück für aussagekräftig zu halten. Eigentlich, betonen Schwarz und Strack, werden die Befragten maßlos überfordert: Da sollen sie binnen Minuten Jahrzehnte überblicken, schöne Erinnerungen gegen schmerzliche abwägen, Geld gegen Gesundheit, das Privatleben gegen den Berufserfolg!

Und was heißt das überhaupt: Erinnerung! Ist sie nicht immer selektiv? Wird da nicht das Peinliche verdrängt, das Schöne vergoldet, das Erlittene durch den Vorgang des Erinnerns wundersam gelindert? (Kapitel 12 wird es zeigen.) Und dann soll der Befragte auch noch die Gehaltserhöhung von gestern ausblenden zusammen mit dem Badewetter von heute, einfach weil zwei Tage im Saldo fürs Leben zu dürftige Posten sind.

Falls ihm aber entgegen aller Wahrscheinlichkeit all dies einmal gelänge, so stünden die Interviewer immer noch vor zwei Problemen: Wie viel Selbstinszenierung wünscht der Befragte mir aufzutischen? Und kapituliert er vielleicht, wie so viele, vor einer vermuteten Mehrheitsmeinung, weil er sich nicht isolieren möchte? Warum denn nennen sich regelmäßig mehr US-Bürger als Deutsche «glücklich» – weil sie es wären? Wohl eher deshalb, weil zum Selbstbild des Amerikaners der Optimismus gehört; Deutsche dürfen jammern, ja in intellektuellen Zirkeln den Weltschmerz kultivieren. Solche Umwelteinflüsse bieten sich als Interpretationsvorgaben an, und die werden gern zu Hilfe genommen im Gewoge der Erinnerungen.

Bis zu welchem Grade sich ein Unglück in ein vorgebliches Glück umlügen lässt, wenn eine bestimmte Gesellschaftsschicht einen hohen Erwartungsdruck ausübt – dafür ein groteskes Beispiel aus versunkener Zeit: «Durch Gottes Gnade war es mir vergönnt, im Schrapnellfeuer für unser geliebtes Vaterland verwundet zu werden», schrieb Prinz Joachim von Preußen im September 1914 an die Großherzogin von Baden. «Das Eiserne Kreuz wird mich stets an diesen schönsten Tag meines Lebens erinnern.»

Die subjektive Wahrheit derart zu verbiegen, mag ein Grenzfall sein. Die objektive Wahrheit bleibt: Ob und inwieweit unsere Mitmenschen mit ihrem Leben zufrieden sind, das werden wir nie erfahren – jedenfalls nicht durch das, was sie darüber *sagen*. Es mag unterhaltsam sein, was sie erzählen, und vielleicht lässt ein leuchtenden Auges verkündetes Lebensglück durchaus einen Rückschluss zu; nur eben nicht auf das, was da behauptet wird, sondern beispielsweise auf einen gerade aufgeblühten Liebesfrühling.

Sogar wenn wir uns selber die Frage stellen, ob wir mit unserem Leben zufrieden sein können – selbst von unserer eigenen Antwort sollten wir nicht allzu beeindruckt sein. Übermorgen, bei einer Wurzelhautentzündung oder nach einem überraschenden Berufserfolg, könnte sie ganz anders ausfallen, ja sogar nach dem Kinobesuch vorhin; da die Glücksforscher wissen: Ein schönes Leben zu haben und optimistisch in die Zukunft zu blicken behaupten nach einer feurigen Komödie mehr Kinogänger als nach einem blutrünstigen Action-Film.

Vergessen wir also alle pauschalen Würdigungen, unsere eigenen eingeschlossen! Wenn sie sich gar zu einer Statistik verdichten, so sind wir bei einem bloßen Gesellschaftsspiel angelangt. Da nennen sich Städter im Durchschnitt glücklicher als Bauern – aber könnte das nicht einfach aus der altbekannten Neigung des Bauernstandes folgen, Klagelieder anzustimmen? «Die deutsche Landwirtschaft», schrieb Kurt Tucholsky 1931, «wohnt seit 25 Jahren am Rande des Abgrunds und fühlt sich dort ziemlich wohl.»

Schön und gut – nur: Was soll es dann sein, das Glück, wenn es all das nicht ist, was die Leute uns erzählen, ja nicht einmal das, was wir, in den Zufall guter oder schlechter Laune eingebettet, uns selber auf die Fahne schreiben? Die folgenden Kapitel werden versuchen, dieser Frage auf den Grund zu gehen.

4
Mit der Tugend ins Jammertal

Zunächst vergessen wir am besten so ziemlich alles, was Philosophen, Ideologen, Kirchenväter über das Glück geschrieben haben: Sie beraten uns nicht – belehren wollen sie uns, und ihre Lehren sind überwiegend anmaßend, weltfremd und lächerlich. Zwischen Tugend, Pflicht und Solidarität, zwischen Gottesgelahrtheit, Selbstversenkung und Seelenfrieden lassen sie keinen Raum für simples Vergnügen, für fröhliche Schurken und einen schönen Rausch. Die meisten Prediger des Glücks haben sich darauf geeinigt, nahezu alles, was trist, aber edel ist, mit dem Schild «glückselig» zu versehen, dagegen fast alles, was Spaß macht, zu ignorieren oder zu verdammen.

So zum Beispiel: Auf Glück hätten wir keinen Anspruch, und wenn doch, dann keine Chance, glücklich zu sein. Die Weltgeschichte, heißt das vielzitierte Hegel-Wort, «ist nicht der Boden des Glücks. Die Perioden des Glücks sind leere Blätter in ihr.» Nietzsche, Jacob Burckhardt, Oswald Spengler folgten Hegel darin. Krank könne man werden «von unseren ekelerregenden Versuchen, glücklich zu sein», schrieb der französische Schriftsteller und Armenarzt Louis-Ferdinand Céline in seiner berühmten «Reise ans Ende der Nacht». «Das Glück existiert nicht, und das Glück des Menschen existiert noch weniger», sprach der französische Modephilosoph Michel Foucault.

Doch für wen es auch sei: Das Glück ist nur ein Traum – allein der Schmerz ist eine Realität! So sahen es Platon, Aristoteles und die Zyniker, Rousseau, Voltaire, Tolstoi und am strengsten Schopenhauer: Nie könne der Mensch mehr erreichen, als dass er «von irgendeinem Leiden oder einem Wunsche befreit ist, folglich nur sich so befindet wie vor dessen Eintritt»; das Leben sei nicht nach genossenen Freuden abzumessen, sondern nach den Übeln, denen wir entgangen sind. Ach ja: Die Erde ist ein Tal des Jammers und der Tränen! (Psalm 87,4).

Auch lässt sich, bei leidlichem Talent, alles Glück kaputtphilosophieren. Die französische Feministin Simone de Beauvoir bedauerte «die Frauen, die das *Unglück* haben, Sexualität mit Männern so *beglückend* zu finden, dass sie mehr oder weniger abhängig von Männern werden»; der neomarxistische Philosoph Herbert Marcuse (ein Säulenheiliger der 68er) fühlte sich stark genug, «auch das faktische, wirklich empfundene Glück in den bisherigen Daseinsverhältnissen als *unwahr* zu bezeichnen», das Individuum könne «nicht Richter» über sein Glück sein; und Schopenhauer proklamiert: «Die Genüsse sind und bleiben negativ: Dass sie beglücken, ist ein Wahn.»

Wenn ein bis dahin unbescholtener Genießer größerer und kleinerer Freuden die Flucht vor solchem Geschrei ergreift, schallt ihm alsbald anderer Lärm entgegen – der Posaunenchor jener Theologen und Ideologen, die mit dem *Unglück* dasselbe machen, was Schopenhauer mit dem Glück versuchte: Sie philosophieren es hinweg. Es gibt gar kein Unglück, dagegen unfehlbare Wege zur wahren Seligkeit. Für den Frommen liegt sie im rechten Glauben: «Wer Gott hat, ist glückselig!», rief der Kirchenvater Augustinus. Der französische Philosoph und Theologe Teilhard de Chardin ging so weit, «ein unbestreitbares und objektives Kriterium» für Glück anzubieten: das Glück, mit der Menschheit zu wachsen; sie stehe im Begriff, *ein* Leib zu werden, «zur gleichen Zeit dasselbe wie mit einem einzigen Herzen zu begehren». So laute «die vollständige Lösung für das Problem des Glücks: ... ein im Verlauf seiner Evolution mit Liebe aufgeladenes Universum innig zu lieben». (Wer's schafft!)

Man sieht: das Glück lässt sich erknobeln, es ist ein Denktrick, ein Vorgang der Namensverleihung. Was schert mich euer Wohlbehagen – was Glück ist, entscheide ich, und zwar zum Wohle *aller* Menschen, selbstverständlich ohne sie gefragt zu haben. Wie Aldous Huxley es in seiner Utopie von der «Schönen neuen Welt» beschrieben hat: «‹Jeder ist heutzutage glücklich.› Diese Worte waren ihnen zwölf Jahre lang allnächtlich hundertfünfzigmal wiederholt worden.»

Die häufigste Art, sich die Deutungshoheit über alle Glücksgefühle anzumaßen, war die kühne Gleichsetzung von Glück und Tugend; Aristoteles fing damit an. «Dass jedem Menschen an Glückseligkeit so viel *zukommt*, wie er an Tugend und Verstand besitzt …, darüber sollte Einigkeit herrschen», schrieb er. Darin könnte noch eine Konzession an die Wahrheit liegen, indem der Böse eben glücklicher wäre, als ihm *zukäme*. Doch sogleich wird die bloße Forderung mit einer vorgeblichen Beschreibung vermischt: «Wohl ergehen kann es unmöglich denen, die nicht das moralisch Gute tun» und «Es gibt keine Glückseligkeit außerhalb der Tugend».

Laut schallt diese falsche Stimme seither durch die Weltgeschichte. Bei Kleist: «Ich nenne nämlich Glück nur die vollen und überschwenglichen Genüsse, die in dem erfreulichen Anschauen der moralischen Schönheit unseres eigenen Wesens liegen» (er nennt!). Dann darf also ein Hochstapler auf seiner Yacht in Saint-Tropez nicht glücklich sein – glücklich fühlen aber muss sich ein Missionar, während ihn die Kannibalen fressen?, fragt der Harvard-Psychologe Daniel Gilbert.

Schon 1710 hat Gottfried Wilhelm Leibniz Zweifel angemeldet. «Gott aber bewirkt, dass es, um glücklich zu sein, genügt, tugendhaft zu werden», schrieb der große Philosoph – doch fügte er hinzu: «*… obzwar man es in diesem Leben nicht genügend oft anzutreffen vermag*». Eine überaus einsichtige Formulierung, obzwar nicht von jener Präzision, die man von einem Berufsdenker erwarten möchte. Es war Kant, der die scheinheilige Ehe zwischen Glück und Tugend wieder schied – wobei er allerdings zu der harschen Folgerung gelangte, dass es *gut* sei, wenn sich die erhabene Pflicht nicht mit dem Glück vermähle. Die Moral sei nicht die Lehre, wie wir uns glücklich machen, sondern wie wir der Glückseligkeit *würdig* werden sollen. In Gottes Hand also liege es, ob zu unserer Sittlichkeit und Pflichterfüllung «seine herrliche Anstalt dazukommt, eine solche schöne Ordnung mit angemessener Glückseligkeit zu krönen».

Ja, so ließ das offenkundige Auseinanderklaffen von Glück und Tugend sich korrekt beschreiben und zugleich durch Hoffnung überbrücken. Doch Kant war noch rigoroser: Zwar könne man dem Menschen nicht zumuten, seinem natürlichen Zweck, der Glückseligkeit, zu entsagen; doch nicht zur Bedingung der Pflichterfüllung dürfe er sie machen, umgekehrt: Er habe sich vorzustellen, dass die Tugend «mit Aufopferung verbunden» sei. Die falsche Einheit von Glück und Tugend war damit auf eindrucksvolle, freilich auch überaus traurige Weise zerschmettert, die Weiche für ein ebenso edles wie unfrohes Leben gestellt – ein «Verrat der Freude», schrieb 1921 der Philosoph Max Scheler.

Die Freuden gerade zu suchen und sie auszuleuchten, hat dieses Buch sich vorgenommen – unbefangen wie Friedrich Nietzsche, der empfahl, reden solle man auch «von den Bösen, die glücklich sind – eine Spezies, welche von den Moralisten verschwiegen wird».

5
Der Platzregen und die Liebe

Höchste Zeit nun, dass wir die deutsche Sprache zur Ordnung rufen: Törichterweise bietet sie uns ja dasselbe Wort an für das Glück, zu lieben und geliebt zu werden, und das Glück, in letzter Sekunde vor dem Platzregen das rettende Dach erreicht zu haben. Engländer und Franzosen sind besser dran: Das bloße Glückhaben (das Dach, den Lotteriegewinn) nennen sie *luck* und *fortune*, das Glücklichsein aber (die Lust, die Liebe) *happiness* und *bonheur*.

Nichts ist wichtiger als diese Unterscheidung, wenn wir der Frage nachgehen wollen, was uns glücklich macht, ob und wie wir unser Glück oder das Glück auf Erden mehren können. Wohl hängt ein großer Teil unserer Glücksempfindungen eng mit Glückszufällen und Glücksgütern zusammen, aber eben nur ein Teil. Glücksgefühle kann ein Frühlingsmorgen dem Bettler spenden, während umgekehrt solche Umstände, die zumeist als glücklich gelten, nicht zwangsläufig ein Glücksgefühl nach sich ziehen: nicht der Lotteriegewinn bei einem, der von Eifersucht zerrissen ist; nicht eine Silbermedaille bei dem Sportler, der die goldene wollte.

Doch unsere Ahnen haben sie uns schwer gemacht, die Unterscheidung zwischen dem Glückszufall und dem Wohlbehagen. Die griechische Göttin *Tyche* war, wie ihre römische Schwester *Fortuna*, die Göttin des zugeteilten Glücks, des Ruhms, des Reichtums und der Fruchtbarkeit; aber sie gewährte auch das Glücksempfinden, das aus solchen Glücksgütern folgen konnte; und dazu den Zufall, selbst wenn er ein unglücklicher war. Noch der italienische Dichter Francesco Petrarca (1304–1374) versprach Abhilfe «gegen beide Arten der Fortuna» (*De remediis utriusque fortunae*). Wir lesen es verwundert und gebrauchen das Wort doch ähnlich, wenn wir von *Glücksspielen* reden, die in Wahrheit Zufallsspiele sind und dem Unglück die gleiche, wenn nicht eine höhere Chance geben. Die Göttin Fortuna, schrieb der englische Schriftsteller Henry Fielding, «ist eines der hässlichsten Weibsbilder, das ich jemals gesehen habe».

Einigen Menschen scheint das Glück des Gelingens treu zu bleiben: Wir nennen sie Glückspilze, Sonntagskinder, Lieblinge der Götter. Viele Staatsmänner und Heerführer, Manager und Multimillionäre stehen in diesem Ruf; manche von ihnen mögen sogar mitweben an einer solchen Legende, weil dies die Leute beeindruckt und damit weitere Erfolge wahrscheinlicher macht. Vielleicht auch umgekehrt: Die subjektive Überzeugung, man sei ein Schoßkind des Schicksals, könnte im Gerangel um den Erfolg eine nützliche Rüstung sein. «Du fährst Cäsar und sein Glück!», rief der große Römer dem Steuermann im Sturme zu.

Ganz unverdient jedenfalls scheinen die Schoßkinder der Fortuna nicht zu ihrem Glück zu kommen; mindestens Behutsamkeit im Umgang mit den Göttergaben ist ihr Teil an dem Geschäft. Denn die Götter würde es ärgern, wenn einer ihre widerrufliche Gunst als ein dauerndes Anrecht missverstünde. Mit seinem Glück brüstet man sich nicht. Man *versucht* es nicht wie in Ludwig Uhlands Ballade der Lord von Edenhall, der den glückspendenden Kelch seiner Ahnen mutwillig so stark an andere Gläser stößt, bis mit dem Kristall zusammen das ganze Schloss zerbirst. An eben solche Zusammenhänge glauben wir, sooft wir uns des Sprichworts «Hochmut kommt vor dem Fall» bedienen.

Doch statt das Schicksal herauszufordern, kann man versuchen, ihm seine Geheimnisse abzulauschen und *sein Glück zu machen*; und hier geht (ähnlich wie bei der Überzeugung, man sei ein Sonntagskind) der Glaube an die Laune der höheren Mächte in eine psychologische Wahrheit über. Glück könnte eine

Art «Talent für das Schicksal» sein, wie es Novalis in Anlehnung an antike Vorbilder formulierte; das will der Satz *Jeder ist seines Glückes Schmied* besagen, den der römische Konsul Appius Claudius um 300 v. Chr. schrieb. Wenn man Gottes Schritt durch die Weltgeschichte hört, heißt es zuspringen und einen Zipfel seines Mantels fassen – Bismarcks berühmtes Wort macht anschaulich, dass große Männer darum groß sein könnten, weil sie ein Gespür für den Lauf der Welt besitzen; sie wissen den Moment des Handelns im Voraus, «während wir die Sachen erst hernach aus den Zeitungen lernen» (Jacob Burckhardt).

Glück als blinder Zufall, oder als eine Art ständiger Bevorzugung, oder gar als ein Verdienst, weil man dem Schicksal in die Hand zu arbeiten versteht: Diese drei Bedeutungen des Wortes sind allesamt historisch bedingt und weiterhin gebräuchlich. Dieses Buch aber lässt die Gaben der Fortuna, die Glückszufälle, *luck* und *bonne chance* nunmehr hinter sich und wendet sich dem viel größeren, bunter schillernden Reich des *Glücksempfindens* zu: dem, was die Glücksgüter in uns *bewirken*, was sich aber ebenso häufig abseits aller Glückszufälle in uns abspielt – so, wenn Hans im Glück (im Grimm'schen Märchen) Gott mit Tränen dankt: «So glücklich wie ich gibt es keinen Menschen unter der Sonne», nachdem er sein Gold gegen ein Pferd, dieses gegen eine Kuh, ein Schwein, eine Gans, einen Wetzstein eingetauscht hat, der in den Brunnen fällt, sodass er ihn nicht mehr zu schleppen braucht.

Das Wort *Glück* wird von hier an also all das ausschließen, was der Zufall uns zuteilt – es sei denn, die Glückszuteilung (*luck*) schlüge sich nieder in einer Glücksempfindung (*happiness*).

Freilich: Mit solcher Rangordnung wird eine moralische Entscheidung gefällt. Dürfen wir denn die schreckliche Menge von *unluckyness* auf Erden ignorieren, uns abkoppeln von so viel Leid und Not? Wenn wir handeln, sicher nicht. Aber wer sich, nach Nietzsches Worten, alles Elend der Welt «ins Gewissen schieben» wollte, der würde sich übernehmen. Es ist nicht vorstellbar und schon gar nicht zumutbar, dass ein Durstiger, der ein Bier herunterstürzt, sich den Genuss durch eine gleichzeitige Ausschweifung der Phantasie zu den Dürstenden im Sahel trüben ließe.

Politisch ist die Entscheidung, den Glückszufall nur noch am Rande zu behandeln, ebenfalls brisant: Jedem Sozialisten ist sie verdächtig. Denn *luck*: das ist eben nicht nur die Zuteilung von *Glückszufällen*, sondern auch die von *Glücksgütern*, und die wiederum werden uns nicht nur von den Göttern zugewiesen, sondern auch vom Staat. Wer immer die Glücksgüter dem Glücksempfinden unterordnet, der verewigt in marxistischer Sicht die Ungerechtigkeit in der Verteilung der irdischen Güter und besorgt die Geschäfte der Reichen. (Über Karl Marx Kapitel 33.)

Man sieht: Wer «das Glück» sucht, hat das Pech, von Menschen umringt zu sein, die nicht mögen, dass man es findet. Finden werden wir's trotzdem.

Stichwort:
Luck und Happiness

GLÜCK 1: das Glück, das man **hat**, der Glückszufall; das *objektive Glück*, engl. LUCK; frz. *bonne chance, fortune*; lat. *fortuna*; grch. *Tyche*
- *Der einzelne Glückszufall:* Glücksfall, Glückstreffer; Dusel, Massel, Schwein gehabt; sprichwörtlich «ein Sechser im Lotto»
- *Das Gefühl, vom Glück begünstigt zu sein:* Glückspilz, Glückskind, Sonntagskind; Glückstag, Glückssträhne; Glücksgüter
- *Der Glaube an Glücksbringer:* Glückskäfer, Glücksstern, Glückspfennig, Glückszahl
- *Der blinde Zufall, der das Pech einschließt* (dem ursprünglichen Wortsinn «Schicksal, Ausgang einer Sache» entsprechend): Glückssache, Glücksspiel; Glücksritter; auf gut Glück.

GLÜCK 2: das Glück, das man **empfindet**, das *subjektive* Glück, engl. HAPPINESS, frz. *bonheur* (von dem handelt das nächste Kapitel).

Wie die Lexika *Glück 2* definieren ...

GRIMM 1958: «Subjektives Glück, das auf körperlichen oder seelischen Gefühlen beruht; Glücksgefühl, der Zustand starker innerer Befriedigung und Freude; Zustand der Wunschbefriedigung, der inneren Harmonie.»

DUDEN 1999: «Angenehme oder freudige Gemütsverfassung, in der man sich befindet, wenn man in den Besitz oder Genuss von etwas kommt, was man sich gewünscht hat; Zustand der inneren Befriedigung und Hochstimmung; einzelne glückliche Situation; glückliches Ereignis, Erlebnis.»

BROCKHAUS 1844: «*Glückseligkeit* bezeichnet den Zustand der Befriedigung aller Bedürfnisse eines sinnlich-vernünftigen Wesens. Ein solcher Zustand kann nach der Stellung des Menschen zur Natur nur als Ideal angesehen werden; da die Abhängigkeit des Menschen von dem, was nicht in seiner Gewalt steht und doch seinen Zustand bestimmt, niemals aufhören wird.»

BROCKHAUS 1969: «Ein seelisch gehobener Zustand, in welchem der Mensch mit seiner Lage und seinem Schicksal einig und sich dieser Einhelligkeit gefühlsmäßig bewusst ist – sei es, dass er die Wünsche, die ihm für sich selbst wesentlich scheinen, erfüllt glaubt, sei es, dass er wesentliche Wünsche, die über das Gegebene hinausdrängen, nicht hat («wunschlos glücklich»). Das Glück kann alle Stufen vom Sinnlichen bis zum Sublim-Geistigen durchlaufen. Hohes Glück kann schenkende Liebe und schöpferisches Tun gewähren. Religiös vertieft wird es oft *Glückseligkeit* genannt.»

BROCKHAUS 2006: «Komplexe Erfahrung bzw. Zustand oder Vorstellung der Freude angesichts einer umfassenden Erfüllung von Hoffnungen, Wünschen; die vorgestellte oder erlebte Erfahrung des Einseins des Menschen mit dem von ihm im Rahmen seines Lebensvollzugs Gewünschten; Zustand des Wohlbefindens, der Zufriedenheit mit dem eigenen Leben.»

... und was davon zu halten ist

BROCKHAUS **1844** registriert allein den dauerhaften Glückszustand, ausgedrückt mit dem religiös gefärbten Begriff der *Glückseligkeit* – und fügt realistischerweise hinzu, dass die nicht zu haben ist.

BROCKHAUS **1969** blamiert sich einerseits mit der Formulierung «mit seinem Schicksal einig und sich dieser Einhelligkeit gefühlsmäßig (!) bewusst» – lässt aber andrerseits das *sinnliche* Glück zu.

BROCKHAUS **2006** hat das Sinnliche wieder gestrichen und auch keinen anderen Platz für kurzes Glück, für Hochgenuss, Jubel, Überschwang. Er konzentriert sich auf das Komplexe, Umfassende und «im Rahmen des Lebensvollzugs (!) Gewünschte» – auf eben das also, worüber unsere Mitmenschen sich selber oft belügen und uns fast immer (Kapitel 3).

6
Glück – ohne Scheuklappen

Was also ist das nun, das Glück, das wir wirklich empfinden, der Genuss, die Wonne, das Rundum-Zufriedensein – abseits populärer Kurzschlüsse und erhabener Redensarten? Unsere Mitmenschen können es uns nur selten sagen, und noch seltener wollen sie es (Kapitel 3); Philosophen und Theologen ignorieren das Glück, oder verfälschen es, oder behaupten, es könne nur aus dem Fehlen von Schmerz bestehen, oder maßen sich gar an, es uns zu verordnen (Kapitel 4) – ja sie züchtigen uns mit Hegels Diktum: «Die Perioden des Glücks sind leere Blätter in der Weltgeschichte.»

Die Brücke von solch grimmiger Philosophie zur Wirklichkeit hat Sigmund Freud geschlagen. Nach dem brutalen Satz «Die Absicht, dass der Mensch glücklich sei, ist im Plan der Schöpfung nicht enthalten» kommt Freud uns ein bisschen entgegen: «Was man im strengsten Sinne ‹Glück› heißt, entspringt der eher plötzlichen Befriedigung hoch aufgestauter Bedürfnisse und ist seiner Natur nach nur als episodisches Phänomen möglich. Jede *Fortdauer* einer vom Lustprinzip ersehnten Situation ergibt nur ein Gefühl von lauem Behagen.» Diese These hat zwei Schwächen und eine entscheidende Stärke.

Die erste Schwäche ist die Unterstellung, jedem Glücksgefühl müsse ein Bedürfnis oder ein Wunsch vorhergegangen sein. Dieser falsche Ton erklingt oft in der Philosophie und in den Lexika. Das «Britannica World Language Dictionary» definiert *happiness* als «die angenehme Erfahrung, die vom Besitz des Guten (!) oder von der Erfüllung der Wünsche herrührt» und der «Brockhaus» von 2006 als «Freude angesichts einer umfassenden Erfüllung von Hoffnungen, Wünschen».

Damit wird eine Menge von Lebenssituationen weggedrückt, die allgemein und unstreitig als «glücklich» betrachtet werden: das Glas edlen Weines, das mir unvermutet angeboten wird; das überwältigende Geschenk, das das Kind sich *nicht* gewünscht hat; die Liebe auf den ersten Blick, die eine glückliche Weichenstellung für ein ganzes Leben sein kann – und die ja eben deshalb so heißt, weil da nichts vorherzusehen und nichts zu wünschen war. Der große Geiger Yehudi Menuhin antwortete als Greis auf die Talkshow-Frage: ob es einen Tag in seinem Leben gebe, den er gern noch einmal erleben würde? «Ja – den Tag, an dem ich meiner Frau zum ersten Mal begegnete.» Dem größten Glück seines Lebens war kein Wunsch vorausgegangen.

Wunscherfüllung, Bedürfnisbefriedigung sind *ein* Weg zum Glück und ein häufiger gewiss; der einzige sind sie nicht. Wir sollten uns nicht noch mehr Einschränkungen des Glücksgefühls gefallen lassen – als ob sie uns damit nicht schon genügend Ärger machten, die Prediger der Tugend, die hochmütigen Hinwegdefinierer, die Leugner aller leiblichen Genüsse.

Die zweite Schwäche in Freuds Diktum ist die Geringschätzung des *Behagens*, das als «Fortdauer einer vom Lustprinzip ersehnten Situation» allein übrig bleiben könne; ja die ausdrückliche Abwertung solchen Behagens durch das Beiwort *lau*. Was spricht denn gegen den Versuch, sich das Leben behaglich einzurichten, Wohlbefinden anzustreben, Erfolge zu genießen, die Ernte von langer Arbeit einzufahren – gegen das also, was in der englischen Psychologie *fruition* heißt, Erfüllung, positive Lebensbilanz, oder *gratification*, Lohn, Befriedigung?

Umgekehrt: Zum Besten, was wir vom Leben haben können, gehört ein anhaltender Unterstrom von Genugtuung darüber, sich auf der Welt halbwegs komfortabel eingerichtet zu haben, im Beruf, in der Familie, im Wohlstand, mit einem Quantum Macht und ein paar Gründen, stolz zu sein. Das ist selten, gewiss – aber möglich durchaus, und wenn nicht ein Leben lang, dann für eine Reihe kostbarer Jahre. Ja: Die Grundstimmung, man könne alles in allem mit dem Leben zufrieden sein (egal, ob und wie man sich darüber äußert, natürlich) – sie verdient es, als eine von drei Spielarten des Glücklichseins gewürdigt zu werden; von nun an zur Unterscheidung vom kleinen und vom großen Glück *die lange Zufriedenheit* genannt.

Die Stärke Sigmund Freuds, zum anderen, liegt darin, dass er die Möglichkeit des Glücks als *episodisches Phänomen* bejaht – sich also gegen die Priester, Philosophen, Ideologen stellt, die uns Ideale vorgaukeln, die wir nicht erreichen können. Die immerwährende Seligkeit, schreibt E.T.A. Hoffmann in seinem Märchen «Der goldne Topf», ist ein *Rittergut in Atlantis* – das episodische Glück aber kennen wir alle. Wiederum könnte man dabei zwei typische Formen unterscheiden, zwei Glücksarten unterschiedlicher Intensität:

- *das kleine Glück*, das kurze Wohlbehagen (in der Literatur auch: Augenblicksglück, situatives Glück): das Bier, das den großen Durst löscht, das gute Essen in fröhlicher Runde, das unverhoffte Wiedersehen mit Freunden: Spaß, Vergnügen, Freude, Fröhlichkeit.
- und *das große Glück*, das, was die Dichter besingen und wovon wir alle träumen: Rausch, Lust, Wonne, Seligkeit, Jubel, Überschwang, Triumph, Euphorie, Ekstase, der Freudentaumel, das jauchzende Entzücken.

«Ein Zustand überschwänglichen Vergnügens währt nur Augenblicke, oder, zuweilen und mit Unterbrechungen, Stunden oder Tage», sagt der englische Philosoph John Stuart Mill. Glück sei nicht ein Leben der Entzückung, «sondern nur Augenblicke derselben in einem Dasein, das aus wenigen, vorübergehenden Leiden und vielen mannigfachen Vergnügungen besteht; wobei die Grundbedingung lautet, vom Leben nicht mehr zu erwarten, als es zu bieten vermag.» Hoch und blendend kann *der Schaum des Augenblicksglücks* über das Meer des Leidens spritzen, sagt Hermann Hesse. Goethe schrieb:

> Ich weiß, dass mir nichts angehört
> Als der Gedanke, der ungestört
> Aus meiner Seele will fließen,
> Und *jeder günstige Augenblick*,
> Den mich ein liebendes Geschick
> Von Grund aus lässt genießen.

Das war kein beiläufiger Einfall, sondern ein Leitmotiv in Goethes Leben. In Rom fand er, «dass alle wirklich klugen Menschen, mehr oder weniger, zärter oder gröber, darauf kommen und bestehen, dass *der Moment* alles ist und dass nur der Vorzug eines vernünftigen Menschen darin bestehe, sich so zu betragen, dass sein Leben, insofern es von ihm abhängt, die möglichste Masse von vernünftigen, glücklichen Momenten enthalte».

Wie weit hat Goethe selbst es darin gebracht? Sehr weit nicht, seiner eigenen Einschätzung zufolge: 37 Jahre später sagte er zu Eckermann, er habe in seinem Leben «keine vier Wochen eigentliches Behagen gehabt». Bismarck resümierte noch kritischer: «Wenn ich die mehrfachen Minuten wahren Glücks zusammenzähle, so kommen wohl nicht mehr als vierundzwanzig Stunden im ganzen heraus.» Solche Lebensbilanzen mögen nun alle Schwächen haben, vor denen Kapitel 3 gewarnt hat; sie mögen uns auch mit Schrecken über die Seltenheit glücklicher Minuten erfüllen – wichtig bleibt, dass das Zählen nach Momenten eine bei Dichtern und Praktikern längst etablierte Art der Glücksbetrachtung ist.

Wie also definieren wir das Glück, das wir alle kennen? Das Glück, wie die Philosophen es *nicht* beschreiben – ja wie wir selber es häufig nicht zu nennen wagen, weil wir zu vielen Denkschablonen verhaftet sind? Glück ist das positive Lebensgefühl eines bestimmten Menschen zu einer bestimmten Zeit – gleichgültig:

- ob es eine lange Zufriedenheit, ein kurzes Wohlbehagen oder die große Wonne ist
- ob und wie der Mensch sich darüber äußert
- ob er es vor sich selber Glück nennt oder Vergnügen, Lust, Befriedigung, Stolz, Selbstverwirklichung, Seligkeit
- gleichgültig erst recht, wie andere es nennen
- ob es sich aus Glücksgütern und Glückszufällen speist oder nicht (Kapitel 5)
- ob es ein Glück des Geistes, der Seele oder des Leibes ist
- und gleichgültig schließlich, ob es das Unglück anderer Menschen zur Voraussetzung hat wie bei jeder Art von Wettbewerb in Spiel, Sport und Beruf – ein Punkt, der uns in Kapitel 31 noch beschäftigen wird.

Die *dauernde* Glückseligkeit zu fordern, ist eine weltfremde Ausschweifung des Geistes; sie für sich in Anspruch zu nehmen meist eine bloße rhetorische Figur.

Da stellen sich natürlich große Fragen vor uns auf: Woran erkennen wir denn, dass ein Mensch glücklich ist – wenn es doch nichts bringt, ihm zuzuhören, ja da er bei manchem Lustgefühl vielleicht nicht einmal sich selber traut, es «Glück» zu nennen? Daran zum Beispiel: Dass ein Liebespaar sich nach langer Trennung in die Arme sinkt. Dass ein Kind unterm Weihnachtsbaum hüpft vor Begeisterung. Dass einer ruft wie Heine: «Tirili! Tirili! Ich lebe!» Dass einer einen Frühlingsmorgen in Paris so genießt wie Guy de Maupassant: «Die Kanarienvögel sangen aus vollem Hals; in allen Stockwerken trällerten die Hausmädchen; von der Straße stieg fröhlicher Lärm auf; festlich gestimmt ging ich ins Freie. Die Leute hatten lächelnde Gesichter, ein Glückshauch wehte überall im warmen Licht.»

Da lässt sich nichts aus der Welt philosophieren, es sei denn bei dem Vorsatz, sich mit Hilfe einer schwarzen Brille am Sehen zu hindern. Es ist nicht bekannt, dass das Stillen eines guten Hungers jemals von Weltschmerz oder von definitorischen Zweifeln durchsetzt gewesen wäre. Wir kennen Szenen zwischen Müttern und Kindern, wir kennen Wunsch-Erfüllungen und Erfolgserlebnisse, die mit annähernder Sicherheit den Schluss zulassen: Diese Menschen fühlen sich glücklich, abseits aller Begriffsquälerei.

Das kleine Glück: Die Blume auf einem fernen Stern, an die zu denken den «Kleinen Prinzen» glücklich macht. Die Fischsuppe, der (bei Alexander Solschenizyn) der Gulag-Sträfling entgegenzittert: Denn sie zu löffeln, ist «der kurze Augenblick, für den der Sträfling lebt». Der Stolz der DDR-Familie, wenn sie mit einer neuen Stoßstange am Trabbi zu ihrer Datsche fuhr, soeben eingetauscht für ein Paar Jeans «aus dem Westen». Das Auffliegen eines Taubenschwarms an einem funkelnden Wintertag, das dem Berliner Feuilletonisten Victor Auburtin den Satz eingab: «Böte das ganze Leben nichts als diese Tauben-Sekunde – aus den Nächten des Nichts schriee ich nach ihm! Schriee ich nach ihm!»

Das große Glück: die zwei Takte Musik, bei denen Hermann Hesse «die Tür zum Jenseits» aufgegangen war, «ich hatte Himmel durchflogen und Gott an der Arbeit gesehen». Laut Sigmund Freud «die geschlechtliche Liebe: Sie hat uns die stärkste Erfahrung einer überwältigenden Lustempfindung vermittelt und so das Vorbild für unser Glücksstreben gegeben.» Nach Montesquieu, dem französischen Staatsphilosophen: «Glück ist der Augenblick, den wir nicht gegen das Nichtsein eintauschen wollen.»

Die lange Zufriedenheit: Baron von Instetten rühmt sich ihrer, bei Theodor Fontane der Gemahl der «Effi Briest» – ganz da zu stehen, «wo man hingehört» und das Alltägliche «behaglich abzuwickeln: dass man ausgeschlafen hat und dass einen die neuen Stiefel nicht drücken». Casanova sah es anspruchsvoller 1760 in Grenoble, 35 Jahre war er alt: «Bei vollkommener Gesundheit, in der Blüte meiner Jahre, ohne irgendwelche Verpflichtungen, reichlich mit Geld versehen, von niemandem abhängig, glücklich im Spiel und gern gesehen bei den Frauen, konnte ich mit vollem Recht sagen: Nur weiter so!»

Stichwort:
Der Flow

Flow, zunächst nur Fluss, Flut, Überschwemmung, heißt auch das Fließen, das ruhige Dahinströmen. An diese Bedeutung hängen sich seit den siebziger Jahren amerikanische Glücksforscher an und steigern sie zur Hochstimmung des vom Strom Fortgetragen-Werdens. Mihaly Csikszentmihalyi, amerikanischer Sozialwissenschaftler ungarischer Herkunft, hat den *Flow* in sechs seit 1985 erschienenen Büchern zum Zentralbegriff erhoben: *Flow* ist für ihn der Zustand, in dem der Mensch sein Schicksal selbst in die Hand genommen hat, sich selbstvergessen konzentriert und sich im Einklang weiß mit sich und der Welt.

Bis dahin kein Widerspruch. Nur ist dieses Hochgefühl das einzige, was der Autor als «Glück» gelten lässt. Sex, Trinken, Schwelgerei nennt er «Vergnügen», und das sei etwas anderes als Glück, denn «es bewirkt kein seelisches Wachstum». Damit ist die populäre Vorstellung vom Glücklichsein ähnlich drastisch eingeschränkt wie durch die Behauptung der Theologen und vieler Philosophen, Glück könne sich nur auf dem Boden der Tugend entfalten. Nein: Die meisten Formen des Glücks haben mit seelischem Wachstum so wenig zu tun wie mit der Moral.

Als Beispiel für *Flow* nennt Csikszentmihalyi «das, was ein Segler auf richtigem Kurs fühlt, wenn der Wind ihm das Haar peitscht und sein Boot wie ein junges Pferd durch die Wellen prescht – Segel, Kiel, Wind und Meer in einer Harmonie, die auch in den Adern des Mannes am Steuer vibriert».

Hübsch gesagt. Nur widerlegt das Beispiel des Autors gleich drei seiner zentralen Thesen. «Glück hängt nicht von äußeren Ereignissen ab, sondern davon, wie wir mit diesen umgehen» – Wind und Wellen *sind* aber äußere Ereignisse, und anders als beschrieben mit ihnen umzugehen wäre töricht. «Geld kann echten Segen bedeuten, doch nur, wenn es uns hilft, uns besser zu fühlen» – oder wenn wir uns ein Segelboot leisten können, Gefühl hin oder her. «Für *Flow* gibt es keine Rezepte» – manchmal doch: segeln gehen.

Was bleibt? *Flow* ist ein griffiges Wort für einen schönen, seltenen Sonderfall des Glücklichseins, für Sphärenharmonie, für rauschhaftes Gelingen. Manche Menschen erleben das manchmal, viele nie. Was wir häufiger und leichter erreichen können, ist Behagen, Spaß, Vergnügen, Freude, Wonne, Lust, Triumph, und niemand soll uns das alles aus dem Glück hinausdefinieren.

7
Ist Glück machbar?

Natürlich nicht. Aber ja doch! Oder vielleicht ein bisschen hie und da? Das ist die große Frage. Bei ihr sollten wir kurz innehalten.

Ja, Millionen Menschen *glauben*, dass Glück machbar sei, mindestens innerhalb gewisser Grenzen. Sie suchen nämlich den Rat von Astrologen, Eheberatern, Psychotherapeuten, sie vertrauen auf Prediger, Politiker, Philosophen, Utopisten, sie bauen auf das Versprechen der Reiseveranstalter, dass ein Flug nach Y sie glücklich machen werde, und sie setzen die Schnellschreiber der Ratgeber-Literatur ins Brot.

Nur dass mit dem Glauben noch nichts bewiesen ist. Glück sei *nicht* planbar, sagt der österreichische Psychiater Viktor Frankl, Glück lasse sich nicht «intendieren» – umgekehrt, es entziehe sich uns in dem Maße, wie wir es ertrotzen wollen, ähnlich wie der Schlaf. Sigmund Freud stellte fest: Rezepte sind sinnlos, denn kein Mensch ist wie der andere, «ein jeder muss selbst versuchen, auf welche besondere Fasson er selig werden kann».

Dieselbe Konsequenz ziehen heute viele namhafte Neurobiologen aus den *Genen* – fasziniert von der Fülle der Informationen, die sie ihnen in den letzten Jahrzehnten entlockt haben. Selbst wenn sich ein Mensch in tiefster Not befinde: «Wir können sicher sein, dass das Glück irgendwann zurückkehrt und das genetisch festgelegte Niveau erreicht», sagt der amerikanische Molekularbiologe Dean Hammer. Sein Kollege David Lykken stellte bei Zwillingspaaren, die in verschiedener Umwelt aufgewachsen waren, sehr ähnliche Glücksgefühle fest, und resümierte: «Jeder Mensch *erbt* einen bestimmten Pegel an Zufriedenheit.» Soziologen, Wirtschaftswissenschaftler und Zukunftsforscher, zumal in den USA, teilen diese Meinung gern: Der gen-gelenkte Mensch ist weithin berechenbar – und folglich ein bequemes Objekt politischer Versuche, das Glück aller Bürger zu steuern.

Aber die Behauptung, Glück sei gar nicht planbar, ist übertrieben. Tennisspielen und danach gierig trinken sind gleich zwei Vergnügen, die sich durchaus planen lassen, wobei zwar der Genuss des Spiels durch einen ärgerlichen Partner getrübt werden kann, der des Trinkens aber kaum. Viele leibliche Genüsse lassen sich mit hoher Erfolgsquote vorsätzlich herbeiführen; Feste kann man arrangieren und Urlaubsreisen vorbereiten, und wenn auch niemand uns vor Enttäuschung schützt, so können wir doch allenthalben die Weichen so stellen, das ein Zuwachs an Glück wahrscheinlich wird.

Also hätte guter Rat doch eine Chance? Das kommt drauf an.

Der erste Ratgeber von Weltrang hieß *Epikur*. Seine Lehre vom Glück verkündete er um 300 v. Chr. in seinem Garten zu Athen, und für mehr als zwei Jahrtausende wurde er zum Schimpfnamen für hemmungsloses Genuss-Streben. Dabei fällt es schwer, sich ein vielfältiger *gehemmtes* Streben als das Epikur'sche vorzustellen: Jacob Burckhardt schrieb, es sei zu fürchten, «dass sich wenige Menschen mit der echt verstandenen epikureischen Lust begnügen möchten».

Worin bestand das Glück des Epikur? In Gesundheit und Seelenruhe, der Freiheit von Schmerz und der Freiheit von Angst. «Wer nicht hungert, dürstet, friert, kann sich an Glückseligkeit mit Zeus messen.» Das hieß ja eigentlich nur: Glück ist das Fehlen von Unglück, wie später von Schopenhauer beschrieben. Keine Sinnenlust und keine Schwelgerei? Nein, sie könnten die Seelenruhe stören und Schmerz nach sich ziehen. Vernünftig, maßvoll und sittenstreng sei der Lebenswandel.

Woher also die Entrüstung? Sie entsprang den zwei Neuerungen in der Lehre Epikurs, unscheinbaren, aber weitreichenden

Verschiebungen in der Skala der Werte: Das Glück finde sich im Verborgenen, in einem Garten abseits von Staat und Politik, lehrte er; und schon der griechische Historiker Plutarch leitete um 100 n. Chr. daraus den Vorwurf ab, die Epikuräer seien die Einzigen, die an den Wohltaten des Staates teilnähmen, ohne zu seinem Wohlergehen beizutragen. (Inzwischen ist dies ja eine verbreitete Lebenshaltung geworden.)

Der Rückzug ins Private war aber nicht nur eine Absonderung von der Gemeinschaft, sondern zugleich eine philosophische Kehrtwendung; denn, obschon mit Maß und Tugend: Nichts sollte wichtiger sein, als dass es mir, dem Individuum, gut gehe, und nicht um der Tugend willen übe ich die Tugend, sondern weil sie die höchste Chance bietet, mich dauerhaft glücklich zu machen. So war die Sittlichkeit vom Zweck zum Mittel degradiert. Damit ist Epikur der Stammvater des Rechts für jedermann, nach Glück zu streben, das Thomas Jefferson zweitausend Jahre später proklamierte; damit hatte er es verdient, von Dante in der Hölle gesotten zu werden.

Hundert Jahre vor Epikur war ein anderer griechischer Philosoph viel weiter gegangen, aber viel weniger bekannt geworden: *Aristippos,* der Begründer des *Hedonismus* – «der Glückseligkeitslehre in ihrer niedrigsten Gestalt», wie noch der Große Meyer von 1890 sich entrüstete. Denn Aristippos ließ den Mantel der Tugend fallen: Er bejahte auch die Sinnenlust und gerade sie und sah die Glückseligkeit nicht in Seelenruhe und «Meeresstille», wie Epikurs Lieblingsausdruck hieß, sondern in einer möglichst großen Summe einzelner Lustempfindungen – was wiederum an Goethes Formel von der «möglichsten Masse glücklicher Momente» erinnert.

Ganz anders dann die Theologen des Mittelalters: Sie waren sich einig, dass das Glück nur in Gott liegen könne. Von irdischen Glücksversprechungen hallten erst das 18. und das 19. Jahrhundert wider, zunächst aber nur von solchen für das ganze Volk oder gar die Menschheit insgesamt. (Die Staatslehrer und Gesellschaftsphilosophen von Francis Hutcheson bis Karl Marx werden in den Kapiteln 30 bis 33 vorgestellt).

Das Glück *des Einzelnen* in den Mittelpunkt zu rücken und ihn mit Rat zu überziehen, wurde erst im 20. Jahrhundert populär – mit mächtigen Zuwachsraten seit der Jahrtausendwende. Glücksratgeber erzielen Rekord-Auflagen – auch solche, die sich auf Großmutter-Weisheiten und fromme Sprüche beschränken. Von «Glückskochbüchern» spricht Michael Mary, ein dezenter Berater, und polemisch stellt er die Frage: Wie konnte es nur früher Reiche und Glückliche geben, als all diese Bücher noch nicht erschienen waren?

Da lesen wir also: «Glück kann man lernen» wie Englisch oder das Zehn-Finger-System, verspricht Stefan Klein («Die Glücksformel»). «Die eigentlichen Geheimnisse auf dem Weg zum Glück sind Entschlossenheit, Anstrengung und Zeit», sagt der Dalai Lama («Die Regeln des Glücks»). «Entfesseln Sie Ihre sexuelle Energie» und befolgen Sie weitere 32 «Simplify-Ideen» – dann werden Sie den Sinn Ihres Lebens finden, behauptet Werner Tiki Küstenmacher.

Ratgeber für Reichtum und Karriere drängen besonders heftig auf den Markt. Sie haben allesamt zwei Nachteile: Sie laden dazu ein, sein Glück auf einem Feld zu suchen, auf dem überwiegend die Misserfolge sprießen – da eben auf jeden Abteilungsleiter zehn treffen, die es gern geworden wären; und außerdem ist nicht überliefert, dass je ein Buchhalter durch Lesefleiß zum Milliardär geworden oder ein *underdog* in den Vorstand aufgestiegen wäre.

Tragikomisch klingen viele der angeblich sicheren Rezepte für *die Liebe* (die auf S. 133 zum Beispiel). Auf diese zentrale Lebensfrage kann jeder nur selbst eine Antwort finden, und ein plausibles Rezept etwa für den verlassenen Ehepartner gibt es nicht. Oder was ließe sich einem Mauerblümchen empfehlen? Nicht mehr als: Gehe unter Leute, zehnmal so viel wie bisher – nur dann hast du die Chance, dass dir jener Prinz begegnet, der errät, dass du gar kein Mauerblümchen, sondern ein Aschenbrödel bist.

In hohen Auflagen verbreitet sind erstaunlicherweise auch solche Rezepte, die vorgeben, *einen Weg* aufzuzeigen – obwohl sie eigentlich *das Ziel* sind: «Vereinfachen Sie Ihre Finanzen» beispielsweise oder «Entkräften Sie Ihre Neidgefühle», rät Küstenmacher. Nur zu gern! Aber wie macht man das? (Mehr über seinen Bestseller auf S. 92.)

Schließlich gibt es jene Lebenslagen, in denen Rezepte nichts verloren haben: Wer Durst hat, der braucht keinen Rat, sondern was zu trinken, und wer friert, der braucht keine Empfehlungen, sondern einen Ofen. Jene Philosophen, die ohnehin nur die Befriedigung solcher aufgestauten Bedürfnisse als Glück gelten lassen, verhalten sich also schlüssig, wenn sie uns mit Handlungsanweisungen verschonen.

Was bleibt für ein Buch, das gleich dreierlei will: seriös sein, unterhaltsam sein und einen gewissen praktischen Nutzen bieten? Augenmaß vor allem. Eine klare Grenze zwischen dem Planbaren, dem Zufälligen und dem kaum Vermeidlichen. Dazu die Einsicht, dass alle Erfahrungen und Empfehlungen niemals für alle Menschen in allen Lebenslagen gelten können, sondern nur für viele. Der amerikanische Psychologe Martin P. Seligman, Autor eines der wenigen seriösen Ratgeber-Bücher auf dem Markt («Der Glücksfaktor»), sagt es so: Glücksgefühle sind das Resultat aus der Erbmasse, den Lebensumständen und dem *zielstrebigen Willen*.

Solchen Willen mit Empfehlungen zu stützen, versucht dieses Buch. Es leuchtet jene Lehren, Sitten und schlechten Gewohnheiten an, die so manchen Weg zum Glück mit Schlaglöchern versehen oder durch falsche Wegweiser unbrauchbar gemacht haben. Es unterscheidet klar zwischen guten Ratschlägen (Tu was!) und umstrittenen (Vererbe nichts, iss alles auf!), und es wird seufzend auf Rat verzichten, wo die Ratgeber am lautesten sind und am wenigsten bewirken können: in der Liebe und beim Geld.

Stichwort:
Glückspillen und Endorphine

Kann die Chemie uns glücklich machen – entweder indem wir uns ihre Produkte einverleiben, oder indem wir die Kenntnis der chemischen Hintergründe für unsere Glücksgefühle nutzen? Die Kenntnis nützt uns nichts. Sie belastet jedoch die Suche nach dem Glück mit einem einschüchternden chemischen Vokabular, ob in der wissenschaftlichen Glücksfindung oder in etlichen der allzu vielen Glücks-Ratgeber.

Das begann 1976: Da isolierte der amerikanische Physiologe Roger Guillemain aus dem Hirn von Schafen erstmals körpereigene Botenstoffe, die er *Endorphine* nannte – ein Kunstwort für eine endogene, das heißt vom Körper selbst erzeugte morphiumähnliche Substanz, die uns das Angenehme als noch angenehmer und das Schmerzliche als weniger schmerzhaft erscheinen lässt. «Heute werden *Endorphine, Enkephaline* und *Dynorphine* unter dem Begriff *Opioide* zusammengefasst», schreibt Stefan Klein in seiner «Glücksformel», die 2002 ein Bestseller war. «*Opioide* sind so genannte *Neuropeptide*, Moleküle, die ...»

Wer sich für sein eigenes Glück oder das der Menschheit interessiert, kann die ganze Chemie getrost vergessen. Dass wir unser Glücksempfinden mit chemischen Mitteln beeinflussen können, war Jahrtausende vor der Entdeckung der Endorphine bekannt: durch Alkohol, Nikotin und Drogen. Nun wissen wir also, dass der Wein, der uns heiter stimmt, dies mit Hilfe von Endorphinen tut; an unserem Verhältnis zum Segen des Weines und zu den Nachteilen des Alkoholexzesses hat sich damit nichts geändert.

Glückshormone werden auch durch große Liebe, fröhliche Arbeit, strapaziöses Gelingen ausgeschüttet – aber so ist es nicht, dass das Glücksempfinden sich auch ohne Liebe, Arbeit und Strapaze einstellen könnte, indem wir den Endorphinen einen entsprechenden Auftrag erteilen. Die Kenntnis der chemischen Zusammenhänge hat für uns die Wirkung null.

Nicht natürlich für die Pharma-Industrie. Die verdient Milliarden mit ihren «Lifestyle-Psychopharmaka», zumal den Antidepressiva, die in den USA eine Modedroge geworden sind: 2005 wollten 24 Millionen Amerikaner «Glückspillen» verschrieben haben, 70 Prozent von ihnen bekamen sie auch, darunter erschreckend viele Kinder. «Das modische Neuro-Marketing», wie die Zeitschrift *Geo* es nannte, ist mehreren kritischen Studien zufolge überwiegend nutzlos; wo die Mittel wirken, führen sie oft zu Diabetes oder motorischen Störungen, und sie verdoppeln die Selbstmordrate.

Dieses Buch wird nur diejenigen chemischen Substanzen behandeln, deren Zufuhr (auch ohne Apotheke und Drogenhandel) unserem Willen unterliegt – und deren Wirkung, im Guten wie im Schlimmen, unbestritten ist.

**Gute Rezepte,
das Glück zu steigern**

8
Tu was!

Was, ist fast egal – so lautet ein alter Rat an jedermann, wenn er sich ein kleines Behagen oder ein großes Vergnügen verschaffen möchte; wenn er Schmerzen lindern, Angst blockieren, Frust verscheuchen will. Von allen Ratschlägen, wie man sich Trost spenden oder sein Wohlbefinden steigern kann, ist dies der bewährteste.

Im Idealfall stellt der Tätige etwas Großes auf die Beine; im Normalfall versucht er, etwas Sinnvolles zu leisten – wie der Handwerker, den Goethe «den glücklichsten Menschen» nannte: «Er arbeitet ohne Anstrengung und Hast, aber mit Applikation und Liebe, wie der Vogel sein Nest herstellt ... Wie beneid' ich den Töpfer an seiner Scheibe, den Tischler an seiner Hobelbank!» Und selbst zweckfreies Tun wirft auf den Alltag einen Sonnenstrahl: das Spielen, das Sammeln, die stumme Patience.

Da irren sie also, die Prediger der Faulheit, der Besinnlichkeit und der Selbstversenkung – ob Philosophen, Theologen, Mystiker oder alternde Blumenkinder. Es irrt auch Deutschlands meistverkaufter Ratgeber, der Pfarrer Küstenmacher, wenn er meint, «Herumhängen und Nichtstun» sei unser Urbedürfnis. Wenn es das wirklich wäre, sollten wir den Sumpf erkennen, in den wir durch anhaltende Trägheit geraten.

Thomas von Aquin, der Kirchenvater des 13. Jahrhunderts, ging so weit, «das tätige Leben» *zu verurteilen*, weil es Knechtschaft bedeute und den Menschen von seinem eigentlich Auftrag ablenke: sich auf das Jenseits vorzubereiten. Da war die Regel der Benediktinermönche aus dem 6. Jahrhundert realistischer: *ora et labora*, bete und arbeite, ausgeführt in Kapitel 48 der «Benediktusregel»: «Müßiggang ist der Seele Feind. Deshalb sollen die Brüder zu bestimmten Zeiten mit Handarbeit, zu bestimmten Stunden mit heiliger Lesung beschäftigt sein.» Beten und *gleichzeitig* die Finger beschäftigen: Das leistet der Rosenkranz, den der französische Essayist Alain in seiner brillanten «Rede über das Glück» («Propos sur le bonheur») eben deshalb «eine bewunderungswürdige Erfindung» nannte.

Vollends erwiesen hat sich der Segen des Tuns in den Heimen für körperlich oder geistig Behinderte. Neben der Selbsterhaltungstherapie (sich selber waschen und ankleiden können) betreiben sie Arbeitstherapie (ein Handwerk erlernen) – und, für Alzheimer-Patienten im Spätstadium und andere hoffnungslose Fälle, die bloße Therapie der sinnfreien Beschäftigung: kritzeln, Karten legen, mit Puppen spielen. Und wer sich um eine Zimmerpflanze kümmern kann, lebt länger.

Sinnfrei (was nicht die negative Bedeutung von «sinnlos» hat) ist ja auch jede freiwillige körperliche Strapaze, der Sport zumal – es sei denn, man betrachtete ihn als Investition in die eigene Schönheit oder in ein langes Leben. Mit der heftigen Bewegung erfüllen wir uns zugleich ein anderes Urbedürfnis: Zwei Millionen Jahre lang mussten unsere Ahnen rennen, um die Tiere zu erlegen, die sie essen wollten; erst seit zehntausend Jahren machen Viehzucht und Ackerbau die Rudeljagd entbehrlich. Aber vielleicht ist es immer noch eine imaginäre Antilope, der der Marathonläufer nachtrabt, und das Ziel keuchend erreicht zu haben steht für den Triumph: Die Beute ist erlegt! *Gehen* – nur leicht übertrieben – sollte eigentlich bloß der, der nicht mehr laufen kann oder der seinem Image das Schreiten schuldet, Kardinäle beispielsweise.

Dass in der Untätigkeit das eigentliche Übel liegen kann, haben viele Heerführer zu spüren bekommen: Die lange lagernde Armee neigt zu Trägheit, wenn nicht zu Meuterei. Carl von Clausewitz, der Klassiker der Theorie des Krieges, lehrte: Der

Feldherr brauche zwei Drittel seiner Kraft, um die stets vom Einschlafen bedrohte Armee überhaupt in Bewegung zu halten; nur das restliche Drittel stehe ihm für operative Aufgaben zur Verfügung. Che Guevara malträtierte 1966/67 im bolivianischen Dschungel seine letzten elf Getreuen mit martialischen Pflichten, um sie am Wegdämmern zu hindern.

Auch Expeditionsleiter haben erfahren, dass sie ihre Männer beschäftigen müssen: Die von der «Endurance» des Ernest Shackleton, die 1916 fünf Monate im Eis der Antarktis festsaßen, unterwarfen sich einem eisernen Stundenplan: 7 Uhr aufstehen, Feuer machen, Schnee räumen, aufräumen, Pinguin-Steaks braten, Kleider flicken; und der kanadische Arktisforscher Vilhjalmur Stefansson berichtete 1938: Hunger, Frost und Erschöpfung hielten seine Männer bei Laune; die Probleme begannen, wenn sie ein warmes Lager bezogen.

Und die *Muße*? Ist sie nicht ein viel gerühmter Wert? Produziert der Drang zur rastlosen Tätigkeit nicht auch *workaholics* und bloße Gschaftlhuber – oft Wichtigtuer oder Menschen, die vor sich selber fliehen? Mag sein. Unglücklich aber sind solche Leute im Allgemeinen nicht.

Für die Oberschicht der Griechen und der Römer, die die Muße lobten und pflegten, bedeutete sie nicht primär Untätigkeit – sondern die Freiheit, seine Beschäftigung selbst zu wählen: seinem Vergnügen nachzugehen, sich schaffend oder genießend der Kunst zu widmen, sich zu bilden. Unser Wort *Schule* ist ja aus dem griechischen *scholé* hervorgegangen, und das hieß: die Erwerbsarbeit unterbrechen und über sein Tun selbst entscheiden.

Solcher Muße sind große Werke der Kunst, der Philosophie, der Wissenschaft entsprungen, ja – noch mehr aber aus dem Gegenteil: aus dem Schaffensrausch und rasendem Fleiß. Franz Schubert komponierte bis zu zehn Lieder an einem Tag, in acht Tagen schrieb Goethe sein Trauerspiel «Clavigo», in drei Wochen komponierte Rossini den «Barbier von Sevilla», in den letzten 69 Tagen seines Lebens warf van Gogh 82 Gemälde in die Welt. Richard Wagner beklagte «die leidenschaftliche, ja peinliche Ausdauer», mit der ein rasch gefasster großer Plan verwirklicht werden müsse, und die Kraft, die es koste, «wenn man immer einen Weltuntergang in jeder Note geben soll».

Und was für ein Apostel des Fleißes war Voltaire! «Lasst uns arbeiten, ohne zu räsonieren», sagt der weise Martin in Voltaires Roman «Candide». Der Philosoph etablierte sich mit 64 Jahren seinerseits als Gutsherr am Genfer See, brachte sein Dorf zu Wohlstand, baute Straßen, Schulen und eine Seidenfabrik, legte Sümpfe trocken, kämpfte leidenschaftlich gegen Irrtum und Willkür der Justiz und für die Befreiung der Bauern von der Leibeigenschaft – und schrieb unterdessen Romane, Pamphlete, vielbändige wissenschaftliche Werke und eine unübersehbare Fülle von Briefen; dies alles zwanzig Jahre lang. Dann kehrte er im Triumph nach Paris zurück und starb. Gewiss war er, mit Nietzsches Worten, «müde und glücklich, gleich jedem Schaffenden am siebten Tag».

Auch unterhalb der Genie-Ebene gilt, was Mihaly Csikszentmihalyi (der mit dem «Flow») konstatiert: «Die besten Momente im Leben ereignen sich gewöhnlich, wenn Körper und Seele bis an ihre Grenzen angespannt sind, in dem Bestreben, etwas Schwieriges und Wertvolles zu erreichen.»

Wertvoll, das wäre das Größte – nur dass eben das Schwierige auch dann ein Wohlgefühl bereitet, wenn man sich über seinen Wert durchaus streiten könnte. Wer ist der glücklichste Mensch auf Erden? Nach Alain: ein Polizeipräsident – «weil er immer handelt, und das unter stets neuen Bedingungen. Bald gegen das Feuer, bald gegen das Wasser, bald gegen den Einsturz eines Hauses, bald gegen Verkehrsunfälle; manchmal auch gegen den Zorn und zuweilen sogar gegen die Begeisterung. So findet sich dieser glückliche Mensch sein Leben lang Minute für Minute bestimmten Problemen gegenüber, die bestimmte Maßnahmen erfordern ... Der Polizeipräsident tut nichts als wahrnehmen und handeln. Wo aber diese beiden Schleusen geöffnet sind, ergreift ein Lebensstrom das Herz und trägt es leicht dahin wie eine Feder.»

Wenn einer nicht durch seinen Beruf oder die Umstände in Aktion eingebunden ist, hat er es schwerer. Sich Aufgaben und Tätigkeit zu *suchen,* gelingt nicht jedem. Dem einen fehlt es an Kraft, sich gegen die stete Versuchung der Trägheit anzustemmen; dem Zweiten gebricht es an der Gelegenheit, wie der engagierten Mutter, sobald die Kinder ausgeflogen sind, obwohl sie doch weiter nichts als Mutter sein möchte; dem Dritten mangelt es an Interessen oder Phantasie, wie sie für ein Hobby oder eine Sammelleidenschaft vonnöten sind – wobei das Sammeln die enge Verknüpfung zwischen Glück und Tun verdeutlicht: Der Sammler ist immer tätig, niemals fertig, auf seinem unendlichen Weg durch Erfolge belohnt und durch Widerstände angespornt. Ein Sammelziel lückenlos erreicht zu haben, wäre schon bedenklich, eine Sammlung komplett zu erben das Langweiligste auf der Welt.

Widerstände, Schwierigkeiten, Mühen sind gut, in der richtigen Dosierung halten sie uns in Atem, verlängern unseren Weg und vergrößern am Ziel unsere Genugtuung: gelöste Rätsel, überwundene Hindernisse, abgedrängte Gegner. Wir wollen das Gute nicht zu billig haben, das Kind verschmäht den Bürgersteig, um auf dem Bordstein zu balancieren, Berge werden über ihre schwierigste Flanke erstiegen, und keine Diplomatenjagd kann den Triumph erzeugen, wie Captain Ahab ihn am Ende seiner lebenslangen Jagd auf Moby Dick, den weißen Wal, verspürt.

Wo aber nimmt einer die Schwierigkeiten her, dem eine erstaunliche Menge Freizeit zur Verfügung steht (wie heute den meisten) und dem dann ein langes Rentenalter winkt – oder droht? Das sich unkontrolliert vermehrende Freizeitangebot erlegt uns schon heute auf, mehr Aktivität selbständig zu planen, als uns durch den Beruf aufgebürdet wird; Kindheit und Rentenalter eingerechnet, übertrifft unsere disponible Zeit die Berufsarbeit gar um mehr als das Doppelte – kein Kinderspiel, da doch die Leute noch dazu im Durchschnitt weniger Kinder und weniger häusliche Pflichten haben als früher, ohne dass es bisher Indizien für eine proportionale Ausbreitung von zusätzlichen Interessen gäbe.

Umgekehrt: Schöne und trostreiche Beschäftigungen wie das Musizieren werden zurückgedrängt durch die Allgegenwart der Musik, die andere für uns machen; wohl auch durch eine wachsende Abneigung, sich die lange Mühe aufzuerlegen, die es kosten würde, ein Instrument zu erlernen. Heute Mühsal investieren, um übermorgen desto glücklicher zu sein, ist gegen den Stil unserer Zeit.

Und dann das Rentenalter, der jähe Sprung in die Untätigkeit! Da kriecht das Untier der Langeweile heran, eines Lebens ohne Aufgabe und Aktion – eines sehr langen Lebens, denn pensioniert wird immer früher und gestorben immer später. Wer sich da nicht mit Leidenschaft auf sein Hobby, seinen Garten, seine Enkelkinder stürzen kann, dem droht die Langeweile – ein Problem, von dem im Abschnitt «Das Unglück» noch ausführlich die Rede sein wird. Den Interessen des Rentners würde es zumeist entsprechen, wenn die Berufstätigkeit gar nicht aufhörte, sondern sich ausdünnte: Nur noch dreißig Stunden in der Woche, dann zwanzig, dann zehn. Doch von der Betriebsorganisation her ist das selten einzurichten.

Für die Pensionäre helfende und beratende Tätigkeiten zu ersinnen, wäre das Mindeste, was ein Sozialstaat tun müsste, der sich auf das Glück seiner Bürger verpflichtet hat. Eltern und Lehrer sollten versuchen, schon den Heranwachsenden eine breite Palette von Kenntnissen und Interessen anzubieten und notfalls aufzunötigen. Schüler und Studenten haben großenteils ein so fettes Polster an disponibler Zeit, dass sie zusätzlich sogar eine Handwerkslehre absolvieren könnten – Glücksverzicht heute zugunsten hochbefriedigender Tätigkeit übermorgen; doch noch nie war es so schwer, dergleichen zu erwarten oder zu verlangen. Eine Gesellschaft, die ihre Bürger einen ständig schrumpfenden Teil ihres Lebens hindurch in einen Arbeitszwang einbindet, kann nur die Menge des Unglücks vermehren, wenn sie nicht neuartige Beschäftigungen anbietet und sie mit dem milden Zwang der Sitte und der Mode den Unterforderten aller Altersklassen nahebringt.

Die Industrie tut unterdessen immer noch das Gegenteil: In immer neuen Variationen tüftelt sie Geräte aus, die die Arbeit verkürzen, also für einen großen Teil ihrer Benutzer die Eintönigkeit verlängern; gekrönt von widersinnigen Geräten wie dem Motorrasenmäher, der die Luft verpestet, die Nachbarn belästigt, für die meisten Gärten den Tatbestand sinnloser Übermotorisierung erfüllt – und die Langeweile noch länger macht.

Wenn aber nicht sie uns plagt, sondern wir jäh konfrontiert werden mit einer Enttäuschung, einer Demütigung, einem Trauerfall? Da gilt erst recht der Satz von Alain: «Es ist leichter, eine Geige zur Hand zu nehmen, als sich ins Unabänderliche zu fügen.» Es ist besser, den Keller aufzuräumen oder einen Umzug zu planen, als sich in der Verzweiflung einzurichten. Arbeit lindert alles Ungemach der Welt. Man muss seinen Garten bestellen, heißt der letzte Satz des «Candide». Ohne Motor, versteht sich.

9
Gönn' dir was!

«Mer muss jünne künne», heißt der hübsche Spruch in Köln: Gönnen muss man können, sich nicht vom Neid zerfressen lassen. Was gut ist für die zwischenmenschlichen Beziehungen, sollte der Einzelne auch auf sich selbst beziehen, vielleicht mehr als bisher üblich unter den schwerblütigen Völkern nördlich der Alpen: Gönn' dir was! Sei gut zu dir! Verwöhne dich ein bisschen! Belohne dich!

Aber bedarf es dazu eines Anstoßes – tut das nicht jeder sowieso? Und wer es nicht tut – wie sollte der einem Rat zugänglich sein, zumal wenn ihn die Gene hemmen? Nun, unter den vielen verfestigten Meinungen, die unseren Alltag prägen, gibt es ein paar schlecht begründete oder historisch überholte, und die lassen sich vielleicht bei manchen Menschen ein wenig lockern durch Argumente und Ermunterungen.

Solche über die richtige Art zu essen, beispielsweise. Wer nach harter Arbeit einen Heißhunger stillen will, dem ist das Wo und Wie egal – nicht aber im Alltag den Meisten. Ein hübsch gedeckter Tisch, ein fröhlicher Ruf zu ihm hin sind ein Stückchen kleines Glück; schon ein halbes Dutzend solcher Gesten kann die Behaglichkeit des Tages ausmachen. Und dergleichen lässt sich ja geradezu beschließen, an einem beliebigen Donnerstag.

Die Frage aber, die heute Millionen Menschen bewegt, dort, wo keiner mehr hungern muss, ist die nach der erlaubten Menge und richtigen Beschaffenheit des Essens: Völlerei gilt allgemein als ungesund, in tonangebenden Kreisen überdies als proletarisch – als die letzte Sünde, die nach dem Zusammenbruch aller Sexualtabus überhaupt noch begangen werden kann.

Vergessen wird dabei, dass es uns nicht gäbe, wenn unsere steinzeitlichen Ahnen sich nicht den Wanst vollgeschlagen hätten, sobald das Wild erlegt war, denn Fleisch ließ sich nicht konservieren und das Jagdglück nicht herbeizwingen; und verdrängt wird gern, dass das Schlemmen noch heute für den Leib kein Schaden sein muss, aber für die Seele eine ungeheure Erfrischung sein kann. Im Wechsel fressen und fasten, das war normal etwa zwei Millionen Jahre lang, und es ist zu vermuten, dass unsere Gene sich davon keineswegs völlig befreit haben in kaum 10000 Jahren Landwirtschaft. Die Bauern wiederum und erst recht ihre Knechte und Mägde waren meistens arme Teufel – und gaben sich mit Wollust der Fresslust hin, wann immer ein Fest, eine Hochzeit, eine gnädige Bewirtung sie einluden, sich den Bauch zu füllen auf Vorrat und aus Rache.

Wir aber wollen schlank bleiben oder endlich werden, wir zählen Kalorien, wir scheuen Fett und Zucker, wir messen uns Vitamine und Mineralien zu, wir bangen um unsere Leberwerte! Das ist ja auch nicht falsch. Nur kann man, wie das Fressen, so auch das Fasten übertreiben und vernünftige Vorsätze zu einer Zwangsvorstellung steigern.

Gewiss, es gibt viel scheußliche Gefräßigkeit: «Beim achten Gang, einer leichten Hummerpastete mit Gänseleber, hatte die Gesellschaft aufgehört zu sprechen», schrieb der schwedische Dichter August Strindberg 1907. «Nur verblödete Gesichter starrten verzweifelt auf die Weingläser, und je mehr sie tranken, desto verblödeter wurden sie.» Auch war es gewiss nicht schön anzusehen, als sich Gargantua, der Riese im Roman des Rabelais, mit einem Dutzend Schinken, Ochsenzungen und Leberwürsten mästete, während vier Diener ihm den Senf dazu mit Schaufeln ins Maul schleuderten.

Aber dann lese man bei dem russischen Schriftsteller Iwan Gontscharow vom Sonntagstreiben auf dem Gut Oblomowka anno 1859: Wie vom Morgengrauen an Köchinnen und Mägde fröhlich klopfen und wetzen, Mastgänse und Truthähne schlachten, rupfen, ausnehmen, füllen, wie sie Gesalzenes und Gesottenes, Gebackenes und Gebratenes schleppen, wenden, begießen und garnieren, wie, nach Stunden steigender Spannung, endlich die ganze Sippe schmaust und sich nachschmatzend im Schatten schlafen legt, indes die Sonne heiß am Himmel steht und nur das Summen der Bienen sich ins Schnarchen von Menschen und Hunden mischt – ist das nicht ein schönes Stück Leben, erfüllte Wünsche, animalisches Behagen, Einssein mit dem Herzschlag der Welt?

«Allen Menschen, die sich unbekümmert dem Genuss des Essens und Trinkens hingeben dürfen, strömt eine naive Kraft ein, von der sich jene, die sich mühselig und beladen an den Tisch schleppen, nur eine unvollkommene Vorstellung machen können», schreibt Hans Henny Jahnn. «Es gibt keine menschliche Leistung, die nicht auch durch den Magen gegangen ist ... Was Rabelais schrieb und Rubens malte, war sozusagen Produkt einer schönen Überernährung.» Theodor Fontane würdigte in einem Brief an Theodor Storm «die nahen Beziehungen zwischen Menschenglück und Putenbraten», und Ringelnatz verschmolz die Essens- mit der Lebenslust:

Aus meiner tiefsten Seele zieht
Mit Nasenflügelbeben
Ein ungeheurer Appetit
Nach Frühstück und nach Leben!

Und wo wäre nun die Grenze zwischen fröhlichem Schwelgen – und Fettleibigkeit, Herzinfarkt und Diabetes? Das Urteil der Experten ist ziemlich einhellig: Ja, im Allgemeinen mäßig leben; aber sich einmal in der Woche der uralten Lust des Prassens hinzugeben ist meist unschädlich für den Körper und immer ein Labsal für die Seele. Es gibt Altersheime, in denen ein solcher

Rhythmus geduldet oder gar gefördert wird. *Ein* Exzess pro Woche, bitte!

Für den Umgang mit Alkohol gilt dasselbe: mäßig. Rotwein ist die erste Wahl, ein Glas pro Tag verlängert nach einer verbreiteten Theorie sogar das Leben; und keine Stimmung, die nicht durch ein Glas Wein etwas heller würde. Alle Woche mal eine ganze Flasche davon, warum nicht, zumal in geselliger Runde: Das ist für halbwegs Gesunde auch noch unbedenklich – und vor allem ein überaus leicht zugängliches Rezept für gute Gefühle in fast allen Lebenslagen. Was Goethe auf diesem Felde leistete, sollte man nicht nachmachen, aber wissen, denn für überwiegend Maßvolle ist es ein Trost: Zwei bis drei Flaschen Wein *pro Tag* trank er regelmäßig, 82 wurde er, und im «West-östlichen Divan» ließ er uns wissen: «Wenn man getrunken hat, weiß man das Rechte.»

Ob und inwieweit auch die schiere Berauschtheit, die Hemmungslosigkeit, das maßlose Fest, der Griff nach der Droge zum Glück beitragen (und beitragen dürfen): Das unterscheidet sich erstens dem Grade nach und ist zweitens schon im Prinzip umstritten. Von den *strittigen* Glücksrezepten aber handelt erst der nächste Abschnitt dieses Buches. Bei ihnen kommt, über die Moral hinaus, die Frage der Selbstbeschädigung ins Spiel.

Umstritten ist indessen auch mancher unstreitig vernünftige Rat, wenn ihm zu viele Erfahrungen mit Not und Gefährdung entgegenstehen, die in hundert Generationen gespeichert worden sind: Wird uns alle Vor-Freude vielleicht durch allzu viel Vor-Sorge kaputtgemacht? Muss das Verjubeln immer schlechter als das Vererben sein? (In Kapitel 15 mehr darüber.)

Da fließen die Grenzen zu jenen Ratschlägen, die zwar keinen Widerspruch auf sich ziehen, aber immer noch ein Quantum Widerstand, gespeist aus den Ängsten, die in vielen Menschen tief verwurzelt sind. Der zentrale Rat heißt: ein bisschen Lebenskunst praktizieren, den *leichten Sinn* anstreben (wenn man's denn schafft.) Nicht «Leichtsinn», das hieße leichtfertiges, flatterhaftes Handeln – sondern das Leben etwas unbeschwerter angehen zwischen all den Nöten und Ärgernissen, öfter lachen, sich nicht von Sorge und Vorsorge erdrücken lassen, Blumen pflücken am Wegesrand.

Vorbei sind doch die Zeiten, da der Bauer im Herbst in Panik geriet, wenn die Ernte des Sommers nicht reichte, ihm für den Winter den Keller zu füllen. Verhungern muss bei uns keiner mehr, kaum je noch entscheiden wir im Alltag über Leben und Tod. Ein Quantum leichten Sinnes also könnten wir uns leisten, ein bisschen heitere Gelassenheit – die Füße hochlegen, ein Glas Wein riskieren, herzhaft schmausen, uns mit schönem Ernst dem Spielen hingeben, eine Reise auch mal dann riskieren, wenn sie den Etat überdehnt. All dies würde nicht nur das kleine Glück, das wohlverdiente Behagen herstellen, sondern uns zugleich wappnen gegen den nächsten Verdruss.

Wie man mit Lebenskunst Ärgernisse abdrängen oder gar Lebenslust produzieren kann, dafür zwei Extrembeispiele. Das eine von Goethe: 1792 als mutwilliger Zuschauer beim Feldzug in Frankreich empfahl er für den Schlaf auf einer schwappend nassen Wiese das Hilfsmittel: «Ich stand so lange auf den Füßen, bis die Knie zusammenbrachen, dann setzt' ich mich auf einen Feldstuhl, wo ich hartnäckig verweilte, bis ich niederzusinken glaubte – da denn jede Stelle, wo man sich horizontal ausstrecken konnte, höchst willkommen war.»

Das andere von Rosa Luxemburg: Als kämpferische Pazifistin im Gefängnis, schrieb sie 1917 an Sophie Liebknecht: «Ich habe mir ein Tischlein herausgeschleppt und sitze nun versteckt zwischen grünen Sträuchern ... In der Gefängniskirche ist Gottesdienst; dumpfes Orgelspiel dringt undeutlich heraus, gedeckt vom Rauschen der Bäume und dem hellen Chor der Vögel ... Wie ist es schön, wie bin ich glücklich, man spürt schon die volle, üppige Reife des Sommers und den Lebensrausch.»

Sich Feldzüge erträglich machen und Glück sogar aus dem Gefängnis filtern, das sind Grenzfälle – und doch Vorbilder insoweit, als sie demonstrieren: Verzagen müssen wir nie, solange nicht Schmerzen uns foltern. Vor diesem Hintergrund lässt sich die Behauptung wagen: Wer nicht zu sehr vom Schicksal gebeutelt oder in Verbitterung erstarrt ist, wer in seinen Genen nicht zu viel von der permanenten Existenzangst unserer Ahnen mitschleppt: Der hat an den meisten Tagen seines Lebens die Chance, sich selber sein kleines Glück zu zimmern. Lebenskunst ist überwiegend eine Frage des Wollens, des Gewusst-wie, des leichten Sinns.

Ein Heilpraktiker aus San Francisco, Adam J. Jackson, hat uns 1997 mal wieder «die zehn Geheimnisse des Glücks» verraten. Dass eines dieser Geheimnisse der totale Verzicht auf Kaffee, Tee, Zucker und Alkohol sein soll, nimmt nicht jeden für ihn ein. Aber dann empfiehlt er, mindestens zweimal im Jahr die «Schaukelstuhl-Methode» anzuwenden, nämlich diese: «Stellen Sie sich vor, Sie wären am Ende Ihres Lebens angelangt, säßen im Schaukelstuhl und würden über Ihr Leben nachdenken. An was würden Sie sich gern erinnern? Was hätten Sie gern getan? Welche Reisen hätten Sie gern gemacht, welche Beziehungen geknüpft? Und die wichtigste Frage: Welcher Mensch wären Sie gern geworden?»

Wer sich so fragt, solange er noch Konsequenzen daraus ziehen kann, ist nicht schlecht beraten – zumal, wenn er den Vorsatz fasst, den Jackson als *erstes* Geheimnis nennt: «Von jetzt an werde ich mir erlauben, glücklich zu sein.» Mascha Kaléko, die Dichterin aus dem einst österreichischen Galizien, die in Berlin, New York und Jerusalem lebte und 1975 in Zürich starb, hat das hübsche Gedicht hinterlassen:

Ich freu mich, dass am Himmel Wolken ziehen
Und dass es regnet, hagelt, friert und schneit.

Ich freu mich auch zur grünen Jahreszeit
Wenn Heckenrosen und Holunder blühen.
Dass Amseln flöten und dass Immen summen,
Dass Mücken stechen und dass Brummer brummen.
Dass rote Luftballons ins Blaue steigen.
Dass Spatzen schwatzen. Und dass Fische schweigen.
Ich freu mich, dass der Mond am Himmel steht
Und dass die Sonne täglich neu aufgeht.
Dass Herbst dem Sommer folgt und Lenz dem Winter,
Gefällt mir wohl. Da steckt ein Sinn dahinter,
Wenn auch die Neunmalklugen ihn nicht sehn.
Man kann nicht alles aus dem Kopf verstehn!
Ich freue mich. Das ist des Lebens Sinn.
Ich freue mich vor allem, dass ich bin.

Zwischenruf:
«Gönn' dir nichts!» (Die finsteren Puritaner)

Fromme Eiferer, die alles irdische Glück verachten, hat es zu allen Zeiten gegeben; *eine* Gruppe von Verächtern aber hat Geschichte gemacht und wirkt in Amerika bis heute nach: die Puritaner – die Prediger und Verwalter der Reinheit und der Lauterkeit (lat. *puritas*). Nichts war ihnen verdächtiger als «das unbefangene Genießen des Daseins und dessen, was es an Freuden zu bieten hat». Der deutsche Soziologe Max Weber schrieb das 1920 in seiner berühmten Studie darüber, wie eben diese freudlos-verbissenen Menschen Reichtümer häuften und den Kapitalismus begründeten.

Tanz, Theater, öffentliche Lustbarkeiten? Verboten! Fluchen, Prahlen, Müßiggang? Verboten! Der Sonntag? Ein Sabbat ausschließlich zur Ehrung Gottes, strenger als bei den Juden. Liebe? Bloß zwischen Ehegatten zum Zweck der Zeugung, und in der «Missionarsstellung» natürlich! «Sodomie», in Deutschland nur die Unzucht mit Tieren, bezeichnet im Englischen jedes Sexualverhalten, das von der Gesellschaft als «abweichend» betrachtet wird und folglich unter Strafe steht – bis vor kurzem Homosexualität und in manchen Staaten der USA noch heute dieses oder jenes phantasievolle Liebesspiel zwischen Mann und Frau. (Dass in der amerikanischen Provinz viele Ehepaare nur im Dunkeln kopulieren, ist bekannt, und hartnäckig hält sich das Gerücht, der Fromme behalte dabei die Unterhose an.)

Die puritanische Bewegung entstand in England gegen Ende des 16. Jahrhunderts unter dem Einfluss des Genfer Reformators Johannes Calvin (1509–1564). Der hatte zum einen das Luthertum besonders streng gepredigt («Gedemütigt und niedergeschlagen müssen wir lernen, vor Gottes Gericht zu erzittern»); zum andern aber hat er mit seiner Auslegung einer Bibelstelle Geschichte gemacht: «Die Gott ausersehen hat, die hat er auch vorherbestimmt», schrieb Paulus an die Römer (8,29). Schon vor der Geburt also teilen sich die Menschen in Auserwählte und Verdammte. Dem fügte nun Calvin eine Behauptung hinzu, die in einem Club der Milliardäre nach dem zehnten Whisky hätte ersonnen worden sein können: Die Erwählten erkennt man an ihrem irdischen Erfolg; Reichtum ist ein Segen, den Gott den Seinen gönnt.

Nur genießen, um Gottes willen! darf man das Reichsein nicht – das Leben ist nicht dazu da, genossen zu werden. Horten muss man das aufgehäufte Geld, es wohltätigen Zwecken zuführen – oder es in große Werke stecken, in Fabriken, Schiffe, Eisenbahnen. Investieren also! Konsumverzicht in der Hoffnung, damit zum Ruhme Gottes noch mehr Reichtum zu erwerben. Verzicht? Bis dahin war das den Superreichen aller Völker (meist den Großgrundbesitzern) völlig fremd gewesen: Wir leben heute im Luxus und werden morgen im Luxus leben! Fröhlich provozierten sie damit die klassischen Lehren der Religion: «Es ist leichter, dass ein Kamel durch ein Nadelöhr gehe, als dass ein Reicher ins Reich Gottes kommt» (Matthäus 19,24).

Der fromme Puritaner aber erkannte mit aberwitziger Selbstgefälligkeit in seinen errafften Millionen das Zeichen der Erwähltheit – und nur zu Gottes Ruhm folglich durfte er sein Geld ausgeben. «Kapitalbildung durch asketischen Sparzwang», heißt das bei Max Weber. «Indem die Askese aus den Mönchszellen in das Berufsleben übertragen wurde und die innerweltliche Sittlichkeit zu beherrschen begann, half sie mit daran, jenen mächtigen Kosmos der modernen ... Wirtschaftsordnung zu erbauen, der heute den Lebensstil mit überwältigendem Zwang bestimmt und vielleicht bestimmen wird, bis der letzte Zentner fossilen Brennstoffs verglüht ist.»

1620 landeten die ersten hundert Puritaner, die «Pilgerväter», auf der «Mayflower» in Amerika, weil sie mit ihrer aggressiven Selbstgerechtigkeit in England nicht mehr geduldet wurden. Hier wie drüben begannen sie den Tag mit einem Gebet und beschlossen ihn mit einer Bibellesung vor der Familie, alsbald auch der bekehrten indianischen Dienerschaft. Die ganz Frommen führten ein «geistliches Tagebuch», in dem sie alle Fingerzeige für Gottes Wohlwollen oder Missfallen festhielten.

Die Puritaner wurden zur Oberschicht der Kolonie «Neu-England» und später der jungen Vereinigten Staaten. Ihre Gesinnung, schreibt die *Encyclopaedia Britannica*, sei «ein bedeutender Faktor des amerikanischen Geistes» geblieben. Unter den Protestanten europäischer Herkunft jedenfalls lebt sie in Resten heute noch – oft bis aufs Bankkonto, manchmal bis ins Bett.

10
Pflege die Kontraste

Ein Himmel voller Schokolade würde den Engeln Appetit auf Rollmops machen. Kaum eine andere Traumvorstellung ist so töricht wie die vom himmlischen Paradies oder vom irdischen Schlaraffenland. «Nichts ist schwerer zu ertragen als eine Reihe von guten Tagen», sagt Goethe, und George Bernard Shaw: «Ein immerwährender Feiertag ist eine gute, allgemein verständliche Definition der Hölle.»

Glück schafft allein der Kontrast: der Gegensatz zu dem, was vorher war; der Unterschied zu dem, was nebenan geschieht; und natürlich (wiewohl selten zu lesen) der Bruch mit dem, was erlaubt ist. «Wir sind so eingerichtet, dass wir nur den Kontrast intensiv genießen können, den Zustand nur sehr wenig», sagt Sigmund Freud; und Kant: Zufriedenheit ist immer *komparativ* – «teils, indem wir uns mit dem Lose anderer, teils auch mit uns selbst vergleichen». Den Reiz des *Verbotenen* einzubeziehen, hat vermutlich sein hohes Sittlichkeitsempfinden den Philosophen gehindert.

Und dabei ist kaum ein Glücksgefühl weiter verbreitet als gerade dieses: Der Reiz des Verbotenen verklärt die geklauten Äpfel, die genaschten Leckereien, die heimlich gerauchten ersten Zigaretten, die verstohlenen Küsse, die ehebrecherischen Beziehungen, «und daher heißt es denn auch, die höchste Wollust sei, eine Nonne zur Geliebten zu haben, und zwar eine Nonne von wahrer Frömmigkeit» (der französische Romancier Stendhal).

Es ist eine alte Weisheit, dass die Überführung ins Erlaubte, wie sie bei der Verwandlung vorehelicher Beziehungen in eheliche Bande millionenfach stattfindet, der Glücksintensität *nicht* dienlich ist; und gegen die zeitgenössische Mode der sexuellen Permissivität wird neben anderen Einwänden der erhoben, dass sie zusammen mit den Verboten auch den bis dahin verbreitetsten Reiz des Verbotenen beseitigt hat – im Sinne des scherzhaften Seufzers: Denk' nur an die schöne Zeit, als die *Luft* noch sauber und der *Sex* noch schmutzig war! Wie kann man der Sünde wieder ihren alten Glanz verleihen? fragt der amerikanische Soziologe David Riesman.

An Verboten wird es uns auch in Zukunft nicht mangeln. Die Sünde aber, die die einen hinderte und den anderen den Genuss verschaffte, sie zu begehen – sie ist als Begriff fast liquidiert und steht uns daher als Lustquell weniger als unseren Urgroßvätern zur Verfügung.

Unverändert weiter wirkt der Kontrast zu Nachbarn, Freunden und Kollegen. Wer sich reicher fühlt als diese, dem geht es gut – eine traurige Wahrheit, die schon in Kapitel 2 angeleuchtet wurde. «Die Steigerung des Einkommens von allen hebt das Glück von allen nicht», hat der amerikanische Wirtschaftswissenschaftler Richard Easterlin in neunzehn Ländern der Erde ermittelt.

Der Gegensatz zu dem, *was vorher war*, begleitet jeden, der es zu etwas gebracht hat – am drastischsten die sprichwörtlichen Tellerwäscher, die Millionäre geworden sind. Der Inder Lakshmi Mittal ist gar zum größten Stahlunternehmer der Welt aufgestiegen und zum fünftreichsten Menschen dazu; von *Forbes* wurde er 2006 auf ein Vermögen von 23 Milliarden Dollar geschätzt. Einst, in Kalkutta, watete er, wenn es regnete, durch knietiefes Wasser zur Schule. «Ich kann und will das nicht vergessen», sagte er zum *Spiegel*.

Sich an überstandene Zeiten der Kargheit, der Angst, der Not zu erinnern, ist von alters her ein bewährtes Mittel, sich die Gegenwart angenehm zu machen – so nach 1945 für die Mehrheit der Deutschen. Wie aber kann man sich auch in *guten* Zeiten des

Abstands zum Schlechten erfreuen? Meist in der Form, dass ein aufgestautes Bedürfnis – nach Essen, Trinken, Schlafen, nach Wärme, Kühle, Sauberkeit, nach Liebe, nach Erfolg – endlich befriedigt wird.

Eben, folgern daraus die Philosophen von Platon bis Schopenhauer: Glück ist bloß das Aufhören von Unglück, «Mangel ist die vorhergehende Bedingung jedes Genusses», und am radikalsten sagt es Kant: *Jedem* Vergnügen *muss* der Schmerz vorhergehen, «der Schmerz ist *immer* der erste»! Solcher Rigorismus lässt nicht nur die glückspendende Wirkung des Gegensatzes zu den Anderen und zur Moral außer acht; überdies unterstellt er im Hinblick auf den Kontrast zu dem, was vorher war, ein Naturgesetz, obwohl es sich in Wahrheit nur um eine häufige Spielart handelt.

Dem Guten, das haben die Philosophen übersehen, muss ja nicht unbedingt das Schlechte vorangegangen sein, damit wir es als Glück empfinden können; auch wenn wir nur ein mäßiges Unbehagen losgeworden sind, kann sich schon ein Wohlgefühl einstellen, und außerdem ist es oft gerade das Unerwartete, das uns entzückt (Kapitel 6 hat es dargetan). Es gibt sogar den Idealfall, dass Glücksgefühle mit andersartigen Glückszuständen alternieren; ein Punkt, an dem man verweilen sollte: Denn das Paradies, das die meisten Religionen den Frommen versprechen, kennt solchen Wechsel nicht.

Ach ja, die Paradiese! Einerseits schlüssig ersonnen, um dem Elend des Erdenlebens das Äußerste an Kontrast entgegenzustellen: hier das Tal des Jammers und der Tränen – dort die unendliche Seligkeit. Doch von welcher Art die sein sollte, darüber schweigt die christliche Lehre; und dem islamischen Paradies, das der Koran anschaulich beschreibt, fehlt die Urbedingung des Genießenkönnens: eben der Kontrast.

Das *christliche* ist zum einen der *urzeitliche* Glückszustand, der Garten Eden, in dem Adam und Eva ihr kurzes Glück genossen – oder vielmehr, mangels Unglück, *nichts* genossen, wenn Kant und Schopenhauer im Recht sind: Denn sie waren ohne Schmerzen, ohne Kummer, ohne Schweiß (1. Mose 3, 16–19).

Zum Zweiten ist das christliche Paradies der *endzeitliche* Glückszustand, der «Himmel», der Wohnsitz Gottes, der Engel und der Auferstandenen. Von welcher Art das Leben dort sein soll, davon berichtet die Bibel nichts. Der Kirchenvater Augustinus schrieb in seinem «Gottesstaat»: «Wie der verklärte Leib sich dort bewegen wird, so kühn bin ich nicht, das zu sagen, was ich zu denken nicht vermag.» Nur dies weiß er: «Dort wird keine Not mehr sein, nur volles, reines, sicheres, ewiges Glück.» Auch Dantes Paradies ist von statuarischer Erhabenheit: ein Reich ohne Hunger, Durst und Traurigkeit, mit Jubelchören, Engelsglocken, tanzenden Sonnen und unnennbarer Seligkeit.

In dieses merkwürdige Vakuum an vorstellbaren Zuständen ist einerseits der Volksglaube eingebrochen und andrerseits eine Schar von Ketzern, die einer Versammlung unsterblicher Seelen eher mit Schrecken entgegensehen. «Mir wird bange vor der Menge von gemeinem Volk in der Ewigkeit, vor dem Wiedersehen der Völker, Jahrhunderte, der Planeten, der Wilden, der Kinder, der Embryonen, Kretins, der Hunde, Katzen, Maikäfer», schrieb Jean Paul. «Und was wird mit Enkeln und Urenkeln, mit Ureltern und Ururur-Voreltern? Was frag ich nach einem Urvater vor sechstausend Jahren?» Derber sagt es Karl Kraus: «Wenn ich sicher wüsste, dass ich die Unsterblichkeit mit gewissen Leuten zu teilen haben werde, so möchte ich eine separierte Vergessenheit vorziehen.» Bei Ludwig Thoma nimmt «der Münchner im Himmel» entsetzt Reißaus, weil es dort nur Manna gibt statt Bier.

Völlig anders wird auf diesem Feld der gläubige Moslem behandelt: In den Suren 55 und 56 beschreibt der *Koran* ihm exakt, was im *Garten der Ewigkeit* auf ihn wartet. Vor allem das in Überfülle, woran die Wüstensöhne Mangel leiden: sprudelnde Wasser und schattige Bäume; dazu köstliche Früchte und Ströme von

Honig, Milch und Wein, und der Wein wird «den Kopf nicht schmerzen und den Verstand nicht trüben». Und auf golddurchwirkten Seidenkissen werden die Frommen ruhen, und *Huris* werden bei ihnen liegen, schwarzäugige Jungfrauen mit keusch gesenktem Blick, schön wie Rubine, «und ihre großen schwarzen Augen gleichen Perlen, die noch in der Muschel verborgen sind». *Huri* bedeutet «die Gazellenäugige», hat also mit Hure nichts gemein; Huris bleiben ewig Jungfrauen, ewig jung und ewig schön.

Ja, damit konnte man Frömmigkeit begünstigen und Fromme begeistern. Als Mohammed vor der Schlacht bei Bedr verkündete, jeder, der hier falle, werde sogleich ins Paradies eingehen, da rief ein frommer Streiter: «Wie, zwischen uns und dem Paradies ist nichts als der Feind? Er warf die Datteln weg, von denen er eben aß, griff zu seinem Schwert und stürzte gegen den Feind, wo er bald den Tod fand» (bei Ranke nachzulesen). Und was stand im so genannten Vademecum der Selbstmordattentäter vom 11. September 2001? «Das Ende steht bevor, und das Himmelsversprechen ist zum Greifen nah … Dies ist die Stunde, in der du Allah treffen wirst. Engel rufen deinen Namen.»

Der *Buddhismus* kennt viele Paradiese, unterschieden nach seinen Sekten und Schulen. Der Gläubige kann auf seiner Irrfahrt zur Vollkommenheit zwischen seinen irdischen Wiederverkörperungen in eine Hölle oder in ein Zwischenparadies geraten, ehe er das *Nirwana* erreicht – was «Verlöschen» heißt und bei uns oft dem Nichts gleichgesetzt wird, in Wahrheit jedoch eine nicht näher beschriebene unendliche Wonne ist, also eine Schwester des christlichen Paradieses. Die Zwischenparadiese dagegen werden zum Teil recht konkret beschrieben. Da ist eines, in dem der Regen netzt, aber nicht prasselt, der Blitz leuchtet, aber nicht blendet; und vielerlei Paradiese aus Gold, Juwelen, Lapislazuli, wo ein Palast aus dem Nichts auftaucht, sobald man sich dies wünscht. In einem anderen Paradies hängen, zum Pflücken bereit, die schönsten Dinge herab.

Da ist es, das *Schlaraffenland*-Motiv: Luxus und Überfluss, mundgerecht angeboten wie im Paradies des Islam die Früchte und die Frauen. Das Märchen trat schon in Griechenland im 5. Jahrhundert v. Chr. ins Leben, als Satire auf den noch älteren Mythos vom Goldenen Zeitalter: Bäche von Honig und Wein, Suppenströme, in denen auch die Löffel schwimmen, Fische, die sich selber braten, Würste, die aus den Tischen wachsen. Hans Sachs, der Nürnberger Dichter des 16. Jahrhunderts und Urvater der «Meistersinger», gab diesem Paradies der Fresser seinen deutschen Namen, das alte Schimpfwort *Schluderaffe* (für einen Faulenzer und Liederjan) zu *Schlaraffe* verschleifend.

Doch das Satirische daran will dem Volk nicht einleuchten: Alle konkreten Paradies-Entwürfe wie der islamische und die buddhistischen enthalten ein Stück Schlaraffenland, und wo die Glaubenslehre unanschaulich ist, da treibt die Phantasie zumeist in Richtung der Tauben, die uns gebraten in den Mund fliegen sollen. Ja, immer mehr Menschen richten an ihr irdisches Leben, an Staat, Gewerkschaft und Parteien mit immer größerer Selbstverständlichkeit die Erwartung, sie müssten bei immer weniger Arbeit in immer mehr Komfort eingebettet werden – obgleich die Technik längst Schalter und Knöpfe anliefert, die viele Schlaraffen-Visionen übertreffen. (Das Schlaraffen-Motiv in den Sozialutopien wird uns in den Kapiteln 32 und 33 noch beschäftigen.)

Den drastischsten Einwand gegen alle Reiche des Überflusses hat schon 1623 der tschechische Theologe Johann Comenius in seinem damals populären «Labyrinth der Welt» vorgetragen. Ein Pilger besucht im *Schloss Fortunas* die Säle der Genusssüchtigen: der Faulenzer, denen eine unermüdliche Dienerschaft jeden Handgriff erspart; der Bezechten, die Gürtel gelockert und die Kleider bekleckert; da einige von ihnen klagen, nichts schmecke ihnen mehr, bemühen sich die Köche um immer neue Leckerbissen und Ärzte um immer neue Kunstgriffe, um ihnen die ungeliebten Speisen in den Magen zu mogeln.

Allerdings ist es in Fortunas Schloss nicht üblich, von einem Saal in den anderen zu wandern – womit das Problem des mangelnden Kontrastes ja lösbar wäre. Denn da ist auch der Saal der Springer, Tänzer, Jäger und Fechter, eine fröhliche Gesellschaft mit Musik in einem Hain voller Vögel und Fische. Doch der fromme Pilger rümpft auch hier die Nase. Wie denn – ließe sich nicht die Jagd mit dem Schlemmen abwechseln und das Fechten mit dem Faulenzen? Haben nicht Englands Reiche ihr Luxusleben regelmäßig durch die Parforcejagd unterbrochen – und damit Kants Behauptung widerlegt: «Auch kann kein Vergnügen unmittelbar auf das andere folgen»? Folgt es nicht gedrängt aufeinander im Tageslauf eines Skiurlaubers, wenn ihm die Abfolge Schnee, Sonne, Geschwindigkeit – heiße Dusche – Völlerei, Tanz, Liebe vergönnt ist?

Gewiss, eine solche Reihung meist kostspieliger Genüsse kann nur eine Minderheit beim Zusammentreffen von vielerlei glücklichen Umständen erleben. Aber würden nicht gerade solche privaten Feiertage ein treffliches Vorbild für den Entwurf von Paradiesen sein? Für unseren Alltag taugen sie insoweit als Modell, als wir den Vorsatz fassen könnten: Wir hegen und pflegen die Gegensätze, wo wir sie vorfinden; ja, wir liegen auf der Lauer, mutwillig ein gewisses Gefälle herzustellen, wo Sitten und Gewohnheiten uns noch keines angeboten haben.

Zum Beispiel so: Den kleinen Hunger zwischendurch *nicht* stillen, sondern sich auf die nächste Mahlzeit freuen; wer *immer* satt ist, verpasst das Urvergnügen, sich sättigen zu können. Andererseits: Nicht lauter abgemessene Mahlzeiten zu sich nehmen, sondern manchmal fröhlich über die Stränge schlagen. Erdbeeren im Mai und Juni essen und *nicht* das ganze Jahr. *Nicht* in vollklimatisierten Räumen leben.

Natürlich ist jede *Reise* ein willkommener Kontrast: anderes Wetter, andere Landschaft, andere Sitten, eine zelebrierte Faulheit gegen die Arbeitslast daheim, Überraschungen im Guten wie im Schlimmen. Im Tourismus ist in den letzten Jahrzehnten ein neuer Zweig aufgeblüht: der *Abenteuerurlaub*. Die nach Gefahr und Abenteuer Dürstenden aus den hochzivilisierten Staaten werden auf Wunsch in eine jener Wildnisse verpflanzt, die noch immer große Teile der Erde bedecken. Man kann durch den Himalaja trecken, durch die Rocky Mountains reiten, mit dem Landrover durch die Sahara fahren und Borneo im Einbaum durchqueren.

Dass der Einbaum einen Außenbordmotor hat und ein Landrover kein Kamel ist, werden nur Puristen als faulen Kompromiss bezeichnen: Trotz solcher Konzessionen an die Zeitnot und die Verwöhntheit der Urlauber bleibt genug Aufregendes, womit der Großstädter sich in der Wüste herumzuschlagen hat – das Ungeziefer und die Primitivität, und über allem: der Verlust der Geborgenheit; oft auch die Gefahr. Manche nehmen sie in Kauf – andere *suchen* geradezu den Kitzel des Gefährlichen und den Triumph des Durchgestandenhabens, Kletterer zum Beispiel oder Extremskifahrer.

«Das Geheimnis, um die größte Fruchtbarkeit und den größten Genuss vom Dasein einzuernten, heißt: gefährlich leben! Baut eure Städte an den Vesuv! Schickt eure Schiffe in unerforschte Meere!» Nietzsche hat das gesagt, und etwas milder Stendhal (1822): «Der vollkommenste Grad der Kultur bestünde darin, dass sämtliche verfeinerten Genüsse des 19. Jahrhunderts mit der häufigeren Gegenwart der Gefahr verquickt würden», wie sie im Mittelalter allgegenwärtig gewesen sei. Nicht nur die überstandene, auch die präsente Gefahr sei ein Lusterlebnis: «Wer zittert, langweilt sich nicht. Die Freuden der Liebe sind der Angst proportional.»

Wer es gern eine Nummer kleiner hätte, der braucht sich nur zu vergegenwärtigen: Auch bloße Entbehrungen, zumal beim Sport freiwillig in Kauf genommen, bieten einen schönen Lohn. Nur nach der Erschöpfung ist die Ruhe ein Vergnügen, und nach der Durst-Hölle, wie Marathonläufer, Radsportler, Bergsteiger sie durchleiden, sind drei, vier Liter Wasser oder Bier das Paradies auf Erden.

Unheimlich allerdings wird das Glück, das dem Kontrast entspringt, in einem Fall wie dem des Richard Oetker aus der milliardenschweren Lebensmittel-Dynastie. 1976 wurde er, 25 Jahre alt, entführt, mit seinen 1,94 Meter in eine 1,45 Meter lange Holzkiste gepfercht, mit einem Stromschlag fürs ganze Leben «schwer beeinträchtigt» (so die offizielle Lesart) – und gegen Zahlung eines Lösegelds von 21 Millionen Mark freigelassen. Der Entführer, Dieter Zlof, wurde geschnappt und zu 15 Jahren Haft verurteilt. Was aber sagte Richard Oetker 30 Jahre später? Die *Süddeutsche Zeitung* registrierte es 2006: «Ich bin ein glücklicher Mensch.»

So viel Kontrast will keiner. Ganz ohne solchen aber würde sich uns so etwas wie der bizarre Wunsch des Gottfried Benn erfüllen: «O, dass wir unsere Ururahnen wären! Ein Klümpchen Schleim in einem warmen Moor.»

11
Pflege die Kontakte

Der Mensch ist ein geselliges Wesen – die freiwillige Absonderung ein seltener Fall – die erzwungene Einsamkeit, die Ausgrenzung durch andere, für die meisten ein Graus. Millionen Jahre lang hat unsere biologische Art in Horden und Stämmen existiert, dann jahrtausendelang in Dorfgemeinschaften, Sippen und Großfamilien. Ein eigenes Zimmer für jedes Kind – teils schon der Standard, teils wenigstens der Wunsch fast aller Eltern und Kinder in den reichen Ländern – ist nicht nur ein Zeichen von Wohlstand und eine Chance zur Entfaltung im Alleinsein; es ist zugleich ein Ausdruck der Vereinzelung, der die Kinderscharen unserer Urgroßeltern mit höchster Verwunderung und unsere steinzeitlichen Ahnen mit Entsetzen erfüllt haben würde.

Ist im Kindergarten, in der Schule die Gemeinschaft hergestellt, so droht doch den Schüchternen das kleine Leiden, sich isoliert zu fühlen, oder das große, vom Rudelführer oder einer tonangebenden Clique mit Ausschluss bestraft zu werden. Wer Soldat war oder ist, weiß, dass nichts die Leiden des Krieges oder der Kaserne mehr verschlimmert, als «in Kompanie-Verschiss» zu geraten, und umgekehrt macht nichts eine Armee so kampftüchtig, als wenn «Korpsgeist» in ihr herrscht, ob in Rommels Afrika-Korps oder bei den amerikanischen Marines.

Heute wird für die Alten und die Arbeitslosen auch dies mehr und mehr zum Problem. Zu den Leiden der wirklich Arbeitslosen zählt ja nicht zuletzt, dass sie vom täglichen Kontakt mit Kollegen oder Kunden abgeschnitten sind (mehr darüber in Kapitel 24), und die um sich greifende Heimarbeit am Computer legt einen der wichtigsten Vorzüge des Arbeitslebens lahm.

Für Millionen Greisinnen ist es zum trostlosen Schicksal geworden, einsam zu sein, zumal wenn sie keine Kinder haben – zu Hause, oder ohne Besuch in der Pflegestation, wo die Isoliertheit sich der «Isolationsfolter» nähern kann, wie die deutschen Terroristen der siebziger Jahre sie ihren Einzelzellen nachsagten; auch die erzwungene Gesellschaft einer «Senioren-Residenz» bietet den meisten wenig Trost. Und unbestritten wollen viele der Singles, die in Deutschlands großen Städten schon die Hälfte aller Haushalte ausmachen, nicht dringend single sein.

Gegen solche Not Rezepte anzubieten klingt weltfremd oder lächerlich – und in der Tat wäre es nicht realistisch, jungen Menschen im Vorgriff auf die im Alter drohende Einsamkeit den Rat zu geben: Also schafft euch Kinder an! Es ist nur so, dass bei den *guten* Rezepten, von denen dieser Abschnitt handelt, keines unerwähnt bleiben sollte, bloß weil es fast selbstverständlich scheint. Auch lässt sich die Geselligkeit nach zwei Aspekten unterscheiden: Wie leicht, wie schwer hat es ein Außenseiter, an ihr teilzuhaben? Und sollte er vielleicht den Umstand berücksichtigen, dass die Gemeinschaftsformen durchaus ein unterschiedliches Ansehen haben, von der totalen Harmlosigkeit bis zur Kriminalität?

Unverbindlich und zugänglich für jedermann: das sind die Gesellschaftsreise, der Club-Urlaub – und das oft überwältigende Gemeinschaftserlebnis, das sich durch die Teilnahme an einer Demonstration, einer Love Parade, einem Freilicht-Festival oder Kölns Drei Tollen Tagen einstellen kann und sich 2006 hunderttausendfach eingestellt hat bei den rauschhaften Straßenfesten zur Fußballweltmeisterschaft.

Dann ist da die langfristige, mit bestimmten Interessen verbundene Einbindung in ein Beziehungsgeflecht: in Sportvereine, Gesangvereine, Kegelclubs; in eine Kirchengemeinde, eine Gewerkschaft, eine Partei – alles leicht zugänglich und kaum jemandem ein Dorn im Auge; so wenig wie die Zünfte der Briefmarkensammler oder der Brieftaubenzüchter. Schon beim

Stammtisch aber setzt das Stirnrunzeln vieler Meinungsführer und Bildungsbürger ein: Sie sind für eine bornierte Weltsicht sprichwörtlich geworden. Schützenvereine gelten oft als Gemeinschaften erzkonservativer Spießbürger, studentische Korporationen und Rotarier-Clubs als Zweckverbände zur wechselseitigen Begünstigung im Berufsleben.

Steigerungsformen sind die Clique, der Klüngel und andere Verbindungen, die sich gegen die Mehrheit abschotten: Freimaurer, Aristokraten, in manchen Ländern die Absolventen von Elite-Universitäten. Eine ähnliche Gesinnung sagte der Schriftsteller Daniel Kehlmann 2006 sogar der «Gruppe 47» nach: einer lockeren, aber einflussreichen Vereinigung von Schriftstellern wie Böll, Grass, Jens, Walser, Enzensberger, die sich bis 1967 alljährlich trafen – nicht nur ein «Vorlesezirkus», schreibt Kehlmann, sondern zugleich eine Lobby gegen die Rückkehr von Dichtern aus dem Exil.

Zäh hält sich auch der Verdacht, es gebe im deutschen Sprachraum ein Kartell aus Schriftstellern und Kritikern, die einander die Literaturpreise zuschanzen oder sich schon mal telefonisch darüber verständigen, ob ein neuer Roman gelobt oder verrissen werden sollte. Wer sich da zugehörig fühlen kann, der kombiniert die Vorzüge des Gemeinschaftsgefühls mit der Genugtuung, zu denen zu gehören, die die Fäden ziehen – eine Glücksquelle, die den nicht Zugehörigen bitter schmeckt; eine Zufriedenheit zu Lasten anderer also, der Ausgeschlossenen, der oft sogar Benachteiligten. (Für die Staatstheorien des Glücks ist das ein Kernproblem, das uns von Kapitel 30 an noch beschäftigen wird.)

Das Problem verschärft sich, wo eine organisierte Gruppe sich asozial oder gar kriminell verhält: in der Bande, der Gang, der radikalen Sekte. Auch und gerade solche Bruderschaften schenken ja, traurig zu sagen, den Brüdern die Ur-Befriedigung, in einer Gemeinschaft geborgen zu sein.

Die bis heute berühmteste *friedliche* Verbrüderung fand im August 1969 statt: beim dreitägigen Rock-Festival von *Woodstock* im Staat New York.

50 000 Menschen hatten die Veranstalter erwartet, es kamen mehr als eine halbe Million. Die Musik und den Frieden wollten sie feiern, die Liebe und den Rausch. Sie lagerten auf den Weiden eines Farmers – die sich bald in Schlamm verwandelten, denn es regnete und regnete. Sie liebten sich und rauchten Marihuana oder LSD. Stundenlang standen sie nach Essen an, die viel zu wenigen Toiletten versagten bald den Dienst, Tausende ließen sich in einem Notlazarett behandeln wegen Durchfall, Darmgrippe oder einem Rauschgift-Koller. Sie litten friedlich. Zwei Hippies kamen durch Drogen zu Tode, einer wurde von einem Traktor überfahren. Zuletzt waren die matschigen Wiesen eine Müllkippe, durch die noch ein paar Gestalten taumelten.

Die meisten Teilnehmer erzählten ihr Leben lang davon; viele versicherten, es sei grandios gewesen – ein Fest eben bis zum Äußersten, das Erlebnis der totalen Verschmelzung, die hunderttausendfache Nicht-Selbstverwirklichung, die Rückkehr in den Urgrund der Gattung.

Jedermanns Sache ist das nicht, den meisten genügt schon dieser Verein und jenes Straßenfest. Warum aber war bisher gar nicht von Partnerbindung und Familiengründung die Rede, den ältesten Rezepten gegen die Vereinzelung? Weil beide ins Gerede gekommen sind, natürlich; weil alle Ratschläge für die große, die dauerhafte Liebe hohl sein müssen; weil auf diesem Feld Glück und Leid ewig in Fehde liegen (demgemäß erst im Abschnitt «Wo Glück und Leid sich streiten» nachzulesen).

Was bleibt? Ein erschreckend schlichter Rat: Bis zum ausdrücklichen Erweis des Gegenteils ist *jede* Gemeinschaft besser als keine. Man versuche also, sich nicht abzusondern. Man gehe hin.

12
Pflege die Erinnerung

In jeder Sekunde entsteht Vergangenheit. Sie frisst sich in uns vor, bis uns irgendwann im Alter die Einsicht trifft, dass das Leben nun aus sehr viel Vergangenheit und sehr wenig Zukunft besteht. Vorbei die Freuden, die Leiden. Doch vielen der Leiden widerfährt eine seltsame Verwandlung: Sie produzieren nachträgliche Freuden – Freuden von dreierlei Art.

Die erste: Eine überstandene Qual erfüllt uns sogleich danach mit Triumph oder Genugtuung, sie ist der Eintrittspreis für das Glück dieser Stunde – die Mutprobe der Jugendbünde, das Mannbarkeitsritual primitiver Völker, die große Tour auf den hohen Berg. Oben *zu sein*, das ist oft nur Plage und Angst, heißt eine alte Alpinistenweisheit – aber oben *gewesen zu sein*! Amerikanische Psychologen sehen darin ein Modell für vielerlei Glückszustände: Eine Abmagerungskur machen, den Wagen waschen oder Kinder großziehen – das gehöre zu jenen Unternehmungen, bei denen das Tun weniger Spaß macht als das Getanhaben.

Die zweite Art: Frühere Leiden produzieren zwar nicht Freuden von vergleichbarer Stärke wie im ersten Fall, sie werden auch nicht durch eine verklärende Erinnerung nachträglich in Freuden umgefälscht wie im dritten – doch der Vorgang des Sich-Erinnerns wird als angenehm empfunden: «Weißt du noch», erzählen sich die Greise, «wie wir 1944 am Dnjepr in der Scheiße lagen?» Dass wir imstande sind, gehabte Schmerzen gern zu haben, ist ein bewundernswerter Seelenmechanismus, offenbar von ähnlicher Art, wie Schopenhauer ihn für die Poesie beschrieben hat: Die Gegenwart ist meist entweder schmerzhaft oder uninteressant, die Dichtung aber bietet Interessantheit ohne Schmerzen – wie das Kramen in der Vergangenheit.

Die dritte Art: Was nicht schön war, als es stattfand, soll eben doch schön gewesen sein – wir schustern uns in der Erinnerung eine Vergangenheit zurecht, die so nicht stattgefunden hat. Dieser Fall ist überaus häufig, zumal wenn es ums so genannte *Glück der Kindheit* geht.

Von der Methodik der nachträglichen Fehlbeurteilung lüftet jeder alte Mensch einen Zipfel, wenn er in einem regnerischen Januar kopfschüttelnd behauptet: «Also früher lag im Winter *immer* Schnee.» In der Tat, häufiger als heute – aber keineswegs als Regelfall. Wie erklären sich solche Fehlgriffe? Während der Erwachsene eine weiße Decke von einer gewissen Stärke verlangt, um überhaupt von «Schnee» zu sprechen, zerren Kinder bekanntlich schon bei den ersten Flocken den kreischenden Schlitten auf die Straße, und sie rodeln noch, wenn der Schnee sich längst in braunen Schlamm verwandelt hat. Siebzig Jahre später setzen sie dann ihre Rodelfreuden mit «Schneelage» gleich.

Dabei wird überdies die Häufigkeit des Schlittenfahrens von der Erinnerung übertrieben, denn natürlich haben wir ein selektierendes Gedächtnis, das intensive Erlebnisse am leichtesten bewahrt, während die zehn Regentage, die im deutschen Flachland meist auf jeden Schneetag treffen, ihm entgleiten. Selbst Fünfjährige kann man sagen hören, sie freuten sich auf den Winter, «weil man da immer rodeln kann» – obwohl sie im Vorjahr, als Vierjährige, vielleicht dreimal zum Schlittenfahren kamen.

Zumindest der Tendenz nach also werden die Freuden der Kindheit von den Erwachsenen übertrieben. Doch ist das nur eine von etlichen Methoden der Erinnerungsverfälschung. Da kommt eine populäre Verwechslung hinzu: Unwillkürlich meinen wir, wer uns glücklich macht, müsse selber glücklich sein.

Dabei wissen wir von den großen Clowns, dass sie besonders traurige Menschen sind, und die heitere Stimmung, in die ein Musikstück uns versetzt, lässt absolut keinen Rückschluss auf die Gemütsverfassung des Komponisten zu, Johann Strauß wird es am Schluss des Buches demonstrieren. Kleine Kinder finden wir rührend und niedlich, zumal wenn sie gerade nicht schreien – *uns* machen sie glücklich, jedenfalls oft. Nur ist eben das, was uns am meisten erfreut, das Rührende und das Niedliche, dem Kind unbekannt, es steht ihm als Glücksquell nicht zur Verfügung.

Soweit Kinder glücklich sind, genießen sie, oft intensiver als Erwachsene, einige wenige Angebote aus dem Katalog menschlicher Freuden: vor allem Sattheit, Liebe, interessante Beschäftigung. Eins haben sie uns dabei in der Tat voraus: dass sie nicht räsonieren, sich nicht fragen, ob sie glücklich sind – was ja oft eine Einladung zum Unglück ist. Dem steht gegenüber, dass nur wenige Erwachsene so tief in eine klassische Erscheinungsform des Leidens verstrickt sind: in die *Ohnmacht*. Ohnmächtig fühlt sich jedes trotzige, wütende Kind der hoffnungslosen Übermacht seiner Eltern ausgeliefert, ohnmächtig muss es erdulden, wie eine unerbittliche Umwelt es fürs Leben zurechtschleift – und geschliffen wird immer: wenn durch die Eltern weniger, dann durch die Macht der Verhältnisse desto mehr.

«Wenn der Erwachsene seiner Kindheit gedenkt», schreibt Freud, «so erscheint sie ihm als eine glückliche Zeit, in der man sich des Augenblicks freute und wunschlos der Zukunft entgegenging, und darum beneidet er die Kinder. Aber die Kinder selbst, wenn sie früher Auskunft geben könnten, würden wahrscheinlich anderes berichten. Es scheint, dass die Kindheit nicht jenes selige Idyll ist, zu dem wir es nachträglich entstellen, dass die Kinder vielmehr von dem einen Wunsch, groß zu werden, es den Erwachsenen gleichzutun, durch die Jahre der

Kindheit gepeitscht werden. Dieser Wunsch treibt alle ihre Spiele.»

Der andere auffällige Unterschied zu den Glückschancen der Erwachsenen ist, dass der Säugling gar nicht, der Vierjährige wenig voraus in die Zukunft oder zurück in die Vergangenheit greifen kann: Er lebt dem Augenblick. Er kann ihn ganz genießen, von keiner Vorsorge getrübt (wie die Vögel und die Mäuse, die der englische Philosoph Bertrand Russell darum glücklich schätzte); und gleichzeitig ist er dem Augenblick ausgeliefert, ohne lindernde Vorfreude oder relativierende Erinnerung.

Erwachsene werden vom Gedächtnis permanent begleitet – manchmal auch von peinigenden Erinnerungen. Viele Überlebende von Krieg und Terror leiden unter «posttraumatischen Belastungsstörungen», unter Albträumen und Panik-Attacken, sie werden ihre quälenden Erinnerungen nicht los. Die meisten aber *wollen* sich bestimmte Szenen, Abläufe, Erlebnisse vergegenwärtigen, und nur der gewollte Rückgriff auf frühere Stationen unseres Lebens interessiert uns hier: wo es um die Frage geht, inwieweit wir die Gegenwart bereichern können, indem wir versuchen, dann und wann ein Stück versunkenes Leben ans Licht zu ziehen.

Freuden lassen sich nachschmecken, Leiden abdrängen, Schmerzen wundersam lindern durch den Akt der Erinnerung. Die meisten Menschen ahnen das: Sie legen sich beizeiten ein privates Museum aus Fotos, Briefen, manchmal Tagebüchern an, sogar aus Haarlocken, Brautschleiern oder den ersten Kinderschuhen – in der Voraussicht, dass dies dereinst die Nachfreude begünstigen wird. Hat man aber auch genügend Schönes, Interessantes, Aufregendes und Großartiges erlebt, was aufzuzeichnen, zu erzählen, zu fotografieren sich lohnt? Oder würde man es einst bereuen, dem Hochgenuss des Rückgriffs in die Vergangenheit zu wenig Stoff zugeführt zu haben? Es soll da Reisen geben der Fotos wegen und Liebesabenteuer zum Zweck des Prahlens oder einer privaten Erfolgsstatistik.

Bei Nestroy packt den Handlungsdiener Weinberl das Entsetzen, als ihm einfällt, dass er bisher von keinem Tag in seinem Leben sagen könne: «Da bin ich ein verfluchter Kerl gewesen.» Wie schön es wäre, davon zu erzählen im Alter beim Wein, «wenn so in traulichem Gespräch das Eis aufg'hackt wird vor dem Magazin der Erinnerung, wenn die G'wölbtür der Vorzeit wieder aufg'sperrt und die Budel der Phantasie voll ang'raamt wird mit Waren von ehmals ... Für die ganze Zukunft will ich mir die leeren Wände meines Herzens mit Bildern der Erinnerung schmücken.» Und *deshalb* beschließt Herr Weinberl, sich «einen Jux zu machen». Einen Jux im Vorgriff auf den Tag, an dem er den Rückgriff auf den Jux genießen möchte.

Das ist fast unheimlich in der Verschränkung der Zeitebenen wie auch in der Reduzierung der Wirklichkeit auf eine Episode zwischen Vorfreude und Nachfreude – und doch, wie man sieht, alte Volksstück-Psychologie, die sich zudem in jeder Reisegesellschaft auf Safari beobachten lässt: Viele Touristen, wenn sie zur Heerschar der Fotografierwütigen gehören, neigen dazu, weniger die Giraffe als in der Giraffe ein Bildmotiv zu sehen; sie verzichten also auf das Glück der Giraffen-Minute, weil sie mit der Kamera hantieren müssen, auf dass sie zu Hause sich und anderen beweisen können, was Erstaunliches sie gesehen haben würden, wenn sie geschaut hätten, statt zu fotografieren.

Wie nun erst, wenn die Bevorrechtigung der Vergangenheit nicht Versuchung ist, sondern Not! Bei der Mutter etwa, die ihr einziges Kind verloren hat: Die Fotos vom toten Sohn können da zum Heiligtum eines rückwärts gewandten Lebens werden. Charles Dickens erzählt von Miss Havisham, einem greisen Fräulein, das in einem verfallenden Herrenhaus jene Minute kurz vor der geplanten Hochzeit festhält, in der ihr der Bräutigam davonlief: Allabendlich legt sie ihr vergilbtes Brautkleid an, dazu nur einen Schuh, dies alles bei halb gepackten Koffern und angehaltenen Uhren – denn genau in jenem Stadium hatte einst die Hiobsbotschaft sie ereilt.

Guy de Maupassant erzählt die weniger gespenstische, desto rührendere Geschichte, wie der Ballettmeister und die große Tänzerin, seit Jahrzehnten verheiratet und nun zusammengeschnurrt, im Jardin du Luxembourg zwischen den alten Bäumen «wie zwei alte Puppen» hüpften, sich wiegten, sich neigten: Noch einmal tanzten sie ein Menuett. «Ein paar Augenblicke lang blieben sie voreinander stehen, mit absonderlich verzerrten Gesichtern; dann fielen sie sich schluchzend in die Arme und küssten sich.» Ein Ballett der Erinnerung.

Memoiren und autobiographische Romane systematisieren den Rückgriff, sie entkleiden ihn des Zufälligen und Unzusammenhängenden – mehr als Veteranentreffen oder Besuche an den Stätten der Kindheit, denen das Vorsätzliche und Gesteuerte ebenfalls eigen ist. «Heute, im Alter von 72 Jahren, da ich sagen kann ‹Ich habe gelebt› (obwohl ich noch atme), wüsste ich mir keinen angenehmeren Zeitvertreib, als mich mit meinen eigenen Erlebnissen zu unterhalten ... Wenn ich mir die Vergnügungen ins Gedächtnis rufe, die ich genossen habe, erlebe ich sie aufs neue und lache über die Mühsal, die ich ausgestanden habe.» So schmeckte Casanova die Freuden nach und verwandelte die Leiden in Freuden durch Erinnerung – die beiden Quellen des Glücks, das im Rückgriff liegen kann.

Höchstwahrscheinlich wird der Memoirenschreiber dabei bestimmten Irrtümern und Versuchungen erliegen: die Freuden herauszustreichen, die Beinahe-Erfolge in volle Erfolge umzudeuten, das Glück der Kindheit zu loben und vor allem sich die Peinlichkeiten zu ersparen, die Niederlagen und Demütigungen seines Lebens; es sei denn, er könnte schildern, wie er sie später in Siege verwandelte – oder was für ein Kerl er sei, dass er selbst solche Tiefpunkte schonungslos beleuchte.

Jedenfalls: «Die halb poetische, halb historische Behandlung» des autobiographischen Stoffs, die sogar Goethe ausdrücklich für sich in Anspruch nahm, wird zumeist auch dort stattfinden, wo der Autor verspricht, die schiere Wahrheit zu vermelden. «*Besonnte* Vergangenheit» nannte der Chirurg Carl Ludwig Schleich seine Memoiren, den Bestseller von 1920; «ein *Sonnenblick* fiel mir eben auf mein Leben», schrieb Nietzsche im Vorspruch zum «Ecce Homo» – ja: Schatten wird meist ausgespart.

Uns bleibt nur, das wirklich gelebte Leben nachzuvollziehen im Gedächtnis. Oder doch nicht ganz: Denn immer selektiert die Erinnerung, und häufig verfälscht sie und vergoldet sie; sie lässt sich *vorordnen* durch Fotoalben und Tagebücher und *nachordnen* durch Memoiren und zurechtgelegte Anekdoten. Aber eben das macht das Sich-Erinnern zu einem der ganz wenigen realistischen Rezepte, wie Behagen sich erzeugen, Zufriedenheit sich mehren lässt.

Dies umso leichter, als wir uns von einer zentralen These Sigmund Freuds wahrscheinlich verabschieden können: dass Neurosen, Ängste, Depressionen auf verdrängte Kindheitserlebnisse zurückzuführen seien. Von einer Schule prominenter amerikanischer Psychologen wird das rundheraus bestritten. Ereignisse der frühen Kindheit hätten wenig Einfluss auf den Erwachsenen, schreibt einer ihrer Wortführer, Martin P. Seligman: «Der Schuldschein, den Freud und seine Jünger der Kindheit ausgestellt haben, ist wertlos. Ich betone das so stark, weil ich überzeugt bin, dass viele meiner Leser zu Unrecht über ihre Vergangenheit verbittert sind.» Pflege die Erinnerung, aber wühle nicht in der Vergangenheit, lege dich also gerade *nicht* auf die Couch des Psychoanalytikers: Das ist ein Rezept, mit dem man leben kann.

Pflege obendrein die Kontakte und die Kontraste, gönn' dir was – und beherzige, dass Handeln besser ist als Nichtstun oder Leiden: Das ist der unbestritten beste Weg zum Glück. Das mag nicht viel sein. Genug ist es jedenfalls, um der Verbissenheit des Arthur Schopenhauer entgegenzutreten, wenn er sagt, es wäre «die größte Verkehrtheit, diesen Schauplatz des Jammers» (unsere Erde) «in einen Lustort verwandeln zu wollen und, statt der möglichsten Schmerzlosigkeit, Genüsse und Freuden sich zum Ziele zu stecken».

ZWISCHENFRAGE:

Wie entwirre ich meine Familienbande?

Natürlich darf bei den *guten* Rezepten einer nicht fehlen: der evangelische Pfarrer Werner Tiki Küstenmacher, beraten von «Deutschlands tonangebendem Zeitmanagement-Experten» Lothar Seiwert. In seinem Bestseller «Simplify your life / Einfacher und glücklicher leben» verspricht er: «Das Buch, das Sie hier in Händen halten, wird eines der wichtigsten Bücher Ihres Lebens werden … Sie werden den Sinn und das Ziel Ihres Lebens finden … Sie werden von anderen Menschen angesprochen werden, warum Sie so glücklich aussehen … Genau die Menge Geld zu haben, die Sie brauchen, ist ein selbstverständliches Nebenprodukt des Simplify-Weges.»

Der Weg dorthin besteht aus mehreren hundert Imperativen (Nehmen Sie, Überwinden Sie, Gestatten Sie sich …), gebündelt zu «33 Simplify-Ideen». Sie und die Art ihrer Darbietung haben allerdings zwei Schwächen:
1. Kaum je findet sich eine Beschreibung des Weges, der zu den beschriebenen Zielen führen soll. «Vereinfachen Sie Ihre Finanzen», «Vereinfachen Sie Ihre Partnerschaft», «Entwirren Sie Ihre Familienbande». Ja – wie?
2. Der Leser sieht sein Leben keineswegs einfacher, im Gegenteil: Er wird ja von Verhaltensregeln förmlich eingemauert, bis hin zu «Strukturieren Sie Ihre Freizeit» (auch die noch!) oder «Besiegen Sie die Fernsehsucht».

Ja, es gibt schöne, einleuchtende Imperative – wenn man nur erführe, wie man ihnen entsprechen soll. «Geben Sie nicht mehr

Geld aus, als Sie haben», «Schrauben Sie Ihre Bedürfnisse herunter oder Ihre Einnahmen herauf», «Entfesseln Sie Ihre sexuelle Energie» – und vor allem: «Vereinfachen Sie Ihr Leben radikal»!

Doch wimmelt es von rätselhaften Ratschlägen wie «Seien Sie mit sich selbst identisch», «Entwickeln Sie die Bereitschaft, jeden Augenblick Ihres Lebens als erfüllt zu betrachten», ja «Probieren Sie das Prinzip der Festlichkeit des Lebens aus». Gern, wahnsinnig gern! Aber wie er das schaffen soll, erfährt der Leser nicht.

Vielleicht hilft es, den Tag richtig zu beginnen: «Entmuffeln Sie den Morgen», und wenn Sie sich rasieren, «tun Sie das grundsätzlich auf einem Bein stehend». Auch könnte man sich an die Leitsätze für Buchhalter klammern: «Entwirren Sie Ihren Arbeitsplatz» oder «Fassen Sie kleine Dinge in Schachteln und anderen Behältern zusammen» (der vielleicht überhaupt originellste Weg, glücklich zu werden).

An Manager haben die Autoren ebenfalls gedacht: «Lösen Sie aktuelle Probleme sofort» (wie, bitte?), «Delegieren Sie Herausforderungen», ja, man traut seinen Augen nicht: «Engagieren Sie einen Fahrer». (Erläuterung: «Das mag auf den ersten Blick versnobt erscheinen. Rechnen Sie aber mit spitzem Stift nach ...»)

Tollkühn schließlich der Rat an Leute, die an ihrem Arbeitsplatz unzufrieden sind: «Wechseln Sie die Stelle – auch wenn diese Arbeit schlechter bezahlt wird.» Keine Bange: Schließlich hat «der Simplify-Weg Ihr Leben zu einem einzigartigen Kunstwerk geordnet». Vier Jahre lang auf der Bestseller-Liste des *Spiegels*.

**Strittige Rezepte,
das Glück zu steigern**

13
Selbstverwirklichung – ein gemischtes Vergnügen

Seit etwa vierzig Jahren geistert durch den deutschen Sprachraum die Behauptung, *Selbstverwirklichung* sei für jedermann erstrebenswert, sollte jedermann ermöglicht werden und vermehre, wo sie sich vollzieht, das Glück auf Erden. An dieser Behauptung ist fast alles falsch.

Selbstverwirklichung ist meistens ein Missverständnis, immer der hochmütige Anspruch auf ein Herrenrecht, oft eine Ausrede und manchmal ein krimineller Akt. Einige Menschen, sicher, macht sie glücklich; andere treibt sie in Erschöpfung und Verzweiflung; den meisten bleibt sie verwehrt – oft zu unser aller Segen: Denn Selbstverwirklichung ist ein egozentrisches Ideal, sie gefährdet jede Partnerschaft, jedes Team und die Gesellschaft insgesamt.

Die Idee ist an sich uralt. Aber bis Karl Marx kam, wurde die Entfaltung der Person immer nur den Mitgliedern der Oberschicht ans Herz gelegt, von einem, der dazugehörte. «Werde, der du bist!» rief der Lyriker Pindar vor 2500 Jahren den Griechen zu: Sie waren Sklavenhalter und wurden folglich nicht durch niedere Arbeit von dieser Traumvorstellung abgelenkt.

Seneca, Lehrer des Kaisers Nero, Philosoph und der reichste Mann von Rom, lehrte: «Glücklich ist ein Mensch, der seiner eigenen Natur entsprechend lebt.» De facto hieß das: Erstens, *ich* bin glücklich, denn mein Vermögen gestattet es mir, meine Maxime umzusetzen, und zweitens: Da die meisten es vermutlich nicht schaffen werden, nach ihrer eigenen Natur zu leben, werden sie eben nicht glücklich, und mein Spruch bleibt wahr.

Seneca wie Pindar wichen dabei der Frage aus: Was ist sie denn, die eigene Natur? Wer bin ich, dass ich «ich werden» soll? Mindestens zwei Seelen in der Brust zu haben, ist doch nichts Besonderes. Goethe bezeichnete als sein eigentliches Lebenswerk seinen dilettantischen Ausflug in die Physik, die «Farbenlehre»; auf seine Leistung als Poet bilde er sich gar nichts ein, sprach er zu Eckermann. Wie sah die eigentliche Natur des Rabbi Saulus aus, der sich in den Apostel Paulus verwandelte? Hat Herbert Wehner sich 1931 als kommunistischer Abgeordneter im sächsischen Landtag verwirklicht oder nach 1945 als Fraktionsführer der SPD im Deutschen Bundestag? Kann Paganini sich als Geigenvirtuose eigentlich «verwirklicht» haben, da sein Vater ihn doch zum Geigen gezwungen hatte mit Schlägen und mit Essensentzug?

Auch kleinere Geister sind selten so programmiert, dass sie einen klaren Weg zu sich selber vor sich sähen und ihn unbeirrt verfolgen wollten. Unsere Talente, soweit vorhanden, konkurrieren mit anderen Talenten, mit hochgespannten Wünschen, mit der Faulheit oder mit unterdrückten Trieben, und selbst unsere Wünsche stehen oft zu unseren Wünschen in Konkurrenz: In Zolas Roman «Germinal» träumt der Grubendirektor davon, Macht und Luxus hinzugeben, wenn er dafür die Freiheit der hungernden Arbeiter hätte, ihre Frauen zu ohrfeigen und sich hinter der Hecke mit den Nachbarinnen zu vergnügen.

Kein Ich ist eine Einheit, sagt Hermann Hesse, «sondern eine höchst vielfältige Welt, ein kleiner Sternhimmel, ein Chaos von Formen, von Stufen und Zuständen, von Erbschaften und Möglichkeiten». Kurz: Das Selbst ist eine Fiktion, «das Uneinssein mit sich selbst ein Kennzeichen des Kulturmenschen» (so der Schweizer Psychiater C. G. Jung).

Bei solchen Problemen haben die Verkünder der Selbstverwirklichung sich niemals aufgehalten – auch nicht *Karl Marx*, der sie, noch ohne das Wort zu verwenden, als Erster ausdrücklich *allen* predigte: In der künftigen Gesellschaft werde «die freie Entwicklung eines jeden die Bedingung für die freie Entwicklung aller sein», hieß es 1848 im «Kommunistischen Manifest»; zwei Jahre zuvor, in der «Deutschen Ideologie», hatte Marx sogar die Tür zur totalen Beliebigkeit aufgestoßen: Wenn die allgemeine Produktion von der Gesellschaft geregelt werde, habe jeder die Chance, «heute dies, morgen jenes zu tun», wie er gerade Lust verspüre. Bei dem einstigen APO-Star Daniel Cohn-Bendit hörte sich das so an: «Freiheit ist für uns, ins Auto zu springen und morgen in Italien zu sein.»

Das Wort «Selbstverwirklichung» tauchte zuerst 1928 bei C. G. Jung auf – eigentlich ein kurioser Begriff, schrieb der Philosoph Dieter Thomä 2003: Denn demnach wäre ja zunächst keiner er selber – sondern erst und nur dann, wenn er sich «verwirklicht» habe! Die ganze Idee sei für ihn sowieso ohne jeden Reiz: «ein solistisches Anliegen» nämlich, obwohl doch nichts dagegen spreche, sein Selbst in einer großen Aufgabe aufgehen zu lassen.

Ein Kultwort wurde die Selbstverwirklichung 1949 durch den deutsch-amerikanischen Psychoanalytiker *Erich Fromm*. Die zentrale Lebensaufgabe des Menschen bestehe darin, «seinem eigenen Wesen zum Durchbruch zu verhelfen und zu *werden*, was er potenziell *ist*», heißt es in seinem Buch «Psychoanalyse und Ethik». «Verwirklicht der Mensch sein Selbst kompromisslos, dann entfällt die Grundlage der asozialen Gefühle und Triebe, und nur noch ein krankes, abnormales Geschöpf wird der Gesellschaft gefährlich sein.»

Das half den 68ern auf die Barrikaden: Die Befreiung von allen Pflichten entdeckten sie darin, die Faulheit im Dienst der Weltrevolution und der freien Liebe. «Sich ausleben», das war es eigentlich, was sie meinten. Günter Grass warf 2006 im *Spiegel*-Gespräch der 68er-Bewegung «die Überbetonung des Individuellen, der Selbstverwirklichung» vor; sie habe die Gesellschaft «offener, freizügiger, zum Teil aber auch unverantwortlicher» gemacht.

Was dabei bis heute kaum beredet wird – bei Pindar, Marx und Fromm läuft eine aberwitzige Unterstellung mit: Das Selbst, das sich entfalten soll, könne nur ein gutes, edles und niemals asoziales sein. Wie aber, wenn strikte Erziehung und sozialer Druck einen Charakter gebändigt hätten, der sonst vielleicht ein Schwein geworden wäre? Als gäbe es eine gesicherte Erfahrung, dass jedes frei entwickelte Ich sich selber und den Mitmenschen zur Offenbarung würde oder zum Vergnügen! «Die Idee der freien Entfaltung der Persönlichkeit klingt ausgezeichnet, solange man nicht auf Individuen stößt, deren Persönlichkeit sich frei entfaltet hat» – ein Satz des kolumbianischen Aphoristikers Nicolás Gómez Dávila, den der *Spiegel* als «neuen Nietzsche» feiert.

Selbst bei eitel Edelmut jedoch – was hilft Fromms Rat den zweien jener drei Schauspieler, die davon träumen, sich als Hamlet zu verwirklichen – aber nur einer kann die Rolle kriegen? Wer es gar zum Vorstandsvorsitzenden oder zum Ministerpräsidenten bringt, der kränkt die zehn, die hundert, die es gern geworden wären. Es sind keine «asozialen Gefühle» nötig, damit einer desto asozialer agiert, je intensiver er sich selbst verwirklicht.

In Wahrheit also haben Marx und Fromm den allgegenwärtigen Egozentrikern nur zu einer Ausrede verholfen, zu einem ideologischen Überbau für ihre Ichbezogenheit. Paul Gauguin hinterließ seine Frau und seine fünf Kinder unversorgt, als er beschloss, in die Südsee zu ziehen und sein Leben dem Malen zu widmen. Thomas Mann verlangte ganz selbstverständlich, dass seine Frau und seine sechs Kinder sich ihm willig unterordneten. «Ich habe in meinem Leben nie tun können, was ich hätte tun wollen», beichtete Katja Mann in ihren «ungeschriebenen Memoiren»; die berühmte Selbstverwirklichung des Mannes beruhte also großenteils auf dem totalen Verzicht der Frau auf dieselbe.

Für die Frauen lieferte der norwegische Dramatiker Henrik Ibsen 1879 das Vorbild mit seiner «Nora»: Sie verlässt ihren Mann und ihre drei Kinder, weil sie noch andere «heilige Pflichten» habe: die gegen sich selbst. Populär wurde das Thema in den sechziger Jahren mit der Debatte über die Gleichstellung der Frau und über ihr Recht auf Arbeit. Millionen Frauen, die sich bis dahin nur für «Küche und Kinder» interessiert hatten, drängten nun in den Beruf, oft angereizt durch die öffentliche Abwertung der «Nur-Hausfrau» und gleichzeitig entlastet durch die Gesinnung, die sich in dem Schlagwort von 1971 ausdrückte: «Mein Bauch gehört mir!» In konservativen Kreisen nannte man das pervers und heizte die Debatte mit der Frage an: Verdient es wirklich «Selbstverwirklichung» zu heißen, was eine Frau an der Kasse des Supermarkts gefunden hat – oder ist es eher eine Sklavenarbeit im Dienst der Hypothek?

Bei alldem sollten wir nicht vergessen, dass das Schlagwort den Anspruch auf ein *Herrenrecht* benennt, auf ein Luxusprodukt reicher Gesellschaften. Unsere bäuerlichen Ahnen, lebenslang eingebunden in die Sippe und die Plage, hatten niemals die geringste Chance, sich individuelle Wünsche zu erfüllen oder gar ihre etwaigen Talente zu entfalten, und ebenso ergeht es noch heute den armen Teufeln in aller Welt, zwei Dritteln der Menschheit ungefähr.

Und dürfen wir ignorieren, dass die Selbstverwirklichung dringend der Einschränkung durch Gesetz und Moral bedarf? Wollen wir, dass ein Wiederholungstäter unter den Lustmördern sich auf sie beruft? Können wir ausblenden, dass diesem Adolf Hitler eine rauschhafte Form der Selbstverwirklichung gelungen ist?

Auch wo sie sich im Rahmen von Sitte und Moral bewegt: asozial, antisolidarisch ist die Selbstverwirklichung ihrem Wesen nach, ein Leitbild für Einzelgänger. In Massen angestrebt, würde sie jede Gesellschaft ruinieren. Was geschähe denn, wenn aus der Summe aller Selbstverwirklichungen eines Landes nicht nur keine Krankenpfleger hervorgingen (wie überwiegend schon heute) – sondern auch keine Lehrer und keine Polizisten? Und vielleicht keine Kinder mehr? Gott schütze uns vor 80 Millionen deutschen Selbstverwirklichungen! Es entfalte sich, wer kann – falls er uns ungeschoren lässt und die Gemeinschaft seine totale Ichbezogenheit verkraftet.

Unglück produziert er dabei für sich selbst genug: wenn er Bücher schreibt, die keiner druckt, eine Erfindung macht, die keiner braucht – und immer, wenn er sich im Wettstreit mit anderen verwirklichen will, im Rennen um Positionen, um Siege, um Erfolg. Da ist das Scheitern statistisch das Wahrscheinliche, und schon der Eintritt in die Konkurrenz kann zu jener *Selbstüberforderung* führen, vor der der französische Soziologe Alain Ehrenberg 2004 gewarnt hat: Depressionen bei vielen von denen, die sich im Wettlauf der allzu vielen Selbste übernommen haben.

Und wie viel Glück kann durch Selbstverwirklichung entstehen? Eine Menge für die wenigen, die ihr Ziel erreichen (mit einer Einschränkung, für die Michelangelo gleich das Beispiel geben wird). So ist es aber nicht, dass Selbstverwirklichung zum Glück gehörte. Wer, wie so viele, noch nie etwas davon vernommen – oder wer sich im Leben halbwegs behaglich eingerichtet hat und dabei einer Arbeit nachgeht, die er für sinnvoll hält, und wer ohnehin nicht davon träumt, Minister zu werden oder den Hamlet zu spielen: der kommt gut aus ohne das Schlagwort und alles, wofür es steht; vielleicht mit einem gelegentlichen Seufzer, dass das Leben auch anders hätte verlaufen können.

Wo aber eine große Begabung sich in eine große Leistung umsetzen will: da bedeutet Selbstverwirklichung das äußerste Gegenteil eines bloßen Ego-Trips, eines genialischen Dahindämmerns mit umstürzenden Ideen hinter der Denkerstirn – da ist sie eine Strapaze, oft eine Qual.

Verwirklicht wie kein anderer hat sich *Michelangelo*. Mit 60 übernahm er den Auftrag, die 19 Meter hohe Altarwand der Sixtinischen Kapelle mit einer Darstellung des Jüngsten Gerichts zu schmücken: 200 Quadratmeter Wand, ein Tennisplatz in der Senkrechten, ein Gerüst wie für ein fünfstöckiges Haus. Auf dem stand er, saß er, kniete er, lag er, mit Farben bekleckert, und malte 391 Engel, Heilige, Erlöste und Verdammte – sechs Jahre lang. Als Michelangelo 72 war, übernahm er die Bauleitung der Peterskirche und trieb ihre Kuppel himmelwärts. Mit 88, bis sechs Tage vor seinem Tod, meißelte er an der Pietà Rondanini – unzufrieden, zuletzt ungewaschen, auch nachts, mit Talglichtern auf dem Hut.

Hätte man diesen Menschen fragen sollen, ob er «glücklich» sei? Ein zeitgenössischer Selbstverwirklicher, der Schriftsteller Martin Walser, antwortete 2005 auf eine solche Frage: «Nein. Es ist auch nicht nötig.»

14
Feste und Räusche

Sich dann und wann ein Glas Wein zu gönnen und statt des Müslis ein feistes Steak – das war hier unter den *guten*, jedenfalls selten umstrittenen Rezepten aufgeführt, wie man sich das Leben behaglich einrichten kann. Strittig ist erst die Frage, inwieweit auch die Trunkenheit, der Drogenrausch, das ekstatische Fest die Menschen glücklich machen können und glücklich machen sollten – und wie die Glücksbilanz aussieht, wenn der Katzenjammer kommt.

Ein Fest: das war zunächst ein in einer Gemeinschaft übliches Ritual zur Ehrung oder Besänftigung der Götter, zur Markierung bestimmter natürlicher Höhepunkte des Jahreslaufs wie der Sonnenwende oder der Einbringung der Ernte; später auch zum Gedenken an Triumphe der Nation – und dabei immer wieder ein Mittel, in ein überwiegend tristes Leben Abwechslung zu bringen und Vorfreude auf diese Abwechslung zu ermöglichen – Kontrast!

Bei uns sind die Feste zu *gesetzlichen Feiertagen* verkümmert, die von den Gewerkschaften als sozialer Besitzstand verteidigt werden. Nicht in katholischen Dörfern am Fronleichnamstag, nicht am Karfreitag in Sevilla, doch in den meisten Großstädten des Abendlands lassen die gesetzlichen Feiertage dem Individuum die Freiheit, sich vom Feiern auszuschließen oder unter Missachtung des Anlasses das zu feiern, was ihm Spaß macht – eine Entwicklung, die in Deutschland beim Pfingstfest eine Art Endpunkt erreicht hat.

Was unsere späte Zivilisation kennzeichnet, ist indessen nicht so sehr die Abwendung vom historischen Gegenstand der Feier als vielmehr die Tendenz, die Festtage lediglich zum Faulenzen, zum Verwandtenbesuch oder zur Fahrt ins Grüne zu benutzen – nicht jedoch zu dem, was in allen anderen Kulturen selbstverständlich war und ist: zur Teilhabe am kollektiven Rausch. Die meisten von uns *kratzen* höchstens einmal an den Tabus, noch dazu an schwachen oder lediglich selbst auferlegten: zu Weihnachten am Tabu der Völlerei, zu Silvester an dem der Betrunkenheit, beim Tanz oder beim Schunkeln an dem der Berührung fremder Menschen, beim Maskenfest am Tabu der Identität. Das Wesen der urtümlichen Feste ist den meisten fremd.

Denn ob Erntedank, Götterlob oder Sonnenwende – alle Feste waren einst ein Anstoß, der Realität total zu entfliehen und *große* Tabus zu zerbrechen: die Rangordnung der Menschen und der Werte, die Vernunft, die Individualität. Ein Fest war «ein gestatteter, vielmehr ein gebotener Exzess, ein feierlicher Durchbruch eines Verbots», schreibt Freud. «Nicht weil die Menschen infolge einer Vorschrift froh gestimmt sind, begehen sie die Ausschreitungen, sondern der Exzess liegt im Wesen des Festes; die festliche Stimmung wird durch die Freigebung des sonst Verbotenen erzeugt.»

Bei den römischen *Saturnalien* wurden den Gefangenen die Ketten abgenommen, die Sklaven saßen mit bei Tisch und wurden von den Herren bedient. Bei den Ernte- und Winterfesten im alten China versuchten die Bauern einander zu übertreffen im Prahlen, im oft ruinösen Verschenken ihrer Habe, ja im lebensbedrohenden Verprassen ihrer Ernte. Die Azteken begingen jährlich achtzehn Feste, etliche davon jeweils zwanzig Tage lang; Trunk und Tanz mischten sich da grässlich mit Menschenopfern und Kannibalismus.

Nicht einmal so weit davon entfernt waren die Ahnen unserer eigenen Kultur, die Griechen, wenn sie die Feste ihres Fruchtbarkeits- und Weingotts feierten, des *Dionysos:* «Und nun kann der Schwarm des Weingottes, welchem sich das Volk einer ganzen Stadt anschließt, in der wonnevollsten Stimmung sein, die Darstellung seines Mythos kann der Anlass werden zu Komödie und Tragödie», schreibt Jacob Burckhardt. «Dahinter steht ein unheimlicher Geist, welcher nicht nur im Mythos seine verblendeten Mänaden zu allen Greueln treibt, sondern auch in historischer Zeit hie und da Menschenopfer verlangt und Wahnsinn und tödliche Krankheiten sendet, wenn man ihm nicht gehuldigt hat.» Da gab es Possen und Prozessionen dem Dionysos zu Ehren, Wollust und Weinseligkeit, nächtliche Orgien im Fackelschein, dröhnende Trommeln und jauchzende Gesänge.

Die Römer nannten ihren Weingott Bacchus, und ihre *Bacchanale* nahmen den Weg vieler Feste: der Anteil des Gottesdienstes schrumpfte, die Ausschweifung wuchs, und eines Tages waren die Götter vergessen. So bei dem römischen Künstlerfest, das Wilhelm Heinse 1787 in seinem Roman «Ardinghello» schildert, womit er sich den Unmut Schillers und Goethes zuzog: Ein Dutzend Maler und Modelle sprengen mit ihrem «erhitzten Leben» die gewohnten Schranken, erst entkleiden sich die Mädchen, dann die Männer, «es ging immer tiefer ins Leben, und das Fest wurde heiliger; die Augen glänzten von Freudentränen, die Lippen bebten, die Herzen wallten vor Wonne ... Der höchste bacchantische Sturm rauschte durch den Saal, der alles Gefühl unaufhaltbar ergriff wie donnerbrausende Katarakte vom Senegal und Rhein, wo man von sich selbst nichts mehr weiß und groß und allmächtig in die ewige Herrlichkeit zurückkehrt.»

Was der rauschhaften Selbstauflösung in unserer Zeit am nächsten kommt, sind die *Rockkonzerte*: keine Feste für alle zur Befreiung von den Pflichten des Alltags, sondern Feste der jungen Generation zur Befreiung von den Tabus, die die ältere setzt – mit dem historischen Höhepunkt 1969, beim dreitägigen Rock-Festival von Woodstock, von dem in Kapitel 11 die Rede war.

Räusche gibt es von vielerlei Art; und ob die Massen-Ekstase sie hervorruft oder der Alkohol: gemeinsam ist ihnen immer die

Enthemmung, die Sprengung der Fesseln, in die die Vernunft, die Pflicht, das abgesonderte Ichbewusstsein uns schlagen, die lustvolle Auflösung der Grenzen des Selbst.

Am Rausch der Gifte ist das verführerischste, dass man ihn so oft und zu fast beliebigen Gelegenheiten haben kann. Er tröstet die, denen der Alltag das Glück verwehrt, und den Glücklicheren ist er immer noch als Steigerung und Gegenpol willkommen. «Die Leistung der Rauschmittel im Kampf um das Glück und zur Fernhaltung des Elends wird so sehr als Wohltat geschätzt», sagt Freud, «dass Individuen wie Völker ihnen eine feste Stellung in ihrer Libido-Ökonomie eingeräumt haben. Man dankt ihnen nicht nur den unmittelbaren Lustgewinn, sondern auch ein heiß ersehntes Stück Unabhängigkeit von der Außenwelt.»

Der große Enthemmer unserer Kultur, der *Alkohol*, stärkt unsere Triebe in ihrem ewigen Kampf gegen die Kontrolle durch die Großhirnrinde, er bremst diesen Bremser und bricht so unseren Instinkten Bahn. Das musste ihm den Hass aller Hohenpriester der Hemmfunktion zuziehen, des Apostels Paulus wie des strengen Immanuel Kant: Im Zustand der «Versoffenheit», schrieb er, sei der Mensch nur wie ein Tier.

So soffen, nach Grimmelshausen, kaiserliche Offiziere im Dreißigjährigen Krieg: «Den edlen Hochheimer, Bacheracher und Klingenberger gossen sie mit kübelmäßigen Gläsern in Magen hinunter, welche ihre Wirkungen gleich oben im Kopf verspüren ließen ... Die großen Torheiten, die sie begingen, und die großen Trünk, die sie einander zubrachten, wurden je länger je größer; zuletzt verkehrte sich ihr Kampf in eine unflätige Sauerei ... Dann beschwor je einer den andern bei großer Herren oder bei seiner Liebsten Gesundheit, den Wein maßweis in sich zu schütten, worüber manchem die Augen übergingen und der Angstschweiß ausbrach; doch musste es gesoffen sein.»

Daran ist wenig übertrieben; im Krieg trifft der Zusammenbruch heimatlicher Sitten und Kontrollen auf den Willen, derart nah am Tod das Leben bis zum Letzten auszupressen. Was nicht heißt, dass nicht auch der Frieden immer gut für einen Vollrausch wäre. Wilhelm Meister las nur ein deutsches Ritterstück vor, und unvermutet drastisch schildert Goethe, was daraus folgte:

«Zwischen dem zweiten und dritten Akte kam der Punsch in einem großen Napfe; und da in dem Stücke selbst sehr viel getrunken und angestoßen wurde, so war nichts natürlicher, als dass die Gesellschaft sich lebhaft an den Platz der Helden versetzte, gleichfalls anstieß und die Günstlinge unter den handelnden Personen hochleben ließ ... Zuletzt, als der Held wirklich seinem Unterdrücker entging und der Tyrann gestraft wurde, war das Entzücken so groß, dass man schwur, man habe nie so glückliche Stunden gehabt ... Und da der zweite Punschnapf geleert war, schwur Laertes hoch und teuer, es sei kein Mensch würdig, an diese Gläser jemals wieder eine Lippe zu setzen, und warf mit dieser Beteuerung sein Glas hinter sich und durch die Scheibe auf die Gasse hinaus.»

Seinen Kater und den Unrat im Zimmer registrierte Wilhelm Meister anderntags mit übler Empfindung. Doch soll es begabte Säufer geben, die selbst dem Morgen danach noch ein Quantum Fröhlichkeit abgewinnen – wie der durch seine sexuellen Eskapaden berühmte amerikanische Schriftsteller Henry Miller: «Gegen Morgengrauen fühlte ich, dass Mona mich rüttelte. Ich erwachte und fand mich in einer Lache von Erbrochenem liegen. Pfui! Was für ein Gestank! Das Bett musste neu bezogen, der Fußboden geschrubbt und meine Kleider mussten ausgezogen werden. Noch immer bezecht, wankte und schwankte ich umher. Noch immer lachte ich angeekelt, aber glücklich, reumütig, aber fröhlich in mich hinein. ... Keine Entschuldigung mehr. Keine Gewissensbisse. Kein Schuldgefühl.»

Glücklich werden sie kaum, die Millionen Elenden, Bettelnden, Verwahrlosten, die Wermutbrüder, die Wodka-Leichen, die

Stadtstreicher, die Clochards: dem Alkohol verfallen, kaum je noch vor ihm zu retten, aber ein bisschen von ihm getröstet und wahrscheinlich durch ihn vor dem größeren Unglück bewahrt, klaren Kopfes registrieren zu müssen, in welcher Misere sie leben.

Dabei ist der Alkohol ein staatlich konzessioniertes Rauschgift, im Unterschied zu den verbotenen: Zwischen den zerstörenden Suchtgiften wie Opium, Morphium, Heroin und LSD und den milden Stimmungsveränderern wie Nikotin, Koffein und der im südlichen Asien beliebten Betelnuss liegt eine Gruppe von Giften, die bei mäßiger Dosierung euphorische Stimmungen ohne schweren Katzenjammer erzeugen können: *Meskalin, Kokain* und *Haschisch.*

Sollte die Menschheit ohne *chemische Ferien,* ohne *künstliche Paradiese* das Leben ertragen können? fragt Aldous Huxley. Unser Gehirn sei ein Filter, der aus der unendlichen Fülle der Erscheinungen nur diejenigen durchlasse, die uns das Überleben erleichtern; damit sich in uns auch die üppige Vielfalt des biologisch Unnützen ereignen könne, brauchten wir den Rausch. Meskalin helfe jedem, das zu sehen, was sonst nur der Künstler wahrnehme: tanzende, schwellende Farben, «einen langsamen Reigen goldener Lichter, ein Fluten von Schönheit». Dies alles gleichgültig gegen Raum und Zeit, ohne Anstoß, irgend etwas Bestimmtes zu tun, denn: «Dieses Teilhaben an der offenkundigen Herrlichkeit der Dinge ließ sozusagen keinen Platz für die gewöhnlichen, die notwendigen Angelegenheiten des menschlichen Daseins.»

Ja, sagt auch Gottfried Benn, wir brauchen *provoziertes Leben:* «Die Farben werden feiner, aus den Dingen blicken Wunder her, das Ich zerfällt.» Und provozierend fährt er fort: «Potente Gehirne stärken sich nicht durch Milch, sondern durch Alkaloide.» Ein so hochgezüchtetes Organ wie das Gehirn könne man nicht wie ein Vergissmeinnicht mit Grundwasser begießen.

Aber ist solcher Rat praktikabel? Wohin soll er den Einzelnen und die Menschheit führen? Nun, sagt Huxley: «Mindestens die Hälfte aller Ethik ist negativ und besteht darin, dass man kein Unheil anrichtet ... Der bloße Betrachter lässt zwar vieles ungetan, was er tun sollte; doch zum Ausgleich unterlässt er ziemlich viel, was er nicht tun darf ... Wenn wir alle Dinge als unendlich und heilig wahrnehmen, welches Motiv hätten wir da zu Begehrlichkeit, Selbstüberhebung und Macht?» Gesunder Geist in gesundem Körper, fügt Benn hinzu: das war «eine Redeblüte der römischen Kriegerkaste, die im Turnvater Jahn und in den bayerischen Lodenjoppen ihre moderne Auferstehung fand. Nach geistigen Maßstäben hat der extravagante Körper mehr geleistet als der normale.»

Das ist Provokation, ein Versuch, die Grenzen dessen zu sprengen, was dem Einzelnen wie der Gemeinschaft noch zuträglich und zumutbar ist. Doch vergessen wir darüber nicht den Rausch, den der Staat nicht reglementieren kann, den Rausch aus Musik, Ekstase, Wollust, Überschwang. Mancher wird «entzückt bis in den dritten Himmel» allein durch die Zwiesprache mit Gott (2. Korinther 12,2). Mancher kann sich wie Goethes «Werther» rühmen: «Ich bin mehr als einmal trunken gewesen, und meine Leidenschaften waren nie weit vom Wahnsinn, und beides reut mich nicht.»

ZWISCHENFRAGE:

Lässt sich Alkohol verbieten?

Nein – jedenfalls nicht mit Erfolg. Die Vereinigten Staaten haben das mit einem einzigartigen und schmerzlichen Großversuch bewiesen: Von 1920 bis 1933 wollten sie ihren damals 120 Millionen Bürgern den Konsum alkoholischer Getränke unmöglich machen. «Das größte Sozialexperiment der Neuzeit» sei das gewesen, sagt die «Enyclopaedia Britannica» – vielleicht doch ein kleineres als die Etablierung der Sowjetunion, aber ein Drama gewiss. Es spaltete die Nation, es ist kläglich gescheitert, und die USA leiden heute noch darunter: Die Mafia stieg erst mit dem Alkoholschmuggel zu ihrer Macht auf. Das englische Wort *prohibition*, an sich das Verbot schlechthin, wird seither fast nur noch auf diesen radikalen Versuch angewendet, den Menschen durch Alkoholentzug zu seinem Glück zu zwingen.

Vergleichbare Gesetze waren 1920 in 33 der 48 Staaten der USA bereits in Kraft, gespeist aus der Einsicht in die unstreitig üblen Folgen des Alkoholmissbrauchs und wohl auch aus puritanischer Gesinnung. Das Totalverbot für die ganze Nation verhängte Washington in der feierlichen Form eines Zusatzes zur amerikanischen Verfassung: Nun war es überall im Land bei Strafe untersagt, Getränke mit einem Alkoholgehalt von mehr als 1 Prozent (schon Bier hat 3 bis 6) herzustellen, aus dem Ausland einzuführen und im Inland zu verkaufen.

Ein paar segensreiche Folgen hatte das durchaus, zumal in den unteren Einkommensschichten: höhere Arbeitsmoral, besseres Familienleben, weniger materielle Not. Die anderen Konsequenzen aber waren durchweg verheerend: Nie zuvor und nie danach hat es auf Erden ein Gesetz gegeben, das von so vielen Millionen

Menschen so fröhlich übertreten wurde, und nie hat ein anderes Gesetz so viel Kriminalität erst ins Leben gerufen.

Denn natürlich blühte das Schwarzbrennen auf, *moonshining* genannt (das, was man besser nur im Mondlicht tut), und der Schmuggel, das *bootlegging* (benannt nach *bootleg*, dem Stiefelschaft, in dem sich flache Flaschen gut verstecken ließen), und die *speakeasies*, die Flüsterkneipen, in denen der illegale Alkohol zu saftigen Preisen angeboten – und mit einer diebischen Lust getrunken wurde, wie man sie vor 1920 kaum gekannt hatte.

Und natürlich krochen die Denunzianten aus allen Winkeln, und überall lauerten die Spitzel der zentralen Prohibitionsbehörde in Washington, eines bürokratischen Wasserkopfes. Und wie sollten Polizei und Justiz mit einem Betrunkenen verfahren – durfte man ihm glauben, dass er seinen Schnaps 1919 erworben und zu Hause genossen habe? Die Gerichte waren überlastet, die Gefängnisse überfüllt, Zehntausende korrupter Polizisten bester Laune und die Mafia dabei, Milliarden zu verdienen.

Von mehreren Kommissionen auf die mindestens zwiespältigen Folgen hingewiesen, entschloss sich der Kongress 1933, den Verfassungszusatz zwar nicht *de jure* abzuschaffen, aber ihn *de facto* zu kastrieren: Die Entscheidung über ein Alkoholverbot wurde wieder den 48 Bundesstaaten zugeschoben. In der Mehrzahl hoben sie das Verbot nach und nach auf. Etliche Staaten der USA aber verfahren noch heute nach dem skandinavischen Modell: Alkoholische Getränke nur in bestimmten Läden zu bestimmten Stunden und mit begrenztem Alkoholgehalt.

Die Prohibition *musste* scheitern: Es ist kein Volk, kein Stamm, keine Kultur bekannt, die sich nicht den Genuss vergorener oder gebrannter Getränke gegönnt hätte. Viele Menschen wurden dadurch ins Unglück getrieben – noch viel mehr aber getröstet, ja oft glücklich gemacht. Den Rausch sieht der Mensch als sein Urrecht an, als ein Mittel, ein oft schlimmes Leben fröhlich zu meistern oder wenigstens glimpflich zu überstehen.

15
Nicht vorsorgen? Nichts vererben?

Hier geht es zwei Rezepten an den Kragen – Rezepten dafür, wie man sein Glück *vermindern* kann: zum einen dem alten Volkssport des Vererbens, zum andern der modischen Manie, dass einer, der sich völlig gesund fühlt, dringend den Arzt aufsuchen müsse (denn nagt nicht vielleicht längst ein tückischer Tumor an der Dickdarmwand?)

Wir befinden uns im Abschnitt «Strittige Glücksrezepte», und das heißt: Mit Widerspruch ist zu rechnen. In diesem Fall aber muss der Streit eigentlich erst entzündet werden, eine öffentliche Auseinandersetzung findet kaum statt. Ich gieße also Öl ins allzu kleine Feuer und frage: Ist die vorsorgliche Darmspiegelung (als typisches Beispiel für die regierende Vorsorge-Gesinnung), ist das Weiterschieben von Glücksgütern an die nächste Generation eigentlich durchweg vernünftig? Mehrt sich dadurch das Glück auf Erden? Oder stehen da vielleicht ein paar Denkblockaden herum, die man überklettern könnte?

Was den Tumor angeht, so wird hier dafür plädiert, dass jeder die Freiheit haben sollte, seinen Darm ungespiegelt zu lassen – und dies frei von zeittypischem sozialem Druck und mit reinem Gewissen.

Ja doch: Niemand bestreitet, dass mit einer solchen Einstellung eine Einbuße an auch noch möglichen Lebensjahren einhergehen kann. Allenfalls halblaut aber ist von dem möglichen Gewinn die Rede: davon, dass ein Leben abseits von Vorsorge und Magerquark auch Vorzüge hat. Dem erhobenen Zeigefinger der Reformhaus-Kunden und den Posaunen der Gesundheitsindustrie sollte man die Meinung einer bisher eingeschüchterten

Minderheit entgegenstellen, von der sich nicht einmal ausschließen lässt, dass sie die Mehrheit ist.

Wer leidet, geht zum Arzt – keine Debatte. Wer nicht leidet, hat jedoch *zwei* Möglichkeiten: Entweder er lässt sich durchleuchten, anstechen und auf Diät reduzieren, in der Hoffnung, künftiges Leiden dadurch zu vermeiden, zu lindern oder hinauszuschieben. Dass er vernünftig handle, ja als verantwortungsbewusster Mensch so handeln müsse, ist die in Deutschland überwiegend publizierte Meinung. Sie hat gute Gründe für sich und verdient Respekt.

Oder aber er will nicht zu lange im Voraus wissen und nicht zu genau erfahren, wann und woran er sterben wird, falls er dieses tut und jenes lässt. Ihm schaudert vor dem unfrohen Dasein, das zwangsläufig die Folge ist, wenn man jede Stunde des Lebens in den Dienst der möglichst langen Vermeidung des Todes stellt. Dass auch er gute Gründe hat und Achtung verdient, ist der Aspekt, von dem bisher zu selten die Rede war.

Versündigt sich denn einer an irgendjemandem, wenn er versucht, halbwegs unbeschwert in den Tag hineinzuleben? An seinem Lebenspartner nicht, falls er sich mit ihm einig ist – an seinen Kindern nicht, falls sie nicht mehr auf ihn angewiesen sind. Umgekehrt: Je länger er sich im Greisenalter etabliert, desto hässlicher ist das Bild, das er den Hinterbleibenden hinterlässt; desto wahrscheinlicher behelligt er sie mit der Pflicht, sich um ein Wrack zu kümmern.

Versündigt er sich an der Gesellschaft? An der schon gar nicht. Den so genannten Generationenvertrag in der Rentenversicherung erfüllt keiner besser als der, der eine Woche nach Eintritt des Rentenalters aus der Rente fällt; und der Solidargemeinschaft der Krankenversicherten kann – fromme Reden hin oder her – ein Mitglied nur umso willkommener sein, je früher es stirbt: Sich nicht durch siebzehn Operationen in seine Neunziger hinaufzuquälen, spart Hunderttausende.

Oder versündigt er sich, falls er gläubig ist, an Gott oder einem göttlichen Auftrag? Wie der lautet, weiß keiner. Doch wenn es ihn gäbe, könnte er durchaus heißen: Stell was auf die Beine! Genieße! Verschwende dich! Nichts ist gleichgültiger als der Zustand deines Leibes und der Zeitpunkt deines Todes – wenn du nur aus deinem Leben das gemacht hast, was dir gegeben war.

Da also Gottes Ratschluss unerforschlich, die Gesellschaft mit jedem nicht allzu späten Tod zufrieden und die Trauer der Familie oft vermutlich von Erleichterung durchsetzt ist, sollte man jedem seine private Entscheidung gönnen. Zu solcher Güterabwägung wären vernünftigerweise noch ein paar Gründe heranzuziehen, die im harmonischen Chor der Ärzte, der Apotheker, der Hypochonder kaum vernehmbar sind.

Zum Ersten: Vorsorge und Früherkennung leisten in ziemlich vielen Fällen unbestritten nicht etwa einen Beitrag zur Lebensverlängerung – sie vermehren nur die Zahl der Jahre, in denen wir wissen, wann wir woran sterben müssen; eine grauenvolle Einbuße an Lebensqualität. Könnte es nicht einen Grad des Bescheidwissens über die eigene Zukunft geben, der das Leben unerträglich macht? Wie dringend ist, sich die Prognose aller künftigen Scheußlichkeiten zum täglichen Begleiter zu nehmen – und dies in einer Zeit, in der die Verheißung künftiger *Freuden* immer weniger offene Ohren findet?

Der Mensch ist das hoffend, bangend, grübelnd in die Zukunft greifende Tier – und warum spricht keiner davon, dass diese Lust und Last des Vorwegnehmenkönnens und Vorwegnehmenmüssens aufs Fürchterlichste aus ihrem labilen Gleichgewicht gerät, wenn ein milliardenschwerer Gewerbezweig seinen Ehrgeiz darein setzt, uns den möglichen Krebs von übermorgen schon heute unerbittlich ins Bewusstsein zu brennen? Ein schlechtes Gewissen sollen wir haben, wenn wir uns nicht oft genug in unseren Innereien schnüffeln lassen – und ist die Pflege der Kostbarkeit des eigenen Leibes nicht auch jedes Opfer wert?

Zum Zweiten, viel schlimmer: Arztgläubigkeit schlägt dem Gläubigen erschreckend oft zum Nachteil aus. Was musste man in den letzten Jahren den Wissenschaftsteilen von *Süddeutscher Zeitung*, *FAZ* und *Spiegel* entnehmen?

«Brustkrebsvorsorge ist eine Lotterie mit kleiner Chance auf Gewinn» (*Süddeutsche Zeitung*). Welche Art der Krebsvorsorge, die jahrzehntelang in Ehren stand, wird als Nächstes widerlegt? Für jede Krankheit gibt es heute eine Pille – und immer häufiger für jede neue Pille auch eine neue Krankheit (*FAZ*). In Amerika macht sich der kostspielige Unfug der vorsorglichen Ganzkörper-Tomografie breit. «Irgendwas Kleines finden wir bei fast jedem», sagt einer der Betreiber, die damit Millionen verdienen. Und so fühlen sich die Patienten zu weiteren, immer teureren, oft riskanten Tests gedrängt und steigern ihre Lebensangst (*Spiegel*). Die Gentests werden vollends aus allen Menschen Kranke machen (*FAZ*).

Die Rolle des Cholesterins bei der Entstehung der Arteriosklerose wird vermutlich seit Jahrzehnten überschätzt. Bei der Vorsorge werde oft Tumore gefunden, die niemals Beschwerden verursacht hätten. An Krankheiten, die die Patienten sich erst im Krankenhaus geholt haben (dem Hospitalismus), sterben in Deutschland alljährlich schätzungsweise 20000 Menschen (dreimal *Süddeutsche Zeitung*). Was Ärzte diagnostizieren, therapieren, operieren – das kann also überflüssig, falsch, ja lebensbedrohend sein. Wer ohne Not zum Arzt läuft, tauscht gegen die möglichen Vorteile ein erhebliches Risiko ein, Nachteile zu erleiden.

Fehlbehandlung oder bloß verlängerte Todesgewissheit sind die zwei hervorstechenden Gründe, den Medizinbetrieb nicht vorschnell mit Vertrauen zu überhäufen. Es gibt noch zwei mehr.

Wenn die Ärzte uns unserem ersten möglichen Tod entrissen haben – welcher späteren Todesart liefern sie uns damit aus? Wenn wir nicht der «Volksseuche» Herztod erliegen (so der erstaunliche Begriff bei einem Gesundheitsforum der *Süddeutschen Zeitung*): sollen wir dann lieber an Krebs sterben – mit dem Risiko, dass die gewonnenen Lebensjahre ein langes Siechtum sind, dass jedenfalls das Sterben wahrscheinlich langwieriger, schmerzlicher, ekelhafter sein wird, als es beim ersten Anlauf gewesen wäre? Der Tod selber ist die «Seuche», die Sterbequote beträgt immer 100 Prozent – das muss man einem übermütigen Medizinkartell offenbar ausdrücklich entgegenhalten.

Zu guter Letzt erhebt sich die Frage: Wofür eigentlich zerren wir uns durch die vielleicht gewonnenen Jahre? Um noch ein großes Werk zu vollbringen? Fabelhaft! Um uns einen Lebenstraum zu erfüllen? Phantastisch! Um nach den Kindern noch die Enkel gedeihen zu sehen? Wie schön! Um schmerzfrei und zufrieden in die Sonne zu blinzeln? Warum nicht. Doch gegen die bloße Genugtuung, noch auf der Welt zu sein, wäre das Risiko abzuwägen, dass man nur mit Nachtstuhl, Sonde und Katheter auf ihr verweilen kann. Führen nicht Millionen Greise in den hochzivilisierten Ländern ein erbärmliches Leben, das sich auch langes Sterben nennen ließe?

Natürlich, gegen Reue ist keiner gefeit. Irgendwann wird sie schwer auf den meisten lasten, die sich für die heiterere Form des Daseins entschieden hatten («Ach hätte ich doch ...»). Aber Reue gehört zum Genuss wie der Kater zum Rausch: Wer den einen nicht erträgt, kann den anderen nicht haben.

Fazit: Es ist weltfremd, so zu tun, als ob die Vorsorge-Gesinnung durchweg Vorteile brächte. Zu einer Güterabwägung sollte jeder sich aufgerufen fühlen, und eines steht ziemlich fest: *Bevor* der Krebs zuschlägt, haben die Vorsorge-Verweigerer ein glücklicheres Leben gehabt.

Die andere fixe Idee, die in diesem Kapitel mit einem dicken Fragezeichen versehen werden soll: «Halte das Erworbene verbissen zusammen bis in den Tod und vererbe es!» An deine Kinder, das liegt immerhin nahe; sonst an Neffen und Nichten, an

Stiftungen, die Kirche oder den Tierschutzverein. Kaum einer macht sich klar, was da vonstatten geht.

Unsere Ahnen lebten jahrmillionenlang als jagende und beerensammelnde Nomaden und besaßen folglich nichts, was sich hätte vererben lassen, vielleicht eine besonders scharfe Steinaxt ausgenommen oder eine Kette aus Büffelzähnen. Dann kam, vor rund zehntausend Jahren, die Landwirtschaft – und mit ihr die Chance, den Kindern Vieh zurückzulassen, einen Hof und vor allem Weiden und Ackerland, ein kostbares, immer rarer werdendes Gut. Unter Bauern hat das Weitergeben des Besitzes Sinn.

Nur ist in Deutschland der Anteil der Bauern an den Erwerbstätigen ja auf gut zwei Prozent geschrumpft – bäuerliche Bräuche zu pflegen also keine dringende Aufgabe unserer Kultur und unserer Volkswirtschaft. Ja, immer noch kann das Vererben rational oder wenigstens gemütsbewegend sein: bei Familienschmuck, Büchern, Bildern, Erinnerungsstücken oder einem florierenden Unternehmen mit entsprechender Verantwortung für die Arbeitsplätze. Doch wie steht es mit Aktien, mit vollkommen unpersönlichem Vermögen? Oder mit einem Häuschen, das den Erben nicht gefällt, sodass sie es sofort versilbern würden?

Ist der Vererbungswillige ein Bausparer, der, wenn er in Rente geht, seine Hypotheken endlich abgestottert hat, so treibt ihn der bäuerische Brauch des Vererbens zu dem trostlosen Entschluss, den Rest seines Lebens mit seiner Rente zu fristen. Die Landessitte ist mit ihm; aber das ist auch alles. Sollte man ihn nicht ermuntern, die versteinerten Ersparnisse seines arbeitsreichen Lebens selber zu Geld zu machen und sich ein fröhliches, opulentes Alter zu gönnen – vorausgesetzt, er hat keine Kinder oder sie sind erwachsen, gesund und fertig ausgebildet?

Keiner soll ihn bedrängen. Aber warum vernimmt man in der öffentlichen Diskussion niemals ein beherztes Ja zum Verprassen des im Leben Angehäuften? Wer nicht Millionen hat, sollte den

Gedanken riskieren, dass eben das Verjubeln eine würdige Form wäre, seine Lebensreise zu beenden.

Was aber die Reichen angeht, so mehren sich ja die besorgten Untersuchungen über die Billionen-Lawine an Erbmasse, die die vielen Multimillionäre auf Erden (und bei uns die langsam wegsterbenden Wirtschaftswunderkapitäne) auf ihre Söhne und Töchter niedergehen lassen; oft auf Tunichtgute, die mit ihren unverdienten Millionen protzig durch die Lande ziehen – oder ein albernes Leben führen wie Friedrich Karl Flick, der 1972 den Milliardär Friedrich Flick beerbte und 2006 bei seinem Tod etwa sieben Milliarden Euro hinterließ.

Er führte ein Leben zwischen Finanzberatern, Leibwächtern und falschen Freunden, mit denen er öfter mal eine Bar oder eine Kneipe demolierte, nicht ohne sogleich einen fetten Scheck zu hinterlassen. Der kratzte ihn wenig bei einer Nettorendite von vier Prozent gleich 280 Millionen im Jahr – von denen er höchstens 30 Millionen auf den Kopf zu hauen pflegte, im Durchschnitt also 80 000 Euro jeden Tag. Die Erben der Superreichen, sagt der Nationalökonom Joseph Schumpeter, «haben die Beute geerbt, aber nicht die Klauen».

Könnte denn nicht öfter mal der Appell erklingen: Leute, Vererben muss nicht sein! Phantasie ist gefragt! Esst euer Häuschen auf! Stiftet Krankenhäuser für Kalkutta! Nehmt eurer Stadt die Subventionen für die Oper ab! Rettet Kinder vor dem Tod durch Hunger oder Seuchen! Drei amerikanische Milliardäre immerhin – George Soros, Bill Gates, Warren Buffett – haben ein Zeichen gesetzt, nämlich Milliarden in menschenfreundliche Stiftungen investiert.

Dass auch die Bibel ein starkes Plädoyer gegen das Vererben enthält, sollte die starrsinnigen Erblasser wenigstens verunsichern. Was rät der Prediger Salomo? Erstaunliches.

ZWISCHENFRAGE:

Was rät der Prediger Salomo?

Nichts vererben! rät er, «der Sohn Davids, des Königs von Jerusalem», in einem der Lehrbücher des Alten Testaments. Und warum nicht? «Mich verdross alles, um das ich mich gemüht hatte unter der Sonne, weil ich es einem Menschen lassen muss, der nach mir sein wird ... Denn wer weiß, ob er weise oder töricht ist – und soll doch herrschen über alles, was ich mit Mühe und Weisheit geschafft habe ... Denn es muss ein Mensch, der seine Arbeit mit Verstand und Geschick mühsam getan hat, sie einem andern zum Erbteil überlassen, der sich nicht darum gemüht hat. Dies ist eitel und ein großes Unglück» (2,18–21).

«Eitel» in seiner alten Bedeutung «nichtig, vergeblich» ist Salomos Lieblingswort in Luthers Übersetzung: «Es ist alles ganz eitel», beginnt er und fährt fort: «Ich sah an alles Tun, das unter der Sonne geschieht, und siehe, es war alles eitel und Haschen nach Wind.» Pessimistisch zunächst blickt er in die Welt: «Weinen hat seine Zeit, Lachen hat seine Zeit; Klagen hat seine Zeit, Tanzen hat seine Zeit ... Man mühe sich ab, wie man will, so hat man keinen Gewinn davon» (3,4–9). Und so: «Der Mensch hat keine Macht, den Wind aufzuhalten, und hat keine Macht über den Tag des Todes, und keiner bleibt verschont im Krieg, und das gottlose Treiben rettet den Gottlosen nicht» (8,8).

Eben darum aber, weil alles «eitel» ist, «merkte ich, dass es nichts Besseres gibt, als fröhlich zu sein und sich gütlich zu tun in seinem Leben. Denn ein Mensch, der da isst und trinkt und hat guten Mut bei all seinem Mühen, der ist eine Gabe Gottes» (3,11). «So geh hin und iss dein Brot mit Freuden, trink deinen Wein mit gutem Mut ... Genieße das Leben mit deinem Weibe, das du liebhast ... Alles, was dir vor die Hände kommt, es zu tun mit deiner Kraft, das tu!» (9,7–10).

Lebensweisheit, Lebenskunst – gespeist gerade aus der Einsicht, dass das Leben nichtig und vergeblich sei. Die Juden lesen das Vermächtnis des Predigers alljährlich beim Laubhüttenfest. Christen und Heiden hätten ebenfalls Gewinn davon.

16
Das einfache Leben

Es ist ein oft geträumter Traum, es wird geradezu als Glücksrezept gehandelt: Lass allen Luxus fahren, zieh aufs Land, wirf dich an den Busen der Natur, bescheide dich, beschuhe dich mit Birkenstocksandalen! Freilich setzt dieser Traum jenen Wohlstand, den man fliehen möchte, zunächst voraus – und so träumen die Milliarden Armen und Beladenen in aller Welt vom Gegenteil: von fettem Essen, gutem Wohnen, einem Auto und viel Geld.

Den saturierten Klassen eines reichen Landes also muss man angehören, um ein Ideal vom «einfachen Leben» vor sich aufzurichten. Ganz wenige leben ihm nach; viele schließen den Kompromiss, das Primitive für ein paar Wochen im Jahr zu suchen; und ähnlich viele begnügen sich mit der bewährten Denkfigur: Indem ich zuweilen davon träume, habe ich genug getan, ich bin schon satt.

Diese Ausflucht ist uralt – überliefert seit den «Hirtengedichten» des Theokrit, der im 3. Jahrhundert v. Chr. die Oberschicht der reichen Griechenstädte Syrakus und Alexandria mit Verklärungen des Landlebens ergötzte; in Deutschland aufgefrischt in der Adenauer-Ära: Während die Bundesbürger erfolgreich dabei waren, sich aus der erzwungenen Einfachheit herauszustrampeln, machten sie den Roman «Das einfache Leben», den Ernst Wiechert schon 1939 publiziert hatte, nun zum Bestseller: wie der entlassene Korvettenkapitän Thomas von Orla (!) in der einsamen Schilfhütte am masurischen See fischend seinen Seelenfrieden findet.

Inzwischen war in Amerika eine Bewegung in Gang gekommen, die mit dem einfachen Leben ernst machte, jeweils für ein paar Jahre jedenfalls: die antibürgerliche Protestbewegung junger Leute aus dem Bürgertum, die in den fünfziger Jahren *Beatniks*, seit den Sechzigern *Hippies* und zwischendurch immer wieder «Blumenkinder» hießen (Hippie von *hip*: auf der Höhe der Zeit, modisch auf dem Laufenden). In Wohngemeinschaften, Zeltlagern, Wagenburgen, in Kalifornien und Arizona, in Nepal und Goa lebten die Hippies der Liebe, der Musik, der Meditation, meist von Drogen beflügelt und immer gegen Krieg, Leistungsdruck, Karrieredenken und alle bürgerlichen Wertvorstellungen.

Einige blieben dabei, *Aussteiger* hießen sie dann – zusammen mit solchen, die direkt aus der bürgerlichen Welt in ein urwüchsiges Leben gesprungen sind; noch heute bilden sie ganze Nester auf einigen der Kanarischen Inseln und auf den Balearen. Sie zu fragen, ob sie dort glücklich sind, lohnt nicht besonders; die in Kapitel 3 aufgeführten Gründe gelten für Aussteiger noch mehr: Wer würde schon einräumen, in der zweiten Hälfte seines Lebens an einem falschen Platz gestrandet zu sein? Immerhin, die bürgerliche Routine haben sie durchbrochen, die Aussteiger, einen neuen Lebensentwurf haben sie gewagt – und für große Gefühle damit vielleicht mehr Platz geschaffen, als in der üblichen Drei-Zimmer-Wohnung gewesen wäre.

Das Urbild der Aussteiger war der wandernde Lehrer und Philosoph *Diogenes*, der im 4. Jahrhundert v. Chr. die Athener amüsierte – mit seiner Bosheit ebenso wie mit seiner provokanten Lebensführung: in Lumpen gekleidet, oft in einer Tonne nächtigend, wollte er demonstrieren, wie wenig der Mensch zum Leben brauche. Ein Schandmaul war er und ein Schelm – und damit, nach Jacob Burckhardt, eine rechte Erquickung für viele Athener, die Platons «Tugendgerede» nicht mehr hören konnten. Sein Essen erbettelte sich Diogenes, und zwar mit Nachdruck; als ein Spender das Geld zu langsam aus den Kleidern nestelte, herrschte der Philosoph ihn an: «Mann, ich bettle fürs Essen, nicht fürs Begräbnis!»

Ein Haus hielt auch der amerikanische Schriftsteller *Henry David Thoreau* für entbehrlich, der von 1845 bis 1847 in einer selbstgezimmerten Hütte am Waldensee in Massachusetts lebte und darüber seinen berühmten Bericht «Walden oder Leben in den Wäldern» gegeben hat. Besitz ist Tand, Arbeit stört die Muße, mehr als sechs Wochen im Jahr braucht keiner sich zu plagen, wenn er nur seine wirklichen Bedürfnisse befriedigen will, schreibt Thoreau. Sein Brot verdienen? Viel zu viel, solange das Brot noch Überflüssiges wie Hefe und Salz enthält! Übrigens kann man Getreidekörner auch ungebacken kauen, Ratten kann man braten, und natürlich keine Gewürze, keinen Kaffee, keinen Wein! «Der Mensch ist um so reicher, je mehr Dinge er liegenlassen kann», resümierte Thoreau. «Es macht nur wenig Unterschied, ob man auf einem Gutshof sitzt oder im Gefängnis.»

Das klingt rabiat, aber eindrucksvoll. Nur muss man wissen, dass Thoreau, von Haus ein Bleistiftfabrikant, an den Waldensee vor seinen Schulden floh, dass er die Einsiedelei nach gut zwei Jahren wieder mit einer bürgerlichen Existenz, also auch mit Arbeit und Gewürzen, vertauschte; dass er in seinem Exil die Glocken seiner Heimatstadt Concord läuten hörte, die er noch dazu jeden zweiten Tag besuchte – so wie umgekehrt Kinder, Fischer, Jäger, Eisenbahnarbeiter und Neugierige in Scharen bei ihm vorsprachen.

Kurz, es fällt schwer, bei «Walden» nicht an Lichtenbergs schönen Satz zu denken: «Mir läuft die Galle über, wenn ich unsere Barden das Glück des Landmanns beneiden höre. Du willst, möchte ich immer sagen, glücklich sein wie er und dabei ein Geck sein wie du, das geht freilich nicht.» Der Traum vom einfachen Leben ist eben zumeist eine Kontrastphantasie komplizierter Stadtbewohner, nicht anders als der Garten der plätschernden Quellen der Traum der islamischen Wüstensöhne ist.

Die konsequenteste Form des einfachen Lebens haben die *Mönche* gefunden. Wohl entwickelte sich in den Klöstern, den erklärten frommen Absichten zuwider, viel Heuchelei, Habgier und Laster, auch manche schlitzohrige weltliche Tröstung mit Wein, Starkbier oder Kräuterlikör. Doch für die meisten war das Kloster eine Stätte der Arbeit und der Zucht. Viele wählten diesen Aufenthalt aus Frömmigkeit und Feindschaft zur Welt, andere, weil es eine Sitte war, wie etwa unter unverheirateten Frauenzimmern aus den höheren Ständen, und wieder andere wählten nicht, sondern wurden hinter die düsteren Mauern verbannt.

Wer freiwillig ging und ein frommes Leben führte, hatte sich für die kargste und strengste Art irdischer Existenz entschieden: für die *Askese*. Er hatte sich von der Chance abgeschnitten, irgendwelche Bedürfnisse zu befriedigen außer denen, die zum Überleben nötig waren. Er tauschte Freuden dafür ein: die Erhebungen durch seine Religion; das stolze Gefühl, über Zwänge, denen andere unterworfen sind, erhaben zu sein; hier und da wohl auch die Genugtuung, «sich die ewigen Qualen auszumalen, denen die Heiden und die Ketzer dereinst unterworfen werden», wie Bertrand Russell schreibt, denn: «Nicht nur die höchsten, auch die niedrigsten Vergnügungen finden in der Seele statt.»

In ein einfaches Leben kann man sich fügen, wenn das Schicksal mehr nicht bietet; man kann es suchen, wenn man des schwierigen oder des schwelgerischen Lebens überdrüssig ist. Und ohne Zweifel gibt es Menschen, die in Klosterzellen ihre Art von Selbstverwirklichung, ihr irdisches Glück erleben können. Nur: Wer wollte einem Unglücklichen raten, sich von Getreidekörnern zu ernähren, auf eine Hippiefarm zu ziehen oder ein Leben lang hinter Mauern zu psalmodieren – raten in der Meinung, dies könnte Unglück in Glück verwandeln?

Vielleicht verstellen uns die religiösen, ideologischen und literarischen Formen des so genannten einfachen Lebens den Blick auf jenes viel einfachere, das abseits solcher Übertreibung gedeiht und das viele Menschen glücklich machen kann: ein Leben, in dem man nicht den Kaffee ächtet und nicht die Zivilisation, sondern sich lediglich aufrafft, von all dem einen bescheidenen Gebrauch zu machen; also etwa zu entscheiden: Mit Fleiß und Ehrgeiz könnte ich es zu etwas bringen – um den Preis, dass ich wenig Zeit hätte, meinen Wohlstand zu genießen. Lieber ziehe ich mich mit ein paar guten Freunden in meinen Garten zurück wie Epikur; oder ich mache es wie der Held eines autobiographischen Romans aus der DDR, «Transportpaule», betrachte das nachgeholte Abitur als Verirrung und bleibe Arbeiter, ohne Neid, ohne Gier. (Paul Gratzik, 1977)

Ja, im stillen Winkel blüht manches kleine Glück, und oft ist das schon das Beste, wozu viele Menschen es im Leben bringen können. Behagen in der warmen Hütte, wie Bauarbeiter und Seeleute es kennen, Bergsteiger, Skiläufer, Jäger: «Ein kleines holzgebautes Gasthaus, der riesige Samowar in der Ecke», notierte der Grieche Nikos Kazantzakis im russischen Frost. «Ich betrachtete durch das Fenster den blauen Schnee, rauchte die Pfeife und empfand eine unaussprechliche Seligkeit.»

Wer aber das einfache Leben wirklich haben will, dem steht im Abendland zumeist die Chance offen, es sich zu gönnen für ein paar Wochen im Jahr – im Abenteuerurlaub, auf der Berghütte, in der Datsche, auf dem Campingplatz. Das ist ein praktikables Rezept, schon weil es uns mit dem Sprung ins Primitive und zurück gleich *zweimal* den Kontrast verschafft, der nun mal zum Glück gehört.

Manche halten es unterdessen immer noch mit den bescheidenen Wünschen, wie Heinrich Heine sie äußerte: «Gesundheit nur und Geldzulage verlang ich, Herr!» Oder Theodor Fontane: Was braucht der Mensch zum Glücklichsein? «Ein gutes Buch, ein paar Freunde und keine Zahnschmerzen.»

ZWISCHENSPIEL:

«Die Reise um mein Zimmer»

Wie viel Glück man aus wie wenig Lebensqualität herausfiltern kann – keiner hat es anmutiger beschrieben als der französische Adlige Xavier de Maistre 1790. Als junger Offizier in sardinischen Diensten wurde er zu sechs Wochen Stubenarrest verurteilt, weil er an einem Duell teilgenommen hatte. Die Langeweile überbrückte er, indem er das Büchlein «Die Reise um mein Zimmer» schrieb. Er machte sich sein Glück aus wenig mehr als nichts – und er sah ein, dass solches Glück kaum lehrbar ist.

«Ich fühlte die angenehme Frische der Nacht, erhob mich sogleich und stieg auf meine Leiter, um die Stille der Natur zu genießen. Das Wetter war heiter; wie eine leichte Wolke teilte die Milchstraße den Himmel; von jedem Stern leuchtete ein sanfter Strahl und drang bis zu mir; und als ich einen aufmerksam betrachtete, schienen seine Gefährten lebhafter zu schimmern, um meine Blicke auf sich zu ziehen ... Mit seinem Licht goss jeder Stern einen Hoffnungsstrahl in mein Herz.

Ein vergänglicher Zuschauer eines ewigen Schauspiels, erhebt der Mensch einen Augenblick seine Augen zum Himmel und schließt sie dann auf immer. Aber während dieses kurzen Augenblicks strömt von allen Punkten des Himmels her ein tröstender Strahl und trifft sein Auge, um ihm zu verkünden, dass zwischen ihm und der Unendlichkeit Beziehungen bestehen und er teil hat an der Ewigkeit.

Eine ärgerliche Empfindung jedoch störte die Freude, die ich empfand, als ich mich diesen Betrachtungen hingab. Wie wenig Leute, sagte ich zu mir, genießen jetzt mit mir das erhabene Schauspiel, das der Himmel für die schläfrigen Menschen vergebens aufrollt! Was würde es den Spaziergängern, was würde es denen, die in Scharen aus dem Theater kommen, ausmachen, wenn sie einen Augenblick aufschauten und die glänzenden Sternbilder bewunderten?

Nein, sie halten es nicht für der Mühe wert, die Augen zu erheben; rohen Sinnes gehen sie nach Hause, ohne daran zu denken, dass der Himmel sich über ihnen wölbt. Weil man ihn häufig und umsonst sehen kann, wollen sie nichts davon wissen. Wäre das Himmelsgewölbe für uns immer verschleiert, wäre das Schauspiel, das es uns bietet, von einem Unternehmer abhängig: die ersten Logen auf den Dächern würden übermäßig teuer sein, und die Damen Turins würden sich um mein Dachfenster reißen. ‹O, wenn ich Herrscher eines Landes wäre›, rief ich, von gerechtem Zorn ergriffen, aus, ‹ich ließe jede Nacht die Sturmglocke läuten und zwänge meine Untertanen jedes Alters, jedes Geschlechts und jedes Standes, sich ins Fenster zu legen und die Sterne zu betrachten.›

Die Vernunft, die in meinem Königreich nur ein beschränktes Einspruchsrecht hat, war diesmal jedoch erfolgreicher als gewöhnlich. ‹Würden Eure Majestät›, sagte sie zu mir, ‹nicht geruhen, in den regnerischen Nächten eine Ausnahme zu gestatten, weil ja in diesem Fall …›

‹Sehr gut, sehr gut›, erwiderte ich, ‹daran hatte ich nicht gedacht; Sie werden eine Ausnahme für die regnerischen Nächte vermerken.›

‹Majestät›, fuhr die Vernunft fort, ‹ich glaube, es würde angemessen sein, auch von den heiteren Nächten diejenigen auszunehmen, in denen es übermäßig kalt ist, weil ja die strenge Ausführung des Erlasses Ihre glücklichen Untertanen mit Erkältungen belästigen würde.›

Ich begann bei der Ausführung meines Planes viele Schwierigkeiten zu entdecken, und es kostete mich Mühe, wieder auf den rechten Weg zu kommen. ‹Die staatliche Gesundheitsbehörde›, sagte ich, ‹und die Akademie der Wissenschaften sollen beauftragt werden, den Grad des hundertteiligen Thermometers zu bestimmen, bei dem meine Untertanen es unterlassen können, sich ins Fenster zu legen. Aber ich will, ich fordere unbedingt, dass das Gebot streng befolgt wird.›

‹Und die Kranken, Majestät?›

‹Das versteht sich von selbst; die sind ausgenommen: Die Menschlichkeit muss über alles gehen.›

‹Wenn ich nicht fürchtete, Eure Majestät zu ermüden, so würde ich Ihnen noch zu bedenken geben, dass man – falls Sie es für angemessen hielten und die Sache keine großen Schwierigkeiten machte – auch noch die Blinden von dem Gesetz ausnehmen könnte, weil ja ...›

‹Jawohl. Ist das alles?› unterbrach ich sie ärgerlich.

‹Verzeihung, Majestät, aber die Verliebten? Könnte das gütige Herz Eurer Majestät auch sie zwingen, die Sterne zu betrachten?›

‹Schon gut, schon gut›, sagte der König, ‹lassen wir das, wir wollen den Gegenstand in größerer Ruhe weiter überlegen. Sie werden mir eine ausführliche Denkschrift darüber einreichen.›

Guter Gott! Guter Gott! Wieviel muss man doch bedenken, bevor man ein Gebot der hohen Polizei erlassen kann!»

Wo Rezepte wenig helfen

17
Die Wahrheit über die Liebe

Was ist die Liebe? Eine Himmelsmacht natürlich. Aber zugleich ein ziemlich kurioser Dachbegriff für das, was Casanova, und das, was Mutter Teresa leistete – einerseits also für Eros, Amor, love, amour, andererseits für Caritas, Charité, Nächstenliebe und Barmherzigkeit.

Hier geht es um Amor: die Liebe zwischen zwei einander bis dahin Fremden, die sich hingerissen in die Arme sinken. Über deren Glückschancen lassen sich drei ziemlich klare Feststellungen treffen:
1. Zu lieben und geliebt zu werden gilt fast allen Menschen als das höchste Glück auf Erden.
2. Zu lieben und *nicht* geliebt zu werden ist der Inbegriff des Schrecklichen. «Niemals», sagt Freud, «sind wir ungeschützter gegen das Leiden, als wenn wir lieben.»
3. Die Behauptung der kaum zählbaren Liebes-Ratgeber, sie hätten Rezepte dafür anzubieten, wie eine verschmähte Liebe doch noch gewonnen, eine eingeschlafene aufgeweckt, eine zerbrochene gekittet werden könne – diese Behauptung ist stark übertrieben.

Wo ein Partner dem anderen davonläuft, tut er das nach aller Lebenserfahrung in zwei von drei Fällen deshalb, weil er sich in einen neuen verschossen hat – und die Chancen des Verlassenen, dieses Schicksal durch ein bestimmtes Verhalten zu wenden, liegen wenig über null. Ähnlich gering ist die Wahrscheinlichkeit, dass ein schüchterner Mensch, der seine Angebetete nicht erreicht oder bei ihr nichts bewirken kann, durch die Lektüre schlauer Bücher doch noch zum Erfolg gelangen könnte.

Guter Rat vermag allenfalls dort zu greifen, wo es darum geht, einer schläfrig gewordenen Beziehung frisches Leben einzuhauchen. Nur ist der Weg dorthin entweder ganz selbstverständlich, Freundinnen beschreiben ihn hundertfach: mehr Zuwendung, kleine Aufmerksamkeiten, sich hübsch machen, eine verrückte Reise planen – oder aber schwer zu begehen: Wie, wenn der eine gern mehr Sex hätte, der andere aber dieses Verlangen nicht zu stillen wünscht?

Kurz, so begrüßenswert der Wunsch von Psychologen und Autoren ist, ihren Mitmenschen zu mehr Erfüllung in der Liebe zu verhelfen: Das Glück auf Erden würde sich nicht messbar mindern, wenn ihre Bücher ungedruckt geblieben wären (nicht gerechnet die Ratgeber zur Verfeinerung und Steigerung der Fleischeslust wie das indische «Kamasutra» aus dem 4. Jahrhundert).

Zur Sicherheit sollten wir aber ein paar klassische *Unglücks*-Ratgeber Revue passieren lassen. Priester und Philosophen waren eben darin höchst erfinderisch: Keine Wollust bei der körperlichen Liebe! predigten sie – nicht einmal dann, wenn die Lust nur die fidele Begleitmusik des von der Kirche stets gerühmten Zeugungsvorgangs war. «Ein schön Weib ohne Zucht ist wie eine Sau mit einem goldnen Ring durch die Nase», heißt es in der Bibel (Sprüche 11, 22), und Paulus schrieb an die Korinther: «Lasst von aller Befleckung des Fleisches uns reinigen» (2.7,1).

In der Moralphilosophie war «Lust» die tadelnde Bezeichnung für «niederes», also körperliches Glück, den Sinnenkitzel, lateinisch *titillatio*, die Wonne der Organe. Immanuel Kant nannte die Fleischeslust eine «Selbstschändung», er wusste es, er war gänzlich frei von ihr: «Selbst die erlaubte (an sich freilich bloß tierische) körperliche Gemeinschaft beider Geschlechter in der Ehe erfordere «im gesitteten Umgang viel Feinheit». Zwar: «Die Geschlechtsneigung wird auch *Liebe* (in der engsten Bedeutung des Worts) genannt und ist in der Tat die größte Sinnenlust, die an einem Gegenstande möglich ist»; aber: «Das Brünstigsein hat mit der moralischen Liebe eigentlich nichts gemein.» Solche Philosophie ließ sich vergröbern bis zum Gezeter des Turnvaters Jahn gegen «entmarkenden Zeitvertreib, faultierisches Hindämmern, brünstige Lüste und hundswütige Ausschweifungen».

«Ist es nicht groß und gut, dass die Sprache nur *ein* Wort hat für alles, vom Frömmsten bis zum Fleischlich-Begierigsten …? Liebe kann nicht unkörperlich sein in der äußersten Frömmigkeit und nicht unfromm in der äußersten Fleischlichkeit, sie ist immer sie selbst, … die Sympathie mit dem Organischen, das rührend wollüstige Umfangen des zur Verwesung Bestimmten.» Das schrieb 1924 Thomas Mann, und bedenkt man die sexuelle Libertinage, die seither in den Industriestaaten um sich gegriffen hat, so muss man die Zähigkeit bewundern, mit der sich immer noch die reine Liebe gegen die «Brunst», den Sex sprachlich und moralisch abzugrenzen müht.

Dabei wird ja nur von den hartnäckigsten Theologen bestritten, dass auch die Wollust ein Glücksspender ist – von anderer Art vielleicht, dafür oft in noch höherem Grade. Beide zusammen, die Lust des Fleisches und der Seele, die Liebe in jeglichem Sinn: vielen Menschen haben sie den höchsten Begriff von Glück gegeben. Das Bett ist die Oper der Armen, sagt man in Italien. Bert Brecht predigte: «Der Wind macht die Wolken, dass da Regen ist auf die Äcker, dass da Brot entstehe. Lasst uns jetzt Kinder machen aus Lüsten für das Brot, dass es gefressen werde.» In seinem Roman «Das Lied der Welt» schrieb der französische Schriftsteller Jean Giono: «Du siehst, sie lieben! Die Erde hat ihre Köpfe mit Gerüchen verwirrt, und jetzt schlägt sie mit dem großen Hammer der Freude auf sie ein.»

Sosehr wir die Lust in der Liebe gegen die Priester verteidigen sollten: Auch die schiere Verschmelzung der Seelen kann sich auf dem Olymp des Glücks vollziehen. «Wenn wir abends uns trennen und er mir die heilig ernsten Worte der Liebe sagt», schrieb Cosima Wagner über ihren Richard, «so vergehe ich und frage mich, wie ich das Glück verdiente. Verstummen möchte ich, verschwinden, nichts wissen, nichts hören, außer ihm dienen, ihm!» Liebe ist, in der Legende der Mayas, «Glückseligkeit bis zum Irrsinn», und Liebe ist, «dass du mir das Messer bist, mit dem ich in mir wühle» – Franz Kafka schrieb das an seine Brieffreundin Milena Jesenska-Pollak; aber Liebe war auch die äußerste Verengung der Aufmerksamkeit, wie sie sich in seinem rührenden Erstaunen zeigte: «Ich sah heute einen Plan von Wien, einen Augenblick erschien es mir unverständlich, dass man eine so große Stadt aufgebaut hat, während Du doch nur ein Zimmer brauchst.»

Wie die Liebe sich zur Ehe verhält (zwiespältig) und zur Eifersucht (dem Unglück schlechthin), darüber mehr in zwei späteren Kapiteln. Hier aber noch rasch ein erhellendes Beispiel aus der Ratgeber-Literatur.

ZWISCHENFRAGE:

Wie finde ich meinen Traumpartner?

Wer «Glücksregeln für die Liebe» verspricht, den möchte man kennen lernen. Pierre Franckh, der Autor eines Bestsellers von 2006, hat Reinkarnationstherapie und Transzendentale Meditation betrieben, sich in Indien zum Vegetarier gewandelt und allmählich entdeckt, dass er Rat geben kann: «Menschen reisten von Hamburg, Frankfurt oder Berlin zu mir, nur um mit mir zu sprechen, ... und stets reisten sie erfüllt und voller Hoffnung und in der Tiefe der Gefühle berührt wieder ab.»

Franckhs zentrale Glücksregel für die Liebe lautet: Entscheide dich, «eine tiefe, wahre Liebesbeziehung führen zu wollen» – und warte auf den richtigen Partner. Verbaue dir nicht den Weg zu ihm, diesem «wundervollen», diesem «wunderbaren», diesem «wahren» Partner, indem du mit jemandem zusammen bist, «der nicht dein richtiger Partner ist».

Wie aber binde ich den Partner an mich, wenn ich ihn gefunden habe? «Gib ihm nur einmal die Aufmerksamkeit, die du allabendlich dem Fernsehen schenkst» – der beste Satz des Buches; aussagekräftiger als «Sex ist gesund und eine der wundervollsten Erfahrungen»; auch gar nicht rätselhaft wie der Satz mit den zwei Thronen in nur einem Königreich: «Dein Partner gehört auf den Thron deines Lebens. Nur dann kannst auch du sicher auf deinem sitzen.» Im übrigen: Treue – nicht einmal ein Flirt: Denn «Flirten ist die Einstiegsdroge zum Seitensprung».

Das Buch drängt dem Leser eine zentrale Frage auf – und beantwortet sie nicht: Welche Chance habe ich, diesem Traumpartner jemals zu begegnen? Wie, wenn er in einer Stadt lebt, in der ich nie gewesen bin, in Mannheim zum Beispiel? Oder wenn er den neuen Liebesmarkt, das Internet, einfach verschmäht (was ja nicht gegen ihn spräche)? Oder wenn ich ihn zwar chattend fände, aber an einem Treffen verzweifeln müsste, weil er in Invercargill auf Neuseeland wohnt?

Der wahre Traumpartner lässt sich nur auf zwei Wegen aufspüren. Der eine ist Gottvertrauen: Gott sorgt dafür, dass beispielsweise ein Mann unter den dreieinhalb Milliarden Frauen auf Erden, von denen 500 Millionen vom Alter her in Frage kämen, von denen 50 Millionen in einem vergleichbaren Kulturkreis leben, von denen 5 Millionen wahrscheinlich sogar hübsch wären, 500 000 noch dazu verwandte Interessen hätten und 50 000 sogar das gewisse Etwas besäßen, das er von seiner Traumfrau erwartet – Gott also sorgt dafür, dass dieser Mann eine von diesen 50 000 Frauen findet irgendwo zwischen Alaska und Australien. Sollte es die wahre Traumfrau aber überhaupt nur einmal auf Erden geben – wer sagt ihm dann, ob sie in Cottbus lebt oder auf Feuerland?

Wer solches Gottvertrauen nicht besitzt, dem bleibt nur der Trost, den der große französische Romancier und Psychologe Henri Beyle gespendet hat, der sich Stendhal nannte. Zwanzig Jahre lang arbeitete er an seinem Meisterwerk «Über die Liebe» (von 1822 bis 1842), und darin erzählt er folgende Geschichte: «In den Salzbergwerken von Salzburg wirft man manchmal einen kahlen Zweig in die Tiefen eines Schachts. Zwei oder drei Monate später zieht man ihn heraus und findet ihn mit glitzernden Kristallen überzogen – unzähligen lose haftenden, funkelnden Diamanten; den Zweig kann man nicht mehr erkennen.»

Eben so, Diamanten schaffend, wirke der Geist, «der im geliebten Wesen immer neue Vollkommenheiten entdeckt ... Die geliebte Frau strahlt mehr Reiz aus, als sie besitzt ... Der Liebende genießt das Trugbild, das er sich selber schafft.»

Den Traumpartner zu *finden*, kann nur mit Gott gelingen; ihn zu erschaffen: Darin liegt die Chance. Und wenn man ihn ebenso wichtig wie das Fernsehen nimmt, ist die nicht einmal schlecht.

18
Die Macht und das Geld

Wie schaffe ich es, geliebt zu werden? Wie mache ich Karriere? Wie werde ich reich? Das sind die drei klassischen Themen der blühenden Ratgeber-Literatur.

Den wichtigsten Punkt haben die Bücher der drei Gattungen gemeinsam: Sie bewirken wenig oder nichts. Die Wirtschaftszeitschrift *Brand Eins* machte 2006 kommentarlos die Statistik auf: «Anzahl der in Deutschland erhältlichen Ratgeber für unternehmerischen und privaten Erfolg: 1184. Anzahl der Insolvenzen in Deutschland 2005: 105741.»

Auch was drei «Coaches für Führungskräfte» 2006 der *FAZ* über den Weg zur Macht erzählten, ist weniger ein Rezept als eine Beschreibung, und zwar die eines überaus unangenehmen Menschentyps. Aggressiv und rücksichtslos soll er sein, siegen wollen um jeden Preis, moralische Hürden jederzeit überspringen – sich dabei aber unauffällig, ja «stromlinienförmig» verhalten, bis er die Macht errungen hat: klare Aussagen meiden, schon gar nicht sich als Querdenker profilieren, lieber «den Deppen spielen, um die Deppen zu überlisten»; manchmal auch Gerüchte gegen den Konkurrenten streuen «und gelassen zusehen, wie die Öffentlichkeit ihn richtet».

Da spürt man unwillkürlich den Drang, die *How-to*-Bücher doch unter einem wesentlichen Aspekt zu unterscheiden: Während man den Liebesratgebern allen Erfolg der Welt von Herzen wünschen möchte, hat die Nutzlosigkeit der Karriere-Empfehlungen etwas Tröstliches. Das hätte gerade gefehlt, dass das asoziale Glück der Macht und der Milliarden durch käufliche Ratschläge noch verbreitet werden könnte! «Nehmt den Milliardären dieser Welt die Pfeife ab, nach der wir alle tanzen müssen», schrieb Christian Nürnberger 2006 in der *Süddeutschen Zeitung*. Bill Gates wurde gar ermordet – in dem Film «Nothing so Strange», der bis 2001 im Internet kursierte. So viel ist gewiss: Die Macht der einen wächst immer nur mit der Ohnmacht der anderen, sie arbeitet dem «größten Glück der größten Zahl» entgegen (dem großen Thema im letzten Abschnitt dieses Buches).

Was aber verbindet die Macht mit der Liebe? Mehr, als in Schlafzimmern oder in der Erbauungsliteratur üblicherweise zur Sprache kommt. Die Liebe ist immer ein Habenwollen und, damit sie Glück stiftet, ein Bekommenhaben. Man muss nicht lange suchen, um auf den Drang nach Besitzergreifung zu stoßen – etwa in Eichendorffs Jubelruf des Verliebten:

Und der Mond, die Sterne sagen's,
Und in Träumen rauscht's der Hain,
Und die Nachtigallen schlagen's:
Sie ist deine, sie ist dein!

Da zittert, in der letzten Zeile, die Lust an der Verfügungsgewalt. Ähnlich, wenn bei Maupassant der Rittmeister Epivent mit seiner schönen Irma «prunkte und sie entfaltete wie eine dem Feinde abgenommene Fahne». Noch drastischer, was der amerikanische Schriftsteller Thomas Wolfe über die Frauen seines Helden Gant berichtet: «Er wollte sie auffressen, sie zu einem Ball kneten, sie in seinem Fleisch begraben, nur um sie voller zu besitzen, als sie je besessen werden können.» Und der Liebhaber der «Lolita» träumt davon, so tief in sie einzudringen, dass er ihre Nieren küssen könnte.

Die Macht im engeren Sinne, das Weisungsrecht, die Befehlsgewalt, die Freiheit, seine Mitmenschen zu dirigieren, zu gängeln oder zu demütigen, der Sieg in der Schlacht, der Triumph über den Gegner im Boxkampf oder beim Schach – sie ist «der Genuss aller Genüsse!» Marschall Tito hat das gesagt, Diktator über Jugoslawien von 1945 bis 1980. Er kannte sie, die Macht, und die Lebenserfahrung, traurig zu sagen, spricht dafür, dass er recht hat.

Tyrannen und Feldherren hat die physische Gewalt über andere in den siebenten Himmel getragen. Dem Mongolenherrscher Dschingis Khan wird die Äußerung zugeschrieben, das Schönste auf Erden sei, «die Feinde auf den Knien vor sich zu sehen, ihnen ihre Pferde zu nehmen und ihre Frauen jammern zu hören». Über Karl XII. von Schweden, der von 1700 bis 1709 die Dänen, die Polen, die Sachsen besiegte und die Russen vor sich her jagte, schrieb Voltaire: «Er stand um 4 Uhr auf, ritt dreimal täglich, trank keinen Wein, exerzierte seine Männer jeden Tag und kannte nur ein Vergnügen: Europa zittern zu machen.»

Und wer könnte bestreiten, dass dieser Mensch den Gipfel auf Erden möglichen Glücks erklommen hatte: Cäsar 46 v. Chr. bei seinem triumphalen Einzug in Rom! Im Viergespann stehend fuhr er zum Capitol hinauf, von Jubel umbrandet, hinter sich das siegreiche Heer, die Tonnen erbeuteten Goldes und in einem Käfig den Gallierfürsten Vercingetorix, der es gewagt hatte, sich gegen Cäsar zu erheben – am Leben gelassen nur für diesen Tag und am folgenden hingerichtet.

Ja, das war Allmacht, von einem besonders widerlichen Mord gekrönt – und ein flammendes Zeichen dafür, dass «Glück» nicht der oberste Wert sein kann. Schauerlich liest sich auch, wie Truman Capote in seinem Bericht «In Cold Blood» das Entzücken des Mörders Dick Hickock beschreibt: «Ihn berauschte das himmlische Gefühl (the *glory*), jeden seiner Gnade ausgeliefert zu sehen» – himmlisch, ja, denn *glory* heißt nicht nur Ruhm, Glanz, Pracht; es ist auch das englische Wort in der Bibelstelle von der Kraft und der Herrlichkeit (Matthäus 6,13): *the power and the glory.*

Andrerseits: Dass das Morden uns nicht immer stört, ja dass wir es geradezu einfordern, zeigt die Selbstverständlichkeit, mit der wir im Fernsehkrimi auf die Leiche warten. An brutaler Macht berauschten sich Millionen Kinder einst beim «Old Shatterhand», der der Phantasie des mickrigen, mehrfach vorbestraften Dorfschullehrers Karl May entsprungen war, später beim «Superman» und Millionen Erwachsene beim «James Bond» des ehemaligen Geheimdienstagenten Ian Fleming.

Auch eine Erniedrigung erfüllt uns mit Behagen, falls wir Gut und Böse als angenehm verteilt empfinden – wie in der «Bettelprinzess», einem der bekanntesten der 200 Romane, die Hedwig Courths-Mahler zwischen 1884 und 1930 in Millionen-Auflage publizierte: Lieselotte, das arme Pflegekind auf dem Schlosse, entpuppt sich als reiche Erbin, kauft das Schloss ihrer trüben Kindheit auf, bewahrt dadurch den verschuldeten Schlossherrn vor dem Ruin, womit sie ihn zu Tränen rührt, und demütigt zugleich ihre einstige Gespielin, die herzlose Baroness, von der sie so oft als zugelaufene Bettlerin gehänselt worden war. Welch erhebender Umsturz der irdischen Verhältnisse! Welch herrliche Rache.

Während *Macht* uns den Genuss der Überlegenheit über andere, egal ob Freunde, Fremde oder Feinde, verschafft, sprechen wir von *Rache* in jenem Sonderfall der Machtentfaltung, da wir eine erlittene Niederlage zielgenau vergelten können: durch umgekehrte Demütigung oder durch Niederwerfung. Kleists Michael Kohlhaas «jauchzt» über seine Macht, «seines Feindes Ferse in dem Augenblick, da sie ihn in den Staub trat, tödlich zu verwunden». Rache übt die Frau des reichen Arabers in «1001 Nacht», indem sie der Untreue ihres Gemahls den Ehebruch «mit dem schmutzigsten und ekelhaftesten Manne» entgegensetzt: einem Abortreiniger aus den Schafschlächtereien. Rache an der ganzen Menschheit, stellvertretend an einem Ermordeten vollzogen, ist nach der Analyse von Truman Capote ein häufiges Mordmotiv. Der Rachedurst von Völkern und Tyrannen durchzieht die Weltgeschichte, die gelungene Rache gilt der Menschheit als ein Urvergnügen.

Die Lust, andere leiden zu sehen – die Lust, anderen überlegen zu sein, auch wenn diese Überlegenheit ihnen Leid zufügt: von solcher Art sind bei vielen Menschen viele schreckliche Glücksgefühle, wie sehr uns das missfallen mag. Mehr noch: Das Glück der Macht bietet eine bedeutende Chance, verhältnismäßig *stetig* zu sein. Denn sehr wahrscheinlich gibt es Feldwebel, Gefängniswärter, Generale, Direktoren und Politiker, denen ihre Macht über andere Menschen zu einer langen Genugtuung, einem oft oder ständig leicht gehobenen Lebensgefühl verhilft. «Was auch immer gewisse heuchlerische Minister vorgeben mögen: die Macht ist doch der höchste Genuss», schreibt Stendhal.

Die Lust an der Macht auch muss es sein, was die Milliardäre dazu treibt, ihre Habsucht auf noch mehr Milliarden zu richten – warum sonst sollte einer, der schon zehnmal so viel besitzt, wie er je verschwenden könnte, nach dem Zwanzigfachen gieren? 1931 wurde in Melbourne *Rupert Murdoch* geboren, er erbte von seinem Vater zwei australische Zeitungen, kaufte hinzu, fasste in England Fuß und begann 1972 den amerikanischen Markt aufzurollen. 2006 besaß er unter anderem 175 Zeitungen und Zeitschriften, einen Buchverlag, die Hollywood-Ikone *20th Century Fox* und 35 Fernsehsender, mit denen er 40 Prozent der amerikanischen Haushalte erreichte. So einer kann befehlen, schikanieren, ein Stück Welt nach seinem Willen formen, und das ist nun mal ein ungeheurer Spaß.

Wie steigt man in diese Liga auf? Werner Tiki Küstenmacher weiß es: «Sie können jetzt – in diesem Moment, während Sie dieses Buch lesen – reich werden. Ganz einfach, indem Sie zu sich sagen: ‹Ich bin reich›. Wenn Sie das jetzt nicht sagen können, werden Sie es auch in zehn Jahren nicht tun.» Bodo Schäfer, Autor des vielgelesenen Buches «Der Weg zur finanziellen Freiheit», ist etwas vorsichtiger: «Bitte denken Sie nicht», schreibt er, «dass allein der Besitz dieses Buches Sie wohlhabend sein lässt.» (Das hat wohl auch keiner erwartet.) «Die Wahrheit ist: Noch nicht einmal, indem Sie dieses Buch lesen, werden Sie reich.» (Sondern?) «Vielmehr müssen Sie mit diesem Buch arbeiten und es zu einem Teil Ihrer selbst machen.» (Gut zu wissen.)

Ob sie das getan und beherzigt haben – Rupert Murdoch und Bill Gates, Ingvar Kamprad von Ikea und die Aldi-Brüder? Gar nicht erst zu lesen brauchte es offensichtlich die Familie Quandt, der 2006 aus ihrer BMW-Beteiligung 263 Millionen Euro an Dividenden zuflossen, oder der belgische Schrotthändler Albert Frère, der für seinen Bertelsmann-Anteil 4,5 Milliarden Euro kassierte: «Der Segen des Herrn macht reich ohne Mühe» (Sprüche 10,22).

Man weiß, dass es ein paar fröhliche Verschwender unter den Milliardären gibt – wie den, der 2006 die «Goldene Adele» von Gustav Klimt für 135 Millionen Dollar ersteigerte; Sotheby's Star-Auktionator sagte dazu, er wisse von mindestens einem Dutzend Kunstsammlern auf Erden, «die es überhaupt nicht spüren, wenn sie 100 Millionen Dollar für ein Bild ausgeben». Arabische Prinzen und neureiche Russen fallen überall zwischen Saint-Tropez und St. Moritz auf durch ihren protzigen Umgang mit Geld; die Chinesen sind im Kommen, wie jener Kaufmann in Hongkong, der seine Gäste mit einer Kloschüssel aus massivem Gold verwöhnt.

Ebenso häufig aber sind unter den Milliardären die Geizigen. Der in Kapitel 2 vorgestellte deutsche Unternehmer gehört dazu; auch der Ölmilliardär Paul Getty (1892–1976), der, vor Erfindung des Handys, seinen Gästen Münztelefone zur Verfügung stellte. Ingvar Kamprad fuhr zehn Jahre lang privat denselben Mittelklasse-Volvo, ins Büro aber stets mit einem kleinen Firmen-Opel. Sam Walton, der Begründer der *Walmarts*, der größten Supermarkt-Kette der Erde, hörte nie auf, an jedem Ort nach dem billigsten Motel zu fahnden.

Was treibt sie an, die Giganten des Geldes? Ist ihr ungeheurer Besitz nicht großenteils fiktiv – weil sie ihn weder anfassen noch auch nur völlig überblicken, geschweige denn nach Laune mobilisieren könnten? Spielen sie am Ende nur eine Art «Monopoly», wo man mit Glück und List zum Immobilienhai aufsteigen und den Mitspielern triumphierend ins Auge blicken kann?

Vielleicht. Jedenfalls sind es der Sieg und die Macht, die sie genießen – der Triumph über alle Konkurrenten und die Macht über Zehntausende von Menschen, und dazu die Allmachtsphantasie: Wenn ich wollte, könnte ich ein großes Stück vom Planeten Erde jederzeit verschlucken.

«Die Reichen sollen heulen über das Elend, das über sie kommen wird», steht in der Bibel (Jacobus 5,1) – aber was stünde in der Bibel *nicht*? Es bleibt der Satz von Woody Allen: «Reichtum ist besser als Armut. Wenn auch nur aus finanziellen Gründen.»

ZWISCHENFRAGE:

Wie werde ich Bundeskanzler?

Michael Mary, in Kapitel 7 vorgestellt als Kämpfer gegen den «Machbarkeitswahn» und die «Glückskochbücher», erteilt in seinem Buch «Die Glückslüge» all denen, die es in die höchsten Staatsämter drängt, folgenden klaren Rat:

«Sie möchten Bundeskanzler werden? Wenn Sie bereit sind, in eine der großen Parteien einzutreten, sich dort vom einfachen Mitglied zum Ortsvorsteher, zum Landesvorsitzenden und so weiter hochzuarbeiten, bestünde eine geringe Chance. Wenn Sie zusätzlich bereit sind, eventuell vorhandene moralische Bedenken gegen Halbwahrheiten und Wahltäuschungen aufzugeben, würde sich Ihre Chance etwas vergrößern. Wenn Sie darüber hinaus Intrigen und Machtspiele spannend finden und sich nicht schämen, Ihre eigenen Interessen gegen die Interessen der Menschen zu vertreten, die Sie zu vertreten vorgeben, und wenn Sie all das zumindest 20 oder 30 Jahre bei Arbeitstagen von 14 Stunden und mehr durchhalten, dann wäre es in der Tat zumindest theoretisch vorstellbar, dass Sie eines Tages Bundeskanzler werden. Vielleicht.»

Allerdings sei es eine primitive Vorstellung, dass Welterfolge durch strategische Planung zustande kämen. Sollte Boris Becker wirklich geplant haben, in Wimbledon dreimal zu siegen, und Bill Gates, der reichste Mann der Welt zu werden? fragt Mary. Es sei vielmehr zweimal ein «Goldbarren» gewesen, der Gates vor die Füße fiel: der erste, als IBM sich entschied, das nicht einmal besonders gute Betriebsprogramm, das Gates anbot, zum Standardbetriebssystem der neuen Personal Computer zu machen; der zweite, dass Gates seine Rechte an diesem System für lächerliche 80 000 Dollar an IBM verkaufen wollte – aber der Konzern wollte sie nicht! So wurde Gates der größte Nutznießer des Siegeszugs, den der PC bald darauf antrat.

**Wo Glück und Leid
sich streiten**

19
Hassliebe und Freudentränen

Unter dem Stichwort «Ejakulation» verzeichnet der zehnbändige Duden als Beispiel für den Wortgebrauch (weit über den physischen Vorgang hinaus), wie ein Bungee-Springer seinen Sturz ins Gummiseil erlebte: «... im Hirn die ultimative Ejakulation der Glückshormone». Weniger drastisch ausgedrückt: Der Springer hatte das empfunden, was wir seit Sigmund Freud *Angstlust* nennen. Die meisten kennen sie aus dem Horrorfilm oder aus der Achterbahn.

Die Angstlust ist eine Verwandte der Hassliebe und der Freudentränen: nämlich ein klassischer Fall der Ambivalenz, der Doppelwertigkeit, der Durchmischung unserer Glücksgefühle. Die beginnt bei den simpelsten Reaktionen des Tastsinns: dem Kitzeln etwa, oder dem Kratzen, wenn es juckt; sie rumort in der Sehnsucht, in der Wehmut, in der Leidenschaft; und was ist «süßer Schmerz»? In der überraschend lebensnahen Definition von Immanuel Kant beispielsweise die Gemütsverfassung «einer wohlhabend hinterlassenen Witwe, die sich nicht will trösten lassen».

Erleben wir sie nun aber als ein feindliches *Nebeneinander*, die Angst und die Lust – wie der Bergsteiger die Angst vor diesem messerscharfen Grat und zugleich die Lust, ihn eben deshalb zu bezwingen? Oder als ein jähes *Nacheinander*, den Hass und die Liebe, wie im malaiischen Schöpfungsmythos trefflich aufgespießt: «Schön machte Gott die Frau: Die Schlankheit der Gerte, den Duft der Blume, den Blick des Rehs, die Fröhlichkeit der Sonnenstrahlen, die Süße des Honigs, das Girren der Turteltauben vermengte er, um daraus das Weib zu formen. Doch nach wenigen Tagen trat der Mann vor ihn hin und sprach: ‹Herr, die Frau, die Du mir gabst, vergiftet mir das Leben. Sie klagt von früh bis spät, meistens ist sie krank, und sie schwatzt ohne Unterlass.› Da nahm Gott die Frau wieder zu sich.

Nach einer Woche trat der Mann vor ihn hin und bat den Herrn, ihm die Frau zurückzugeben. Nach wieder drei Tagen kam er aufs neue und sprach: ‹Herr, ich verstehe es nicht. Die Frau macht mir mehr Ärger als Freude. Ich kann nicht mit ihr leben.› Gott fragte: ‹Kannst du denn ohne sie leben?› Da ließ der Mann den Kopf auf die Brust sinken und sprach: ‹Weh mir!›»

Da fragt sich, ob Liebe und Hass nicht *ineinander* fließen – ob sie vielleicht ein nur scheinbar verfeindetes Wortpaar für ein Grundgefühl sind, für das die Sprache uns keinen Begriff zur Verfügung stellt? Denn so ist es ja nicht, dass unsere steinzeitlichen Ahnen uns einen psychologisch ausgefeilten Wortschatz hinterlassen hätten. Grob und oft tollpatschig haben sie benannt, was ihnen auffiel oder ihnen nützte. Lachen und Weinen, das war klar; aber Lächeln und – schon fehlt das Gegenstück; und wenn wir das Gesicht eines typischen U-Bahn-Benutzers beschreiben wollen, versagen uns die Wörter den Dienst vollständig.

In einigen alten Begriffen ist ein Doppelsinn aufgehoben: Der *horror* war für die Römer der Angst- wie der Wonneschauer, die heilige Scheu wie das Entsetzen; in unserem Wort *Ehrfurcht* hallt der Zwiespalt nach.

Die Dichter haben die Einheit des Gefühls inmitten der Unbeholfenheit der Wörter von jeher geliebt und besungen. «In den Armen liegen sich beide und weinen vor Schmerz und vor Freude» (in Schillers «Bürgschaft»). «Sie waren wie zwei erbitterte Feinde, die sich nur ineinander verliebt hatten» (Dostojewski über Iwan Karamasow und Katerina Iwanowna). Nietzsche wurde «im tiefsten Genusse des Augenblicks überwältigt von Tränen und der purpurnen Schwermut des Glücklichen», und der Liebhaber der «Lolita» lebte «in einem Paradies, dessen Himmel die Farbe der Höllenflammen hatte».

Der Himmel die Hölle, die Sprache zu eckig, als dass sie «die Vermischungen und Verschlingungen von Freude und Schmerz» bewältigen könnte, aus denen, sagt der deutsche Romantiker Friedrich Schlegel, «die Würze des Lebens hervorgeht»: Da winkt die «Venus im Pelz» herüber, mit der der österreichische Schriftsteller Leopold Ritter von Sacher-Masoch 1866 den *Masochismus* ins Bewusstsein hob. «Die Hiebe fielen rasch und kräftig auf meinen Rücken, ein jeder schnitt in mein Fleisch und brannte hier fort, aber die Schmerzen entzückten mich, denn sie kamen ja von ihr, die ich anbetete ...» Sexuelle Befriedigung also durch Demütigung und Prügel – die Extremform der *Schmerzlust*.

Milder tritt sie auf beim Bodybuilder, der seinen Muskelkater, beim *beach-comber* («Strand-Aufreißer»), der seinen Sonnenbrand, beim Korps-Studenten, der jenen Säbeltreffer liebt, der sein Kinn mit einem «Schmiss» versehen wird; die Magersüchtige triumphiert über ihren Hunger, der Gepiercte über den Schmerz des Durchstechens, und im Marathonläufer streitet sich das Gekeuche mit den Endorphinen um die Oberhand.

Eine erstaunliche massenhafte Selbstquälerei findet seit 1982 alljährlich im Juli im Tiroler Ötztal statt: 4000 Freizeitradler treffen sich zu einem Volksmarathon über 227 Kilometer, der über vier Alpenpässe führt, der höchste das 2509 Meter hohe Timmelsjoch. Sie schinden sich zehn bis zwölf Stunden lang und gewinnen keinen Preis außer dem, dabei gewesen zu sein, es geschafft zu haben und hinterher im Trinken, im Essen, im Stolz zu schwelgen – beneidet von den oft mehr als 20 000 Amateuren, die sich auch gern geschunden hätten, aber keinen Startplatz zugeteilt bekamen.

Wo verläuft da die Grenze zwischen Glück und Qual? Wo bei einer Frau, die ihr Wunschkind unter Schmerzen geboren hat?

(«Ihr ganzer Körper zerbirst unter den Wellen der Wehen», wie Eva-Maria Zurhorst schreibt.) Wüsste sie es zu sagen, würde sie es auch nur klären wollen? Und käme der Vater auf die Idee, sie fünf Minuten nach der Geburt zu fragen: «War's schön?»

Vielleicht ist es so, dass in den ganz großen Stunden unseres Lebens das Herrliche und das Entsetzliche Hochzeit feiern. Unfähig zu gebären, suchen manche Männer dieses Extrem im Wettkampf, im Zweikampf – oder indem sie ihrem Körper das Dreifache von dem abverlangen, was er leisten möchte.

ZWISCHENSPIEL:

Angstlust auf dem Eiger-Grat

«Unter allen Formen des Wahnsinns», heißt ein alter Bergsteigerspruch, «ist der Alpinismus für die von ihm Befallenen am schmerzlichsten.» Daran ist so viel wahr: Ohne Plage kommt man nicht auf hohe Berge – oft ist sie noch dazu vergebens, weil das Wetter bricht – und nicht selten ist sie mit nackter Angst gewürzt. Auf ein Teil Glück fallen meistens fünf Teile Plackerei und oft ein Teil Entsetzen.

Angst auf dem Nordgrat des Weißhorns im Wallis, einer Himmelsleiter mit Blick zum Montblanc hinüber und aufs Matterhorn hinab: Ja, es war heikel, überhaupt aufzubrechen von der Tracuit-Hütte bei diesem Barometerstand, und nun wachsen wirklich zwei blauschwarze Türme, schwefelgelb gesäumt, über die Dent Blanche empor. Der Pickel, die Steigeisen, die Karabinerhaken lauern auf den ersten Blitz. Fünf Stunden auf dem Nordgrat zurück – fünf Stunden über den Gipfel zum Ostgrat hinab? Einer der Türme kriecht vors Matterhorn. Es knistert in den Haaren. Titanen schmieden ein Mordkomplott. Keuchend klettern wir um unser Leben.

Angst auf dem Mittellegi-Grat über der Nordwand des Eigers: Kurz unterm Gipfel ist die Gratschneide, sonst locker einen halben Meter breit, durch den letzten Wettersturz von einem Schneekamm gekrönt. Ja, man kann ihn niedertreten auf Steigeisen-Breite. Nur heißt das: Greifen die Zacken unterm rechten Fuß, dann schwingt der linke einen Kilometer über dem weißen Fiescher-Firn; greift das linke Eisen, so hängt der rechte Stiefel für einen Augenblick drei Kilometer über dem grünen Tal von Grindelwald.

Das Gewitter ließ uns keine Wahl – hier aber muss ich entscheiden: Wage ich es? Bin ich ein Hochseilartist, dass ich da hinüber balanciere? Will ich meinem Seilgefährten die Tour versauen? Welcher Teufel reitet mich, für eine fixe Idee meine Knochen zu riskieren? Wie soll ich das dreckige Grinsen der nächsten Partie ertragen, in zwei Minuten wird sie hier sein? Warum steige ich Affe auch auf Berge, denen ich nicht gewachsen bin? Wie soll ich die Wut auf mich selbst aushalten, von der ich weiß, dass sie mich noch heute Abend schier zerreißen wird? Steigeisen rechts, der Firn in der Tiefe. Steigeisen links, die Eigernordwand unterm rechten Fuß. Angst im Bauch, Jubel in den Augen, großer Gott, wir loben dich!

Die Angstlust ist meist kurz – schrecklich lang aber kann die *Schmerzlust* sein: entweder ein Ineinander von Strapaze und Begeisterung wie auf der grandiosen Firnschneide des Bianco-Grats am Piz Bernina – oder ein Nacheinander, weil der Aufstieg nur die ächzende, vielstündige Investition in den Gipfel ist (wie auf den Normalrouten zum Montblanc oder zum Monte Rosa). Da muss man dann dem inneren Schweinehund die Schnauze zuhalten, weil er sonst bellen würde: «Du Idiot, hör' doch auf!»

Im Abstieg ist nichts besser: Meist vollzieht er sich in der Hitze des frühen Nachmittags, die Sonne glotzt auf gleißende Firne; dann heißt es Stunde um Stunde talwärts stolpern über staubiges Geröll, die Mundhöhle tapeziert mit Löschpapier.

Wozu nimmt ein halbwegs vernünftiger Mensch das auf sich? Weil das Klettern in schönem Fels und steilem Eis inmitten der Strapaze begeisternd sein kann. Weil es ein Triumph ist, mit dem letzten Schritt auf dem Gipfel zu stehen, umringt von Riesen, den anderen Bergen, und ringsum rauscht die Welt in die Tiefe – die höchste Augenlust auf Erden. Und im Tal die Orgie der vier, fünf Liter Bier, Tee, Saft und Wein. Schließlich der Blick hinauf, ob am Tag danach oder dreißig Jahre später: Er gewährt ein Hochgefühl, wie Nichtbergsteiger es nicht kennen können – da oben warst du, und der Berg ist herrlich immerdar.

20
Ist die Ehe noch zu retten?

Es gibt Liebe ohne Ehe und Ehe ohne Liebe. Für reiche Griechen und Römer, in den meisten Königshäusern und in vielen Adelskreisen war es ganz selbstverständlich, dass der Mann in der Ehe, oft widerwillig, nur seine Pflicht erfüllte und die Liebe bei Hetären, Mätressen, Konkubinen suchte; und ausgestorben ist die Sitte nicht.

Im Weltmaßstab betrachtet, hat die Institution der Ehe das Glück auf Erden nicht vermehrt; das war auch nie ihr Zweck, historisch nicht und biologisch schon gar nicht. Wahrscheinlich hat die Sitte der festen Paarbindung sogar mehr Unglück als Glück über die Menschen gebracht. «Der soziobiologische Blick ist keiner, der Ehen und Familien als Hort natürlicher Harmonie sieht», sagt der Biophilosoph Eckart Voland.

Die *Liebesehe*, die wir unwillkürlich für den Normalfall halten, ist typisch ja nur für bürgerliche Kreise des Abendlands, und auch dies erst seit dem 19. Jahrhundert. Die *Zwangsehe* ist nach wie vor verbreitet und die *Zweckehe* die bei weitem häufigste. Bauern vor allem – noch heute ein Milliardenheer – *brauchen* einfach eine Frau, und Kinder wollen sie auch, erst als Helfer auf dem Feld, dann zur Alterssicherung. Oft wählt die Sippe aus; der Mann bevorzugt meist ein robustes Weib, das so aussieht, als könne es hart arbeiten und problemlos gebären.

Überwiegend bleiben solche Paare zusammen bis in den Tod. Wenn es gut geht, haben die beiden einander geholfen, das Leben zu meistern; wenn es sehr gut geht, hat jeder dem anderen ein Gefühl der Geborgenheit gespendet. Doch gut geht es nicht oft.

Schon weil Bauern, Landarbeiter, Tagelöhner, die Elenden dieser Welt dazu neigen, sich über ihr trauriges Leben mit Alkohol, Opium, Coca, Betelnuss hinwegzutrösten – zumal beim Alkohol oft mit der Folge, dass sie ihre Frauen schlagen. In China würden 30 Prozent aller Ehefrauen vergewaltigt und misshandelt, rügte der Staatliche Frauenverband 2006, und noch immer gelte das als Kavaliersdelikt. Brasilien hat 2006 die Strafen für häusliche Gewalt drastisch verschärft; zwei Millionen Brasilianerinnen würden alljährlich von ihren Männern malträtiert, hatte eine Menschenrechtsorganisation mitgeteilt: im Suff, verstärkt durch Verzweiflung über ihre Armut und durch krankhafte Eifersucht; und viele Frauen glaubten immer noch, es sei normal, geschlagen zu werden.

Die russische Literatur hallt wider von den Schreien geprügelter Frauen auf dem Lande: Bei Iwan Bunin (1870–1953) drischt Miron, der Ofensetzer, im Wodkarausch mit dem Knüppel auf seine Frau ein und jagt sie über die Felder; die Bauern kennen das und nennen es lachend «Mirons Prozession». Bei Dmitri Mamin-Sibirjak (1852–1912) treibt der Bauer Koshin seine Frau barfuß durch den Schnee und schlägt sie, bis sie ohnmächtig zusammenbricht, und der Bauer Jermolaj schreit seine kranke Frau an: «Willst du nicht endlich abkratzen, du alte Schlange? Sonst verpasse ich noch sämtliche Bräute!»

Zweckehen, wenn auch ohne Prügel, hatten in allen Dynastien ganz selbstverständlich die Thronerben einzugehen. Philipp II. von Spanien, Erbe des größten Kolonialreichs der Welt, heiratete 1554 Maria die Katholische, Königin von England – sein Vater, Karl V., wollte es so, um durch ein Bündnis Spaniens mit England die verhassten Franzosen in die Zange zu nehmen. Was zählte es schon, dass Maria elf Jahre älter als Philipp war, ein mageres, verhärmtes Fräulein von 38 Jahren, das noch dazu Philipps Vater, eben dem Kaiser Karl V., als Kind versprochen worden war? Dass die also verheirateten Männer sich bei ihren

Mätressen erholten, galt als selbstverständlich, die Ehefrauen wussten es nicht anders.

Zweckehen unter Bauern, Königen, Prinzen und Lords; Zweckehen nicht selten auch in Künstlerkreisen: Wer ein Genie ist oder sich dafür hält, möchte beschützt, bedient und bemuttert werden. Jean-Jacques Rousseau heiratete eine Magd, die kaum lesen und schreiben konnte; 33 Jahre lang betreute sie den gepeinigten, schließlich von Verfolgungswahn gejagten Sonderling, und der versicherte der Nachwelt: Nie habe er auch nur einen Funken Liebe für sie empfunden. Der Lyriker Gottfried Benn schrieb über Herta, seine zweite Frau: «Ein reizender Gebrauchsgegenstand. Ich bin nicht im geringsten verliebt, es ist reiner Ordnungssinn. Ich kann nicht abends noch Brot einkaufen und Seife und Wurst.»

Und von *guten* Ehen soll hier gar nicht die Rede sein? Doch – aber gerade unter Künstlern waren die schrecklichen Ehen die häufigeren. Tolstoi und seine Frau verabscheuten einander ihre letzten zwanzig Jahre lang. Joseph Haydn wurde als 17-jähriger «Tanzbodengeiger» von einem barmherzigen Friseur aufgenommen, «doch entsprang daraus für Haydn ein Quell vieler Leiden, indem er dessen Tochter heiratete, die seine schönsten Tage ihm verbitterte». So drückte es der Große Brockhaus von 1844 aus. Frau Haydn war zänkisch, kränklich und gänzlich ungebildet; die Ehe blieb kinderlos und währte 41 Jahre. In den letzten 21 davon liebte Haydn eine Sängerin. Ihr schrieb er von seinem «Teufelsweib» und seinem Wunsch, sie möge endlich sterben.

Eine Zweckehe war das so wenig wie eine Liebesehe, eine *Zwangsehe* schon eher – und wie viel Glück lässt sich von verordneten Ehen erwarten? In der islamischen Welt sind sie unvermindert gang und gäbe: Die Tochter wird nicht gefragt, und verweigert sie sich der Weisung des Vaters oder dem Beschluss der Sippe, so kann sie das das Leben kosten – wie jener Türkin, die 2005 in Berlin von ihren Brüdern ermordet wurde, zur Wahrung der Familienehre. Noch dazu versagt der Koran der Frau alle Rechte: Gehorsam, treu und verschwiegen muss sie sein; wenn sie aber den Mann erzürne, so solle der sie ermahnen, ihr Ehebett meiden, sie einsperren und sie züchtigen (Sure 4,35).

Das Staatliche Religionsamt der Türkei hat 2006 in zwanzig Städten eine Familienberatung eingerichtet, vor allem geprügelte Frauen wenden sich an sie, und dem deutschen Nachrichtensender *n-tv* wurden Tonbänder zugespielt, auf denen Ratschläge zu hören sind wie diese: Beten Sie! Pilgern Sie nach Mekka! Hoffen Sie auf einen besonders schönen Platz im Paradies! (Und dies nicht im ländlichen Anatolien, sondern in Istanbul.)

Nun also endlich zur großen Ausnahme: der abendländischen Paarbindung zumal in bürgerlichen Kreisen – juristisch abgesegnet, überwiegend freiwillig eingegangen und oft wirklich auf der Basis tiefer Liebe. Die Liebesehe ist keine zweihundert Jahre alt, in der Unterschicht noch viel jünger, in der Oberschicht oft eingeschränkt durch *arrangierte* Ehen wie die der «Effi Briest» (Theodor Fontane 1894): Die Siebzehnjährige wird ungefragt mit einem wohlsituierten Herrn vermählt, der ihr Vater hätte sein können. Und schon liegt die Liebesehe wieder im Sterben: In den reichen Ländern werden bis zu 50 Prozent der Ehen geschieden, während gleichzeitig immer mehr junge Leute die rechtsfreie erotische Wohngemeinschaft vorziehen.

Welche Form des Zusammen- oder Nichtzusammenlebens das meiste Glück stiftet: das haben etliche amerikanische Institute zu ermitteln versucht (einige mit so vielen und so gründlichen Befragungen, dass die in Kapitel 3 geltend gemachten Vorbehalte gemildert sind). Das Ergebnis: Am glücklichsten und am wenigsten von Depressionen heimgesucht fühlen sich nach halbwegs glaubhafter eigener Auskunft
- die unverheiratet Zusammenlebenden (vermutlich deshalb, weil sie sich häufig trennen zu einer Zeit, in der in der Ehe die schwierigen Jahre erst beginnen)

- vor den Verheirateten
- diese vor den nie verheiratet Gewesenen
- vor den Verwitweten, Verlassenen und mehrfach Geschiedenen.

Vom möglichen Glück der bürgerlichen Ehe ist also das doppelte Risiko der Scheidung und der Witwenschaft erst einmal abzuziehen. Konzentrieren wir uns nun auf die aus Liebe geschlossene Ehe, die, der Zeittendenz entgegen, nicht in Trennung oder Scheidung mündet – historisch, geographisch, statistisch also die große Ausnahme. Auch sie, die Ehe im volkstümlichen und sprichwörtlichen Sinn, hat mit zwei wachsenden Problemen zu kämpfen.

Das eine ist ihre schiere Dauer. Im 13. Jahrhundert, das wissen wir aus Kirchenbüchern, starben deutsche Männer im Durchschnitt mit 47, Frauen mit 43 Jahren (des Kindbettfiebers wegen). So blieben selten mehr als 25 Jahre des Zusammenlebens, und zugleich hatten die Ehegatten dramatisch weniger Zeit, einander auf die Nerven zu gehen: Siebzig, achtzig Arbeitsstunden in der Woche, Urlaub unbekannt. Eine ungeschiedene Ehe dauert also heute de facto dreimal so lang wie im Mittelalter. Schon macht, wenn von einer möglichen Lebensverlängerung auf 150, gar auf 200 Jahre die Rede ist, unter Männern der zynische Spruch die Runde: «Möchten *Sie* mit derselben Frau 170 Jahre verheiratet sein?»

Das andere Problem der bürgerlichen Liebesehe liegt darin, dass der Liebesrausch, der das Paar einst vor den Altar getrieben hat, unmöglich vierzig Jahre lang anhalten kann; wenn die Liebe der einzige Zweck war, bleibt nicht einmal eine Zweckehe übrig. Die Sicht des Mannes fasste der Philosoph Theodor Adorno in die bösen Worte: Er stehe unter dem Zwang, «für *die* ein Leben lang die Verantwortung zu übernehmen, mit der zu schlafen ihm einmal Lust bereitete».

Die Liebe muss sich also wandeln, wenn die Ehe nicht einschlafen, als Ärgernis empfunden werden oder zerbrechen soll: in wechselseitigen Respekt, in die Pflege gemeinsamer Interessen (falls hoffentlich vorhanden), in das Angebot zuverlässiger Geborgenheit. Wenn nicht, dann findet sie reichlich Platz, jene «bleierne Langeweile, die man mit dem Namen ‹Familienglück› bezeichnet», wie Friedrich Engels 1884 schrieb – «das hassenswerte Dasein zweier Menschenwesen, die einander so gut kennen, dass sie kein Wort mehr sprechen können, das der andere nicht schon im voraus gewusst hätte» (Guy de Maupassant).

Dies in der Ehe, die bestehen bleibt. Der Scheidung geht meist schlimmeres Ungemach voraus. Was schien das für eine Bilderbuch-Ehe zu sein, die Willy Brandt und die bildschöne norwegische Verkäuferin Rut Hansen 1948 schlossen in Schweden! Er wurde Regierender Bürgermeister von Berlin, deutscher Außenminister und 1969 der Bundeskanzler der Sozialliberalen Koalition; sie strahlte an seiner Seite und gewann ihm mehr Sympathie, als er, der Grüblerische und Zurückgenommene, ohne sie je hätte gewinnen können. Doch je höher er stieg, desto seltener sprachen sie miteinander. «Ich war gewöhnt, nichts zu hören und auch nichts zu erfahren, wenn ich fragte», schrieb sie in ihrer Autobiographie.

Lange Jahre hatte Willy Brandt in Bonn eine Journalistin zur Geliebten, und 1974 trat er nicht nur deshalb zurück, weil sein engster Berater sich als DDR-Spion erwies, sondern auch, weil eben dieser säuberlich registriert hatte, welche Damen er dem Bundeskanzler «zuführte» (in der Sprache des Bundeskriminalamts). 1980 wurde die Ehe auf Wunsch von Rut Brandt geschieden; an seinem Begräbnis teilzunehmen, verbot ihr die neue Frau; in seinen «Erinnerungen» von 1989 kommt Rut nicht mit einer Zeile vor. «Das ist doch genial», sagte sie dazu, «wie er unsere 32 Ehejahre so einfach weglässt.»

Manchmal muss man sich wundern, dass sich, wiewohl bei

sinkender Tendenz, immer noch Millionen junger Liebender auf dem Standesamt zu einer nur schwer zerbrechbaren Lebensgemeinschaft zusammenlöten lassen. Leben sie in dem Wahn, ein staatlicher Akt könne ihre Frühlingswonnen mit einer Vierzig-Jahre-Garantie versehen? Nicht nur ist die Scheidung zur annähernd gleichberechtigten Alternative geworden – es sind, und das wird selten beredet, auch noch mehrere der wichtigsten historischen Gründe, eine Ehe einzugehen, entfallen.

Bis zur Strafrechtsreform von 1973 machten sich ja Hausbesitzer und Hotelportiers in Deutschland strafbar, wenn sie einem nichtverheirateten Paar eine Wohnung oder ein Zimmer vermieteten (Gefängnis «nicht unter einem Monat»), und gar mit Zuchthaus bis zu fünf Jahren waren Eltern bedroht, die den außerehelichen Beischlaf ihrer Tochter oder ihres Sohnes in der elterlichen Wohnung duldeten. Da blieb für viele Liebespaare nur der Wald oder auf dem Land die Scheune, und im Winter nichts. Es ist nicht zu leugnen, dass dies erheblich dazu beitrug, den Geschlechtstrieb ins warme Bett der Ehe zu leiten.

Und dann die Schwangerschaft. Eine unerwünschte tritt dramatisch viel seltener ein, seit es die Pille gibt, und wenn, dann lässt sie sich ohne Strafandrohung und gesundheitliches Risiko beseitigen; beides war jahrtausendelang anders. Auch hat das Gesetz die Beschützerinstinkte des Vaters entlastet: Die ledige Mutter ist keine Verworfene mehr (auf dem Dorf bis weit ins 20. Jahrhundert), und endlich 1998 hat der Deutsche Bundestag das uneheliche Kind dem ehelichen vollständig gleichgestellt – damit aber selbst für liebevolle Eltern einen weiteren klassischen Heiratsgrund aus der Welt geschafft.

Warum also gehen so viele immer noch aufs Standesamt? Weil die große Liebe immer noch nach Dauer und Anerkennung lechzt? Weil es ein phantastischer Gedanke ist, den oder die lebenslang an sich zu ketten, mit dem oder der man in diesem Mai im Rausch versunken war? Weil es schön ist, ein großes Hochzeitsfest zu feiern, die Hollywood-Stars tun es ja auch? Weil man sich Kinder wünscht und ihnen das immer noch sicherste Nest bauen will?

Vielleicht auch schwingt in unseren Genen, aller Zeitmode zum Trotz, noch immer etwas vom ursprünglichen Sinn der festen Paarbeziehung mit: dass sie den Nachwuchs sichern, die Gattung erhalten sollte. So viel steht fest: Das Paar, das möglichst viele Kinder wohlbehütet ins Leben schickte, war das Instrument der Evolution, um der Menschheit zum Sieg über alle anderen biologischen Arten zu verhelfen. Bloß weil wir seit ein paar Jahrzehnten Kinder nicht mehr so wichtig finden, kann dieser Ur-Instinkt in uns nicht völlig abgestorben sein.

Schopenhauer, kämpferischer Junggeselle, wusste noch nichts von der Abwertung des Kindersegens im Abendland, für ihn war der Zusammenhang über alle Maßen klar: «Glückliche Ehen sind bekanntlich selten», schrieb er in seiner «Metaphysik der Geschlechtsliebe», «eben weil es im Wesen der Ehe liegt, dass ihr Hauptzweck nicht die gegenwärtige, sondern die kommende Generation ist ... So viel mächtiger ist der Wille der Gattung als der des Individuums, dass der Liebende sich mit dem Gegenstande seiner Leidenschaft auf immer verbindet; so gänzlich verblendet ihn jener Wahn, welcher, sobald der Wille der Gattung erfüllt ist, verschwindet und eine verhasste Lebensgefährtin übrig lässt.»

Wir lesen das belustigt oder ein bisschen angewidert. Doch einen Rest von Wahrheit scheint es zu enthalten: Warum sonst sind wir es zufrieden, dass Filme, Trivialromane, Boulevardstücke, Märchen fast ausnahmslos mit der endlichen Vereinigung des liebenden Paares schließen – warum geht uns das Wort «*Happy* End» so glatt von der Zunge? Ist es nicht weltfremd, zwei Menschen ein lebenslanges Glück zu prophezeien aus keinem besseren Grund als dem, dass sie geheiratet haben?

Ach nein: «Sie küssten sich innig, und das Glück trug sie in einem goldenen Mantel über Zeit und Ewigkeit fort» – ein typischer Courths-Mahler-Schluss. Den finden zwar die meisten kitschig, aber die wenigsten erkennen ihn als das, was er auch noch ist: eine Ohrfeige gegen die Lebenserfahrung. Der Zuschauer in der Komödie, schreibt Schopenhauer, verlasse «die sieggekrönten Liebenden ganz getrost, indem er mit ihnen den Wahn teilt, sie hätten ihr eigenes Glück gegründet, welches sie vielmehr dem Wohl der Gattung zum Opfer gebracht haben».

Doch da hat er übertrieben, der alte Misanthrop: So ist es nicht, dass das Glück des Paares und das Wohl der Kindeskinder einander grundsätzlich im Wege stünden. Es gibt ziemlich viele Ehen, in denen die Freude den Ärger überwiegt, Ehen, die nicht in Stumpfsinn münden oder Überdruss; ja solche, die die Welt um ein kleines Gesamtkunstwerk bereichern. Mindestens hat er mal wieder recht, der Prediger Salomo (4,10): «Weh dem, der allein ist, wenn er fällt! Denn da ist kein anderer da, der ihm aufhilft. Auch, wenn zwei beieinander liegen, wärmen sie sich; wie kann ein Einzelner warm werden?»

ZWISCHENFRAGE:

Wann findet ein Mann seine Ruhe?

«Ein Mann findet erst dann seine Ruhe, wenn er seine liebende Kraft durch seinen Unterleib in die Frau hineingeben konnte.» So steht es in dem Ratgeber-Buch «Liebe dich selbst – und es ist egal, wen du heiratest» (Bestseller 2006) von der Psychotherapeutin Eva-Maria Zurhorst. Und weiter: «Die Frau, die den Mann wahrhaft empfangen kann, öffnet ihr Herz und gibt Energie durch ihre Brust in sein Herz, die von dort wieder hinab in seine Genitalien fließt.»

Warum der Leser sich selbst lieben soll, erfährt er auf Seite 368 (Nur wer sich selber schätzt, kann «wahrhaft geben»). Warum Gattenwahl egal sei, wird ausführlicher dargelegt: Grundsätzlich verflüchtigen sich in der Ehe die Gründe, aus denen sie geschlossen worden ist. Es sei ein Irrglaube, dass man für sein Glück «den richtigen Partner» brauche (das äußerste Gegenteil dessen also, was die «Glücksregeln für die Liebe» auf Seite 137 verlangen: Finde deinen Traumpartner, sonst ist alles umsonst). Der wahre Sinn der Ehe, schreibt Eva-Maria Zurhorst, liege darin, «die inneren Konflikte der beiden Partner ins Gleichgewicht zu bringen».

An sich arbeiten, sich öffnen, sich geben, verzeihen: Das sei der Weg dorthin. 70 Prozent der scheinbar gescheiterten Ehen müssten gar nicht geschieden werden. Allerdings: «Es gibt heute kaum eine Beziehung, deren Sexualität nicht der Heilung bedarf.» Da spricht die Psychotherapeutin, und vorsorglich richtet sie am Schluss des Buches gleich dreimal den Appell an die Leser: «Ich bitte Sie, meine Worte wieder und wieder zu lesen» – «Lesen Sie die für Sie wichtigen Teile, so oft Sie nur können» – in kritischen Lagen «nehmen Sie dieses Buch und lesen Sie nochmals darin, um Ihren Geist zu beruhigen».

Eine Traumvorstellung aller Bücherschreiber wird da ungefiltert zu Papier gebracht; nicht anders als von Dale Carnegie: Auch der fordert die Leser seines Welt-Bestsellers «Sorge dich nicht – lebe!» auf, das Buch zweimal durchzulesen «und in schwieriger Lage immer wieder zur Hand zu nehmen». Dies, wenn schon sonst nichts, verbindet die beiden Autoren mit Arthur Schopenhauer: Der hatte gleich im Vorwort die zweifache Lektüre seines Monumentalwerks «Die Welt als Wille und Vorstellung» angemahnt, weil anders die Fülle der Gedanken nicht zu erfassen sei.

Erfrischend liest sich daneben, was die Harvard-Absolventin und Lebensberaterin Martha Beck, Mutter eines behinderten Kindes, einem hartnäckig streitenden Ehepaar empfiehlt: «Wenn der Streit losgeht, setzen Sie sich beide einen Hut auf oder steigen Sie in die leere Badewanne oder legen Sie sich auf den Boden. Dann können Sie weiterstreiten.» Überhaupt: «Haben Sie die Disziplin, ein bisschen alberner zu sein als andere Menschen.»

21
Machen Kinder glücklich?

Inwieweit Kinder glücklich *sind*: Das ist schwer zu sagen, schon weil uns die kindlichen Maßstäbe dafür fehlen; Kapitel 12 hat es beschrieben. Inwieweit Kinder ihre Eltern glücklich *machen*: Auch diese Frage beantwortet sich nicht leicht – schon weil es eine ziemlich junge Mode ist, sie überhaupt zu stellen.

Unsere Ahnen bekamen ja Kinder nicht, um damit die Freude am eigenen Leben zu steigern, sondern teils, weil die Kinder ungefragt ins Leben purzelten, teils weil man sie (wie die meisten Bauern) einfach brauchte – nicht zuletzt aber, weil Staat und Kirche auf Kindersegen drängten: «Seid fruchtbar und mehret euch!» (1. Mose 1,22), die Ehe ist vor allem dazu da, «der Kirche Christi Nachkommenschaft zuzuführen» (Papst Pius XI. anno 1930), Geburtennachschub für die Infanterie forderte Kaiser Wilhelm II., Hitler stiftete das Mutterkreuz, und Charles de Gaulle verlangte 1963 für das Jahr 2000 «hundert Millionen Franzosen» (sechzig Millionen sind es geworden).

Wir aber fragen unerschrocken nach dem Glück, das Kinder stiften – oder eben nicht. Nehmen wir an, Eltern würden am Abend ihres Lebens abwägen, wie sich die Freuden des Kinderhabens zu den Plagen, Sorgen, Ärgernissen, Abhängigkeiten und Enttäuschungen verhalten: Würden die Freuden überwiegen? Das wäre meistens eine schwierige Frage, und falls die Kinder im Leben gescheitert oder im Urteil ihrer Eltern missraten wären, hieße die Antwort sicher Nein. Doch wie lautet sie, wenn die Kinder alles in allem die Erwartungen ihrer Eltern erfüllen, ihnen gewogen bleiben, ja sich als dankbar und hilfsbereit erweisen?

Was immer das Resümee der Eltern ist – der Harvard-Psychologe Daniel Gilbert nimmt es in seinem Buch «Ins Glück stolpern» vorweg: Kinderlose Paare seien im Durchschnitt glücklicher. Wenn Eltern versicherten, die Kinder seien ihr größtes Glück, so brauche man sich nicht zu wundern: Die Kinder blieben ja als einziges Glück übrig, nachdem sie durch ihr bloßes Vorhandensein ihre Eltern von den meisten Freiheiten und Vergnügungen des Lebens abgeschnitten hätten.

Das ist nicht falsch, aber wohl eine Übertreibung, vielleicht dem Verkaufserfolg zuliebe. Ja, Eltern sind schrecklich angebunden, die Arbeit ist immens, und der Mutwille des plärrenden Kindes kann auch geduldige Menschen zur Verzweiflung treiben – nach dem amerikanischen Spruch: «Wahnsinn ist erblich – du kriegst ihn von den Kindern» (*Insanity is hereditary – you get it from your kids*). Mit der Einschulung *mehrt* sich meist der Ärger, während zugleich ein großer Teil der kindlichen Niedlichkeit verflogen ist; und die Pubertät empfinden viele Eltern als eine Strafe Gottes.

Noch dazu lässt sich kaum der Einsicht ausweichen, dass seit Jahrzehnten die Freuden weniger werden und die Widrigkeiten mehr. Bei den Eltern ist das Gefühl der Abhängigkeit gestiegen durch vermehrte Reiselust, die berufstätige Mutter hat doppelte Pflichten, und aus der Erziehung, in der unsere Großeltern einfach kein Problem erkennen wollten – hier ein Klaps, da ein Verbot, und gegessen wird, was auf den Tisch kommt: Aus ihr ist die Herausforderung geworden, Tag und Nacht zu grübeln, was Eltern tun und was sie lassen müssen, um das Ich des werdenden Menschen nicht durch fahrlässige Seelenknechtung zu verunstalten. Teurer als früher sind Kinder auch: Man muss sie ja mit reichlich Taschengeld, aller modischen Technik und den gerade «angesagten» Klamotten versehen, wenn sie in der Schule nicht ausgelacht oder ausgegrenzt werden sollen.

Auch unter der Pubertät leiden die meisten Eltern mehr als

früher: Zerbrochen ist der einstige Konsens zwischen ihnen, den Pfarrern und den Lehrern, dass man alles tun müsse, um die Lümmel an die Kandare zu nehmen. Stattdessen bekamen die Heranwachsenden 1968 im *Stern* zu lesen, sie hätten alles Recht der Welt, ihren Eltern ins Gesicht zu spucken, und 2006 fanden 14-jährige Töchter in der Zeitschrift *Bravo* detaillierten Rat, wie sie die überständige Unschuld endlich loswerden könnten. Ja: Noch nie waren Kinder so provozierend und so unbequem.

Viele Eltern laden sich zusätzliche Enttäuschungen auf, wenn sie in ihrem Kind den großen Aufsteiger, den würdigen Erben, den künftigen Sieger sehen – nach dem alten Satz: Manche Leute glauben, dass Genialität erblich sei; andere Leute wiederum haben keine Kinder.

Nun, niemand kann eine saubere Bilanz des Für und Wider erwarten. Doch annähernde Einigkeit herrscht mindestens so weit: Etwas so Herzerwärmendes wie ein fröhliches kleines Kind, wenn's noch dazu das eigene ist, findet sich sonst nirgends wieder, und pralleres Leben gibt es nicht, als wenn man Zeuge und Helfer sein kann, wie das Kind versucht, die große, fremde Welt spielend, staunend, strauchelnd zu bewältigen. Oft bleibt eine wechselseitige Befruchtung zwischen Eltern und Kind über die Pubertät hinaus, oft ein verhaltener Stolz – und in einsamem Alter ein Trost ohnegleichen.

Wer keine Kinder hat, verpasst das halbe Leben – sie mögen ihn nun glücklich machen oder nicht. Und für Eltern lindert sich der Schmerz des Sterbens durch einen letzten Sonnenstrahl: Wer Kinder hat, ist nicht ganz tot, wenn er tot ist.

22
Vorfreude und Zukunftsangst

Was wusste die Frau des einst weltberühmten amerikanischen Zukunftsforschers Herman Kahn über ihren Mann? Sie sagte es der Zeitschrift *Life* – mit einer Floskel, wie Sonntagsprediger sie lieben: «Tief im Grunde meines Herzens», sagte sie, «weiß ich: Herman ist ein Vollidiot» (*Deep in the bottom of my heart I know that Herman is a blithering idiot*).

Herman Kahn: Das war der fette, mediengeile Wundermann, der in den sechziger Jahren des 20. Jahrhunderts die mehr oder weniger wissenschaftliche Futurologie begründete – und 1983 starb, ehe seine meisten Prognosen für Politik, Wirtschaft und Technik sich als falsch erwiesen. Kein Hellseher, kein Astrologe, kein Investmentberater – «Futurologen» sie alle – hat je wieder Kahns Ruhm erlangt; kaum einer aber auch den Mund so voll genommen. Prognosen kranken nun einmal daran, dass sie von morgen handeln.

Die meisten Menschen hindert das nicht, Aktien zu kaufen, Horoskopen zu vertrauen und die Welt voller Vorzeichen zu sehen, die der Wissende zu deuten versteht: Scherben und Schornsteinfeger bringen Glück, Unglück dagegen die Zahl 13, der Rabe, die Spinne am Morgen und die schwarze Katze, die von der falschen Seite kommt; auch aus Karten, aus dem Vogelflug, aus dem Kaffeesatz, aus der Konstellation des Saturns erschließt sich dem Eingeweihten die Zukunft.

Wenn es dabei nur ums Morgen ginge! Oft müssen wir ja die Weichen für Jahrzehnte stellen: Wenn wir uns für den Beruf, den Wohnsitz, den Lebenspartner entscheiden und damit über Glück und Unglück fürs halbe Leben, dann tun wir das nicht, ohne uns die künftigen Lebenssituationen ausgemalt zu haben.

Fast immer falsch ausgemalt zu haben – behauptet Daniel Gilbert: «Die Zukunft sieht grundsätzlich anders aus, als wir sie uns vorstellen» – meistens schlechter: Denn wir seien ja «auf unrealistische Weise optimistisch». Also lieber gar nicht an die Zukunft denken – heißt so nicht ein uraltes Glücksrezept? Wenn es denn ginge!

Es geht nicht. Unaufhörlich stellt sich unser Gehirn die nahe Zukunft vor, auch ohne Gilbert wissen wir das; zwanghaft produziert es damit Zuversicht, Vorfreude, Hoffnung, Sorge und Angst. Wir haben die Zuversicht, dass unsere Lebensumstände in vier Wochen ziemlich dieselben sein werden wie heute; die Hoffnung, bald eine schönere Wohnung zu beziehen; die kleine Angst vor dem Zahnarztbesuch und manchmal die große, den Job zu verlieren; die kleine Vorfreude auf das Bier am Abend oder die große auf die Urlaubsreise in drei Wochen.

Die Vorfreude, das Glück im Vorwegnehmen erhoffter Genüsse: sie begleitet unsern Erdenlauf. Oft wird sie enttäuscht – aber ihr bleibt der Vorzug, dass sie erst von der Zukunft durchkreuzt werden kann, und oft ist sie schon das Beste, was wir vom Leben haben. Noch heute liest sich rührend und schrecklich, wie sich einst ein armer Teufel von Vorfreude zu Vorfreude hangelte, um sich sein tristes Leben erträglich zu machen: Da kam der zwölfjährige Karl Philipp Moritz zu einem Hutmacher in die Lehre, und wie es ihm erging, beschrieb er dreißig Jahre später in seinem autobiographischen Roman «Anton Reiser», mit dem er sich den Respekt Goethes erwarb.

Der Arbeitstag des Zwölfjährigen dauerte von 6 bis 20 Uhr, sechsmal die Woche, und über die beiden ersten Stunden – Holz spalten, heizen, Werkstatt fegen, Wasser schleppen – tröstete sich der Lehrling mit der Vorfreude auf das Frühstück um acht hinweg («ein Bodensatz von Kaffee mit etwas Milch und einem Zwei-

Pfennig-Brot»); die eintönige Arbeit des Vormittags wurde durch die freudige Erwartung des Mittagessens, die des Nachmittags «versüßt» durch die Vorfreude auf «eine Kaltschale von starkem Bier» um acht. Und wenn dieser Trost zu schwach war, so winkte doch der Sonntag, «um einmal aus der dunklen Werkstatt vors Tor hinaus in das freie Feld zu gehen»; und gar monatelang freute sich Anton Reiser auf Ostern, Pfingsten und Weihnachten mit gleich drei arbeitsfreien Tagen.

Wir erschauern unwillkürlich über eine so enge Welt – und dürfen doch hoffen, dass dem Lehrling die beiden Enttäuschungen erspart geblieben sind, die der Vorfreude drohen: die eine, dass der erhoffte Zustand gar nicht eintritt, dass der Urlaub platzt (dass man also einen *Erwartungsfehler* begangen hat, wie die Psychologen sagen) – ein häufiges Schicksal, ein klassisches Unglück, das wir alle kennen. Doch zum andern, und zuweilen ähnlich schlimm, können wir die schmerzliche Erfahrung machen, dass die Vorfreude größer als die Freude war, der Weg schöner als das erreichte Ziel.

Im Einzelfall mag dies daran liegen, dass wir uns unterwegs über die Qualität des Ziels Illusionen gemacht haben; doch *alles* Ankommen enthält das Risiko einer gewissen Ratlosigkeit, was denn nun zu tun sei. Was beunruhigt die Menschen? fragt Goethe. «Dass der Genuss sich ihnen unter den Händen wegstiehlt, dass das Gewünschte zu spät kommt und dass alles Erreichte und Erlangte auf ihr Herz nicht die Wirkung tut, welche die Begierde uns in der Ferne ahnen lässt.» 2004 schlug ein leibhaftiger Präsident des Deutschen Bundestags, Wolfgang Thierse, in die gleiche Kerbe: Er beklagte die durch leichte Trauer gedämpfte Stimmung, wenn ein Wunsch sich erfüllt habe; der Zustand des Hoffens sei der schönere gewesen – und dafür erfand er das Wortungetüm «Erfüllungsmelancholie», das er noch dazu dem Goethe-Institut als «schönstes Wort der deutschen Sprache» ans Herz legte.

So kompliziert sind die meisten von uns nicht – und wer wollte leugnen, dass es auch total erfüllte Wünsche gibt, ja den Überschwang über allen Wunsch hinaus? Wahr ist nur so viel: Tendenziell erfreut uns der Erwerb mehr als der Besitz, erfrischt uns die Genesung mehr als die Gesundheit, und mancher Vorfreude wird die Freude nicht gerecht, wenn sie denn kommt. Ein Ziel mühelos erreicht zu haben, befriedigt uns wenig. «Ich bedaure die Könige, die nur zu wünschen brauchen», schreibt der französische Philosoph Alain. «Wem würde es noch Spaß machen, Karten zu spielen, wenn er dabei nicht auch verlieren könnte? Ein alter König spielt mit seinen Höflingen; wenn er verliert, gerät er in Zorn; die Höflinge wissen das; sobald sie also das Spiel einigermaßen beherrschen, verliert der König nicht mehr. Dafür wirft er aber auch schon bald die Karten hin, steht auf und reitet zur Jagd. Nur ist es eine Königsjagd: Das Wild läuft ihm vor die Füße; selbst die Hirsche sind Höflinge.»

Wer sich dagegen ganz sicher ist, Grund zur Vorfreude zu haben, bei dem sprechen wir von *Zuversicht*. Wer sie hat, findet sich in einer von drei Rollen: Er registriert ohne große Freude, allenfalls mit verhaltener Genugtuung, dass seine Zuversicht berechtigt war; er leidet mehr als andere Menschen, wenn das Schicksal ihn widerlegt; in vielen Lebenslagen aber ist er allen überlegen, die an der Zukunft zweifeln, am meisten in der Not. «Der Herr ist mein Hirte, mir wird nichts mangeln» (Psalm 23) – wen dies als leuchtende Wahrheit durchglüht, der könnte der Letzte sein, der in der Wüste verdurstet. («Er weidet mich auf einer grünen Au und führt mich zum frischen Wasser ...»)

Was fromme Zuversicht einst vermochte, davon machen sich heute die wenigsten noch einen Begriff. Am Dom zu Mailand wurde 230 Jahre lang gebaut, wobei die Kunsthandwerkerfamilie Sacchi sich acht Generationen hindurch nur den Intarsien der Altäre widmete. 263 Jahre lang werkelten die Straßburger an ihrem Münster; und als die Kölner an ihren Dom 312 Jahre Arbeit gewendet hatten, war er immer noch ein Torso und wurde drei Jahrhunderte später in 38 Arbeitsjahren komplettiert. Im Verhältnis zur Kopfzahl und Wirtschaftskraft der Stadtgemeinden, die sie errichteten, waren die gotischen Kathedralen eine Übertreibung von heute kaum noch vorstellbaren Dimensionen; an ihnen musste die Zuversicht mitbauen, dass dieses ungeheure Werk einem gloriosen Endzweck diene, dass es sich also lohne, Jahrhunderte der Mühe und des Verzichts in ihn zu investieren.

Die Zuversicht ist Teil einer Lebenshaltung, die wir im profanen Umfeld *Optimismus* nennen: Die Welt erscheint als vernünftig eingerichtet, die Zukunft als rosig, der Fortschritt marschiert, «alles wird gut». Optimismus macht den Lebenserfolg wahrscheinlicher, das ist unbestritten; ja, Optimisten leben länger, einem Großversuch der Mayo-Klinik zufolge – wobei freilich offen bleibt, was Ursache und was Wirkung ist: Könnte es nicht ebenso gut sein, dass die genetische Veranlagung zur Langlebigkeit das Entstehen von Optimismus begünstigt? Und entspringt das Glück des Predigers Salomo (S. 120) nicht umgekehrt einer *pessimistischen* Lebenshaltung: Alles ist «eitel», sich Abmühen bringt keinen Gewinn – eben darum aber merkte er, «dass es nichts Besseres gibt, als fröhlich zu sein und sich gütlich zu tun in seinem Leben».

Der schüchterne Bruder des Optimismus ist die *Hoffnung* – eine klassische Mischform von Glück und Leid, ähnlich der Angstlust und der Hassliebe. Die Hoffnung mag, beim Wartenden zum Beispiel, mit Zuversicht beginnen; aber je mehr Zeit verstreicht, desto mehr Zweifel und Sorge mischen sich in sie. Trotzdem: Die Hoffnung niemals ganz aufzugeben, bleibt vielen als letzter Trost, und selbst den Schiffbrüchigen mag sie am Leben halten; insofern der Zuversicht verwandt. Hoffnung ist die

Pflicht der Christen – selbst da, wo wir nicht sehen (Römer 8,25) und dort, «da nichts zu hoffen war» (4,18).

Worauf hofft unsereiner im 21. Jahrhundert? Was die Zukunft der Welt und der Menschheit angeht: Es möchten keine Katastrophen passieren – viel mehr zu hoffen riskieren die meisten nicht. Was aber uns selbst betrifft, so werden wir mit mehr Prognosen vollgestopft, als wir verdauen können. Mit zunehmender Exaktheit ist der Wetterbericht imstande, uns die Vorfreude auf den Wochenendausflug schon am Freitag zu vergällen; die Medizin verlängert und verfeinert unseren Vorgeschmack auf künftige Leiden; und wer ins Berufsleben eintritt, fahndet beizeiten nach einer Nische zwischen drohender Arbeitslosigkeit und dem drohenden Zusammenbruch unter der Last der Altersrenten. Wir wissen immer genauer über eine immer fernere Zukunft Bescheid – während parallel dazu die Zahl der Menschen sinkt, die ihr Leben in der Hand eines gütigen Gottes aufgehoben glauben.

Wir zahlen eben unsern Preis für die Errungenschaft, die der Mensch nach seiner Abspaltung von den Affen erwarb: dieses Vorgreifen in die Zukunft, das ein Können, aber auch ein Müssen ist – das Vermögen, für Kälte und Dürre vorzusorgen, die Fähigkeit, sich auf morgen zu freuen; aber eben auch der Zwang, sich mit der unheimlichen Frage «Und was wird morgen sein?» hoffend und bangend auseinanderzusetzen, stets begierig nach einem Fingerzeig, der das Grauen der unbekannten Zukunft mildern könnte.

In dem Maße, wie die abergläubische Zuversicht in die Vorboten des Schicksals schwand, musste *das Grübeln* an ihre Stelle treten: Habe ich alles richtig gemacht? Haben wir für den nächsten Winter, die nächste Überschwemmung genügend vorgesorgt? Werden Hagelschlag und Wirbelsturm unsere Vorsorge durchkreuzen? Werden ich und meine Sippe gesund oder krank, reich oder arm, die Sieger oder die Besiegten sein?

Ja, es ist eine leidige Sache mit dem In-die-Zukunft-Denken. Bertrand Russell gibt diesem *forethought* die Schuld, dass die Menschen weniger glücklich seien als die Tiere. Ein Vogel, der im Winter verhungern wird, könne doch einen fröhlichen Sommer haben, «aber dem Verhungern eines Menschen geht eine lange Phase der Angst voraus ... Wir erleiden nicht nur die Übel, die uns wirklich befallen, sondern dazu noch all die, von denen der Verstand uns sagt, dass wir Grund haben, sie zu fürchten ... Ich bin nicht sicher, ob die gebildeten Menschen meines Bekanntenkreises, selbst wenn sie ein sicheres Einkommen haben, so glücklich sind wie jene Mäuse, die die Krümel von ihren Tischen fressen.»

Das ist wohl der Preis des Menschseins. Er ist noch gestiegen, seit die Zukunft, nach dem bewährten Spruch, auch nicht mehr das ist, was sie einmal war. Den milliardenschweren Überbau über unsere Zukunftsangst hat die Versicherungswirtschaft errichtet. Wohl dem, der die Kraft hat, der Zukunft mit Freude entgegenzusehen – hilfsweise dann und wann an einem fröhlichen Tag den Gedanken an übermorgen zu blockieren.

Was bleibt bei so viel Sorge vor der Zukunft, Sorge für sie, Freude auf sie eigentlich übrig von der *Gegenwart?* Erscheint sie uns nicht allzu oft als ein flüchtiges Durchgangsstadium, eine bloße Vorbereitung auf das, was zu kommen droht oder kommen soll? Wir neigen dazu, nicht zu *leben,* sondern auf das Leben zu *hoffen,* wie Pascal bitter formuliert. Wenn, ja *wenn* ich endlich ein Motorrad besitze, das neue Haus beziehe, mir meine Traumreise leisten kann, wenn ich erst diesen Posten habe, wenn die Kinder ausgeflogen sind, wenn ich den Haupttreffer im Lotto ziehe: *dann* werde ich das wahre Leben führen. So sprechen wir – und damit kann der freudige Vorgriff in die Zukunft ein ähnlich großer Feind des Glücks sein, das wir *jetzt und hier* genießen könnten, wie es der angstvolle Vorgriff ist.

Achtet des Einzigen, das ihr habt! mahnte vor 2300 Jahren Epikur: diese Stunde, die jetzt ist. «Als ob ihr Macht hättet über den morgigen Tag! Wir ruinieren unser Leben, weil wir das Leben aufschieben. So sinken wir ins Grab, ohne unser Dasein recht gespürt zu haben.»

23
Die Arbeit: Last und Lust

Ganz klar: Die Arbeit ist Gottes Fluch und ist jederzeit entbehrlich. «Im Schweiße deines Angesichts sollst du dein Brot essen», scholl es Adam bei der Vertreibung aus dem Paradies entgegen (1. Mose 3,19), und «so jemand nicht will arbeiten, der soll auch nicht essen», schrieb der Apostel Paulus an die Thessalonicher (2. Thess. 3,10) – ein Satz, den Stalin in die Sowjetverfassung von 1937 übernahm. Jedoch: An den Vögeln unter dem Himmel sollen wir uns ein Beispiel nehmen, «denn sie säen nicht, sie ernten nicht, und der himmlische Vater ernähret sie doch» (Matth. 6,26).

Und was nicht alles «Arbeit» heißt! Das deutsche Wort stand einst für Mühsal und Not, das spanische *trabajo* heißt außer Arbeit auch Mühsal und Schmerz, das englische *labour* schließt die Geburtswehen ein, das lateinische *labor* hieß ursprünglich das Wanken unter einer Last. Arbeit ist also seiner Herkunft nach ein Schmerz, der vorübergeht. Für uns ist sie das Gegenteil: oft schmerzlos, sogar erfrischend, immer aber ein regelmäßiges, beharrliches, zielstrebiges Tun über Stunden, Wochen oder Jahrzehnte – und eben damit ein Gräuel für Kinder und Wilde: Sie handeln in Aufwallungen, und wenn sie Mühe investieren, dann einem greifbar nahen Ziel zuliebe.

Die beharrliche Arbeit, die Fron – sie ist erst mit der Kultur über den Menschen gekommen, also unendlich spät in seiner millionenjährigen Geschichte. Zwar gibt es Arbeiter unter den Tieren, wie Ameisen und Bienen, doch unsere äffischen Vorfahren waren schweifende Nahrungssammler, und auch unsere menschlichen Ahnen kannten jahrhunderttausendelang nicht die Last des Grabens, Schaufelns, Feuerbohrens, mit dem schließlich der große Aufschwung der Menschheit einsetzte. Bis dahin galt: Wenn ein essbares Tier erlegt und jeder Magen voll war, gab es kaum noch Pflichten.

Der radikale Einbruch der reglementierten Plackerei geschah erst vor sechs- bis achttausend Jahren mit der Einführung des Ackerbaus. Wohl konnte jeder Fleck Erde nun fünfmal so viele Menschen ernähren wie zuvor – doch um welchen Preis! Sesshaftigkeit, Häuserbau, Vorratswirtschaft, Bewässerung, Düngen, Pflügen, Säen, Ernten, Dreschen, Stapeln – und all dies fürs ganze Leben unentrinnbar festgelegt, auch bei mörderischer Hitze und selbst mit vollem Bauch, aus dem doch jeder anständige Affe das Recht auf totale Faulheit abgeleitet hatte.

Kein Wunder, dass sich zusammen mit der Landwirtschaft die *Sklaverei* ausbreitete: Nein, einem Menschen von leidlichem Rang und Verstand war solche Plage nicht zuzumuten. So trat zusammen mit Landwirtschaft und Arbeitspflicht auch die hochmütige *Arbeitsverweigerung* durch alle, die es sich leisten konnten, ins Leben. Griechen und Römer brachten es darin zur Meisterschaft, ihre Dichter und Philosophen priesen als einzige menschenwürdige Daseinsform die Muße. Und nicht nur eine herrschende Kaste erging sich im Müßiggang – alle Bürger Athens wie der Pöbel von Rom hielten Arbeit für schändlich, kein einziger Spartiat erlernte ein Handwerk, das war ihm verboten, Handwerker heißt griechisch *Banause* und ist bis heute ein Schimpfwort geblieben. Die Römer nannten das Handwerk *sordidae artes,* die schmutzigen Künste, und Aristoteles sicherte die Muße der Bürger durch ein ganzes Lehrgebäude zur Rechtfertigung des Sklavenstandes ab.

Im Mittelalter grenzte sich das Vorrecht des Nichtarbeitens auf den Adel ein, während das Bürgertum es durch wachsenden Fleiß langsam zu Wohlstand und politischem Einfluss brachte. Von dem Genfer Reformator Calvin schließlich und am konsequentesten von dem puritanischen Prediger Richard Baxter

(1615–1691) wurde die Arbeit zum vornehmsten Lebensinhalt hochgelobt. Auch der Reiche soll nicht essen, ohne zu arbeiten! verlangte Baxter. Denn Arbeit ist nicht dazu da, die Lebensbedürfnisse zu befriedigen, sie ist Gottesdienst. Und diesen Dienst hat der Fromme pausenlos zu leisten, ohne Luxus und Geschwätz und mit möglichst wenig Schlaf. Auch hilft Arbeit gegen religiöse Zweifel und sexuelle Anfechtungen, sie ist «innerweltliche Askese».

Und was taten die Gegner des Kapitalismus? Mit nicht geringerem Erfolg predigten sie, dass die Fron teils unerlässlich, teils eine Wonne sei. Der französische Utopist Charles Fourier proklamierte zu Beginn des 19. Jahrhunderts etwas Tollkühnes: das Recht auf Arbeit! Karl Marx forderte «gleichen Arbeitszwang für alle» und «industrielle Armeen besonders für den Ackerbau» (also eine Art Reichsarbeitsdienst), Friedrich Engels würdigte den *Anteil der Arbeit an der Menschwerdung des Affen;* Stalin ernannte 1935 den Grubenarbeiter Aleksej Stachanow zum Vorbild aller Sowjetmenschen, weil er sein Tagessoll um das Fünfzehnfache übertroffen hatte und damit den Weg zum Sieg des Sozialismus gewiesen habe.

Kurzum: Es ist zum Speien, wie Christen und Atheisten, Kapitalisten und Kommunisten uns gleichermaßen mit der Religion der Arbeit in den Ohren liegen. Das empfand schon Marxens Schwiegersohn Paul Lafargue, der 1883, zwischen Satire und grimmigem Ernst, *das Recht auf Faulheit* verkündete. Er geißelte «die rasende, bis zur Erschöpfung der Individuen und ihrer Nachkommenschaft gehende Arbeitssucht». Die Proletarier würden zur Arbeit *gezwungen*? Nein, sie hätten es sich in den Kopf gesetzt, die Kapitalisten zu zehn Stunden Gruben- oder Fabrikarbeit anzuhalten. Nicht verlangen – verbieten muss man die Arbeit, wenn sie pro Tag drei Stunden überschreitet! Hat sich nicht der Gott der Bibel nach ganzen sechs Tagen Arbeit auf immer ausgeruht?

Bei solcher Klage wird freilich Arbeit gleich Arbeit gesetzt: Die beharrliche, mit Mühe verbundene Tätigkeit soll *immer* ein Fluch oder ein Ärgernis sein – wie sie bei Baxter *immer* ein Segen war. Man sollte unterscheiden: Verschlingen sich in der Arbeit die Last und die Lust, wechseln sie rasch, befruchten sie einander, sind sie vielleicht zwei unzulängliche Namen für ein Mischgefühl wie die Angstlust und die Hassliebe – oder ist die Arbeit das Joch, das der Arme tragen muss?

Das Joch war sie seit der Erfindung des Ackerbaus, noch mehr der Industrie für die meisten, und für die Mehrzahl aller Menschen ist sie das noch heute. Sie schufteten unter brütender Sonne oder vor dem glühenden Maul des Hochofens, in der Finsternis des Kohlenschachts oder im Schneesturm in den Wanten der Segelschiffe, im Regen, im Staub, im Gestank; schlimm vor allem, wenn die Arbeit, wie im 19. Jahrhundert üblich, zwölf, vierzehn Stunden dauerte, und das sechsmal in der Woche.

«In Mülhausen begann die Arbeit um fünf Uhr morgens und endete um acht Uhr abends, Sommer und Winter», schrieb Paul Lafargue. «Man muss sie jeden Morgen in die Stadt kommen und jeden Abend abmarschieren sehen! Es gibt unter ihnen eine Menge bleicher, magerer Frauen, die barfüßig durch den Kot laufen; und eine noch erheblichere Zahl nicht minder schmutziger und abgezehrter Kinder, in Lumpen gehüllt, die ganz fett sind von dem Öl, das aus den Maschinen auf sie herabtropft, wenn sie arbeiten.»

Da war nicht viel Unterschied zur schieren Zwangsarbeit der Sklaven und der Sträflinge – die ja wiederum ihre erträglichen Seiten hatte. «Die Arbeit erschien mir durchaus nicht so schwer», berichtete Dostojewski aus seinem Zuchthaus in Sibirien, «denn ich erriet, dass das ‹Sibirische› dieser Arbeit nicht so sehr in ihrer Schwere und Dauer bestand als vielmehr darin, dass sie eisernes Muss unter dem drohenden Stock war» – für den Sträfling nutzlos, immerhin mit einem für ihn erkennbaren Sinn: Ziegel zu brennen und ein Haus zu mauern beispielsweise. «Zuweilen lässt sich der Zwangsarbeiter sogar von der Arbeit fortreißen, er will sie gewandter, schneller, besser verrichten.» Also gäbe es etwas noch viel Schrecklicheres, fährt Dostojewski fort: etwa einen Haufen Erde von links nach rechts zu karren und anschließend nach links zurück. Dann würde der Sträfling «sich schon nach wenigen Tagen erhängen, er würde lieber sterben als in dieser Erniedrigung, Schande und Qual weiterleben».

Ein Werk zu vollbringen – selbst für den Zwangsarbeiter kann dies ein Ziel sein, das die Fron gerade noch erträglich macht. Für den, der sich frei fühlt, liegt im Vollbringen die große Genugtuung: ob beim Tischler, wenn er letzte Hand an das Möbel legt, an das er Kunst und Mühe gewendet hat; ob beim Dichter – kein Zweiter zelebrierte sie so wie Thomas Mann: Der Fortgang des Zweiten Weltkriegs beschäftigte ihn im Januar 1945 weit weniger als die Vollendung seiner Joseph-Tetralogie; seiner Familie las er, Champagner schlürfend, das letzte Kapitel vor.

Auch Bauern haben ihre Genugtuung, wenn das Getreide und das Vieh gedeihen – zumal die letzten Bauern in den reichen Ländern, die ja zumeist nicht mehr unter Armut leiden. Als vor dreißig Jahren das Bergdorf Sursilvans in Graubünden aufgegeben werden musste (weil es keine Frauen mehr gab, die da hinauf hätten heiraten wollen), da nahmen die letzten Bewohner in der Stadt Chur Quartier – und klagten: über die Freizeit an den leeren Abenden, über die törichte Sitte der Städter, zu verreisen, und darüber, dass sie nie mehr die Chance hätten, zum Umfallen müde ins Bett zu sinken, leicht und frei.

Vom durchschnittlichen Büroangestellten oder Industriearbeiter in den reichen Ländern erwarten wir ein so entspanntes Verhältnis zur Arbeit nicht. Aber alle Untersuchungen legen die Vermutung nahe: Die Mehrzahl der Arbeitnehmer ist die meiste Zeit nicht ungern am Arbeitsplatz, und im Wechsel mit der ziemlich reich bemessenen Freizeit von heute erleben sie ihren Alltag als überwiegend angenehm – kaum könnte ja sonst die Arbeitslosigkeit als so schrecklich empfunden werden. (Im nächsten Kapitel, beim Unglück, wird sie angeleuchtet.)

Desto mehr sollte es uns beunruhigen, dass alle Probleme des Arbeitenwollens, -könnens und -müssens durch einen dramatischen Umstand gesteigert werden: Der Arbeitsgesellschaft geht die Arbeit aus. Unter Jägern und Sammlern und dann in der längsten Zeit der Landwirtschaft mussten drei Viertel der Arbeitsfähigen dafür sorgen, dass alle was zu essen hatten. In Deutschland 1845 (und in Indien 2005!) waren immer noch 55 Prozent der Erwerbsfähigen in der Landwirtschaft tätig; ihr Anteil sank in Deutschland 1935 auf 29 Prozent, 1965 auf 11 Prozent, und heute reichen bei uns ganze 2,3 Prozent der Berufstätigen aus, um alle satt zu machen (wir importieren zwar Lebensmittel, aber in ähnlichem Umfang exportieren wir).

Und wo sind die Weber, die Spinner, die Schuhmacher geblieben, wo die Millionen Kutscher, Fuhrleute und Pferdeknechte, die durch die Eisenbahn brotlos wurden? 1986 verzichtete die englische Eisenbahnergewerkschaft sogar auf den Heizer, dessen sinnlose Anwesenheit auf allen elektrischen Lokomotiven sie bis dahin zwanzig Jahre lang der Bahngesellschaft abgetrotzt hatte.

In diese Ära fiel der Versuch der Hippies und der 68er, «Leistung» zu verteufeln, gegen die ganze Ethik des Fleißes aufzustehen: «In kurzer Zeit entstand ein global verbreiteter Kosmos von Symbolen demonstrativer Trägheit», schreibt der Soziologe Gerhard Schulze in seinem Buch «Die Sünde». «Jeans, lange Haare, laszive Darbietung von Musik, am Morgen ein Joint und der Tag ist dein Freund. Noch nie hatte es eine so einprägsame Inszenierung des Nichtstuns gegeben.» (Richtig: Die müßigen Klassen der Antike, Frankreichs im 18., Englands im 19. Jahrhundert *inszenierten* sich nicht.)

Heute, sagt Schulze, zerfalle die Gesellschaft in manisch Tätige und Lethargische; der eine hetze durch den Berufsalltag wie Achilles durch die Schlacht, der andere döse vor dem Fernseher und werde dick – wir hätten die Option «zwischen *Workaholic* und *Sofakartoffel*». Der arbeitswütige Schriftsteller Arno Schmidt (1914–1979) fasste den Unterschied zwischen Viel- und Wenigarbeitern in die arrogante Formel: «Der Arbeiter ist so wenig mehr ‹der Ausgebeutete›, dass er (im Vergleich zum, sagen wir, Schriftsteller, Künstler) ein faules Vierzig-Stunden-Schwein ist, das sich im Luxus suhlt.»

Der Durchschnittsdeutsche verbringt sogar nur noch 34,4 Wochenstunden an seinem Arbeitsplatz, in der EU wurde er nach dem Stand von 2005 allein von Holland unterboten. Aber in den Dienstleistungsberufen (bei den Kellnern, bei den Krankenschwestern) ist die Arbeit oft hektischer als einst in der Fabrik und meist weniger befriedigend als die des Handwerksmeisters, und außerdem findet sich der deutsche Angestellte immer häufiger als bloßer Kostenfaktor eingeschätzt, den es wegzurationalisieren gilt. Es ist schwerer geworden, aus der Arbeit Befriedigung zu schöpfen; freilich ist sie, nach schierer Stundenzahl, auf eine Art Ergänzungsprogramm zur Freizeit abgesunken, ärgerlich vor allem durch das Korsett der Arbeitszeit.

Umgekehrt bei den Managern: Die meisten sind Workaholics, oft mit jener 70- oder 80-Stunden-Woche, die im 19. Jahrhundert das Schicksal der Industriearbeiter war. Einerseits hängt das mit dem alten psychologischen Gesetz zusammen, dass die jeweilige Oberschicht dazu neigt, das Gegenteil von dem zu tun, was die Masse macht. Solange die sich plagen musste, war es vornehm, faul zu sein, ja Signale zu setzen wie der russische Adel in der Zarenzeit: Der Abend begann für ihn gegen Mitternacht, und erst wenn die Bauern aufstanden, ging man schlafen. Jetzt, da die Masse mehr Freizeit als Arbeit hat, schöpft die Elite ihren Stolz aus ständiger Überarbeitung. Wer auf sich hält, hat viel Geld und wenig Zeit, es auszugeben.

23 Die Arbeit: Last und Lust

Wer es an die Spitze bringt, auf dem lastet in der Tat ein Leistungsdruck, wie es ihn nie zuvor gegeben hat. Die Informationsflut aus dem Computer überschwemmt ihn, nicht sofort zu reagieren kann tödlich sein, die Kommunikation mit allen Winkeln der Welt fordert ihm höchste Präsenz in jeder Sekunde ab. Obendrein plagen ihn Versagensängste; von Missgunst umlauert fühlt er sich sowieso.

Da greifen viele Manager nachts zu Schlaf- und am Tag zu Aufputschmitteln: *smart drugs* (Muntermachern) oder *brain boosters* (Denkbeschleunigern, Hirnkompressoren). Erst recht droht ihnen dann über kurz oder lang das *Burn-out-Syndrom*: das Gefühl, ausgebrannt zu sein, die Depression nach dem Dauerstress – und schließlich der Herzinfarkt, zynisch «der Ritterschlag der Leistungsgesellschaft» genannt.

Dazu natürlich immer wieder die Lust an der Macht, am Status, am Geld, manchmal sogar ein Triumph. Der Sturz eines großen Bosses aber ist besonders tief, mit wie vielen Millionen er auch abgepolstert wäre: Da ist er plötzlich ein Admiral ohne Schiffe. Da erleidet er im Wohlstand denselben Frust wie der gemeine Arbeitslose. Ja: Das erzwungene Nichtarbeiten ist ein klassisches Unglück geworden, im Lebensgefühl der meisten Betroffenen wie in der öffentlichen Meinung.

Der Muße pflegen wie die reichen Griechen und Römer? Sich in Gott versenken wie Thomas von Aquin? Das schaffen wir nicht mehr. Auch gibt es kaum noch so schöne Berufe wie den des Schäfers oder des Kuhhirten: Da musste man, bei herzlich wenig Tätigkeit, vor allem ein offenes Auge und eine fürsorgliche Gesinnung investieren – und sah doch Sinn in solchem Leben.

Sich in sinnfreiem, sinnlosem Nichtstun einzurichten, dazu ist ein erhebliches Quantum an Initiative und Phantasie vonnöten – es sei denn, man wäre in eine Gesellschaftsschicht eingebettet, die, noch im 20. Jahrhundert in England, die ewige Freizeit guten Gewissens genoss und sie mit kurzweiligen Bräuchen ausgestattet hatte. Die englische Oberschicht, schrieb David Brooks 2006 in der *New York Times*, «führte ein Leben in verhätscheltem Müßiggang (*cosseted leisure*), der nur durch Alkoholmissbrauch, Ehebruch und Jagdunfälle unterbrochen wurde».

ZWISCHENFRAGE:

Welcher Beruf ist der abscheulichste?

Der des Rechtsanwalts natürlich, sagt der amerikanische Psychologe Martin P. Seligman in seinem Buch «Der Glücksfaktor – Warum Optimisten länger leben» (einem der wenigen seriösen unter den Ratgeber-Büchern). Jedenfalls der *amerikanische* Rechtsanwalt – inmitten der hohen Kultur des erbarmungslosen Prozessierens, wie sie in den USA regiert.

Die amerikanischen Anwälte genießen hohes Ansehen, haben als höchstbezahlte Freiberufler die Ärzte überholt – und sind, nach überzeugenden klinischen Studien, in höherem Grade depressiv, herzkrank und alkoholabhängig als jede andere Berufsgruppe. Auch haben sie die höchste Scheidungsrate und treten am frühesten in den Ruhestand.

Warum? Weil sie eine pessimistische Lebenshaltung entweder mitbringen, oder im Studium erlernen, oder in der Kanzlei eingetrichtert kriegen, sagt Seligman – oder alles auf einmal. Immer das Schlimmste zu fürchten, alle möglichen Fallstricke im Voraus zu bedenken, auf jede Katastrophe vorbereitet zu sein gehört zu ihrem Berufserfolg, und obendrein werden sie darauf gedrillt, «aggressiv, parteiisch und gefühlskalt» zu sein. Kurz: Anwälte haben «einen unglücklichen, ungesunden und unmoralischen Beruf», heißt es in einer juristischen Fachzeitschrift, die Seligman zitiert.

In allen anderen Berufen sind Pessimisten *die Verlierer*, schreibt der Psychologe. Als entscheidenden Unterschied zwischen Optimisten und Pessimisten stellt er die Art heraus, wie einer auf unwillkommene Ereignisse reagiert: Stuft er sie als einmalig oder als nachhaltig und typisch ein? Sagt er sich also: «Dieses Buch ist völlig nutzlos» (der Optimist) oder «Bücher sind sowieso immer nutzlos» (der Pessimist)? Das Urteil «Alle Lehrer sind unfair» wäre pessimistisch; ein Optimist würde entscheiden: «Dieser Professor Seligman ist unfair.»

Das Unglück

24
Die große Langeweile

Vom Glück haben wir geredet – vom unstreitigen wie in der großen Liebe, vom strittigen wie in der Selbstverwirklichung; auch von Schwebezuständen zwischen Glück und Unglück wie in der Angstlust oder von wechselseitiger Durchdringung wie bei der Arbeit und in den meisten Ehen.

Nun steigen wir zum Unglück hinab, dorthin, worüber man nicht mehr zu streiten braucht: zum Misserfolg und zur Demütigung, zur Krankheit und zum Tod – einem traurigen Kapitel, zugegeben; natürlich können Sie die folgenden Seiten überblättern, bis auf S. 229 der Trost folgt. Andererseits: Wen immer das Unglück *nicht* trifft, das hier ausgebreitet wird, der hat die Chance, mit sich und der Welt höchst zufrieden zu sein – und er sollte sie nutzen. Überdies lässt sich auch vom Unglück unterhaltsam erzählen, wie das jeder gute Kriminalroman beweist: In dem wird grässlich gestorben, und mit Vergnügen lesen wir ihn doch.

Die leiseste Form des Unglücks ist die Langeweile – die Wurzel allen Übels, sagt der dänische Philosoph Sören Kierkegaard; selbst die Götter hätten sich gelangweilt, ehe sie den Menschen schufen. Sie ist der andere Feind des menschlichen Glücks, sagt Schopenhauer (der eine sei der Schmerz).

O, das Nichtstun kann ein Vergnügen sein: wenn es entweder die Ruhe nach der Plage, das Faulenzen nach der Arbeit, das Bräunen in der allzu lang entbehrten Sonne ist, also ein willkommener Kontrast – oder wenn einer, der nicht sichtbar handelt, über ein hinlänglich lebhaftes Innenleben verfügt. Stendhal sah darin das Geheimnis des süßen Nichtstuns der Italiener, des *dolce far niente*: Es sei ihr Vergnügen, «wohlig auf einem Diwan ausgestreckt ihre Seelenregungen auszukosten» (worin etwa die Engländer ihnen unmöglich folgen könnten, mangels Seelenregungen).

Nicht-Italiener bekommen die Langeweile aus einem von drei Gründen zu spüren. Zum Ersten: Wir haben einen starken Betätigungsdrang, aber wir finden kein Ziel für ihn (bei Kindern häufig, bei Erwachsenen nicht selten). Zum Zweiten: Viel Drang ist nicht da, es fehlt am Antrieb, tätig zu werden (der häufigste Fall: lähmende Lustlosigkeit, Depression). Zum Dritten aber, und da wird es politisch brisant: Wir haben durchaus den Drang, etwas zu leisten, aber keine Gelegenheit dazu – das Schicksal vieler Rentner und schrecklich vieler Arbeitsloser.

Arbeitslosigkeit! Ein merkwürdig schillernder Begriff. Im Wortsinn «arbeitslos» wären ja auch Kinder und Greise. In der politischen Bedeutung aber ist arbeitslos nur der, der erstens keiner Erwerbstätigkeit nachgeht und zweitens eben dies dringend möchte – so das populäre Verständnis und zugleich die Definition durch die *Bundesagentur für Arbeit*.

Dringend möchte! Kennen wir nicht alle ein paar hochzufriedene Schwarzarbeiter mit Arbeitslosenunterstützung – und dazu etliche Zeitgenossen, die sich in der Arbeitslosigkeit wohnlich eingerichtet haben? Schließlich gehört ein deutscher Arbeitsloser im Weltmaßstab zu den Wohlhabenden.

Strittig ist nur, *wie viele* der Millionen als «arbeitslos» Registrierten durchaus nicht dringend auf der Suche sind. Der *Spiegel* hat das seit 2001 mehrfach recherchiert, und nie ist ihm von zuständiger Seite widersprochen worden. Annähernd die Hälfte der Registrierten, sagt das Magazin, verfehlt die Definition der Arbeitslosigkeit: Sie suchen nicht oder nicht sehr dringend. In diesem Sinn schrieb die *Süddeutsche Zeitung,* die Zahl der «Arbeitslosen» teile ziemlich genau mit, wie viele Menschen sich dafür bezahlen lassen, dass sie *nicht* arbeiten; der britische Sozialminister Frank Field behauptete 1998 sogar, die Arbeitslosigkeit sei im Wesentlichen die Folge eines Wohlfahrtssystems, «das perverse Anreize schafft, nicht zu arbeiten».

Das ist unnötig böse formuliert. Aber wer dem Unglück der erzwungenen Untätigkeit nachspürt, wer von denen wissen will, die wirklich leiden, sollte sein Mitempfinden nicht an Menschen vergeuden, die er nicht meinen kann.

Reden wir also von solchen, die dringend Arbeit suchen, aber in das Unglück gestoßen werden, sie nicht zu finden. Falls sie vorher Arbeit hatten, erleiden sie gleich fünf Nackenschläge: die Niederlage; die finanzielle Einbuße; den sozialen Makel; die Abschnürung von der Geselligkeit am Arbeitsplatz – und die Langeweile daheim; und meist werden gerade die drei letzten als besonders quälend empfunden.

Wir fragen ja keinen: «Wer bist du?», sondern «Wie geht es dir?» und «Was tust du so?» Es ist die Arbeit, über die wir uns definieren und definieren lassen. Das protestantische Arbeitsethos ist noch wach in uns; das Gefühl, gebraucht zu werden, gehört zu unserer Selbstachtung; die fröhliche Faulheit des Pöbels im alten Rom widert uns an.

Für viele beginnt der Schritt in die Arbeitslosigkeit mit der Angst vor den Nachbarn: Was werden sie denken? Soll ich nicht lieber jeden Morgen irgendwo hinfahren, statt mich durch das ganztägig geparkte Auto zu verraten?

Schmerzlich vor allem fehlt der Arbeitsplatz als Ort der Geselligkeit, als Kontaktbörse. Paarbeziehungen bahnen sich in ihm so häufig an wie nur noch auf der Party oder neuerdings im Internet. Auch Freunde gewinnt man dort, man unterhält sich über den Lauf der Welt, den Fußball und das Fernsehprogramm – und das nicht nur in der Kantine: Von manchen Amtsstuben wird ja behauptet, dort gehe es vor allem um die Anwesenheit, die zur Entgegennahme von Gehalt berechtigt. Tatsache ist, dass in mancher Fabrik der DDR manche Tage mehr dem Skatspielen als der Arbeit galten, zum Beispiel wenn zum allgemeinen Vergnügen schon um neun die Schrauben ausgegangen waren. Und seltsam: Mit der bloßen Anwesenheit am Arbeitsplatz war das durchschnittliche protestantische Arbeitsethos absolut zufrieden.

Und das Problem der Arbeitslosigkeit wird wachsen. Milliarden zusätzlicher Menschen drängen auf einen Arbeitsmarkt, der wegen immer zahlreicherer Maschinen und Roboter nach immer weniger Menschen ruft. Schon heute geht eine verbreitete Schätzung dahin, dass 20 Prozent aller Arbeitsfähigen genügen würden, um alle Menschen zu ernähren, alle mit technischem Luxus zu versorgen und die Weltwirtschaft in Schwung zu halten.

Da wäre nichts dringender, schreibt der internationale berühmte deutsche Soziologe Wolf Lepenies, «als ein Nachdenken darüber, wie eine Gesellschaft aussehen kann, deren Werte-Kern nicht die traditionelle Erwerbsarbeit ist. Vielleicht werden wir in Zukunft den Willen zum Nichtstun ebenso hoch prämieren müssen wie die Bereitschaft zur Arbeit.» Das Schreckbild des Maschinenzeitalters, das *Arbeitenmüssen*, werde abgelöst durch die Sehnsucht nach dem *Arbeitendürfen*.

Solange es am Willen ausgerechnet zum Nichtstun fehlt, solange es unmöglich ist, gerade daraus Selbstachtung zu gewinnen, wird also das gelangweilte, frustrierte Zu-Hause-Herumsitzen ein immer häufigeres Schicksal werden. Nüchtern konstatierte die «Brockhaus Enzyklopädie» 2006, Arbeitslosigkeit trage zur Ausbreitung von Depressionen bei (zusammen mit dem «Verlust der Solidarität in der Familie» und der fortschreitenden Übervölkerung der Erde).

Depressionen? Da müssten wir denn wissen, inwieweit die Niedergeschlagenheit, die Hoffnungslosigkeit, die Melancholie uns angeboren ist – oder inwieweit sie durch widrige Lebensumstände hervorgerufen oder gesteigert werden kann; Brockhaus unterstellt das Zweite, und viele Wissenschaftler sehen es ebenso. Alle Untersuchungen besagen in der Tat, dass die Zahl der Depressiven in den reichen Ländern seit etwa einem halben Jahrhundert mächtig steigt, in den USA wiederum mehr unter den Weißen als unter Schwarzen und Hispanics; und nach der schweizerischen Krankenversicherungsstatistik lag der Anteil der Psychosen, Neurosen, Depressionen an der bescheinigten Erwerbsunfähigkeit bei 39 Prozent.

Sind das nun alles wirklich leidende Menschen? Oder könnten es auch solche sein, die, ob als Arbeitslose oder mit Hilfe der 35-Stunden-Woche, einfach zu viel Zeit haben, in sich hinein zu lauschen? Oder gar solche, die sich mit Hilfe eines umlaufenden Modeworts gegenüber dem Interviewer interessant machen wollen?

Wir wissen es nicht, wir müssen es auch nicht bis ins Letzte ausleuchten, und «Depression» brauchen wir es nicht zu nennen. Die Tatsache bleibt: Je höher die Zahl der Rentner und der arbeitswilligen Arbeitslosen, desto größer die Menge der Langeweile auf Erden, und ein Unglück ist die gewiss. Nichts, schreibt Pascal, «ist dem Menschen unerträglicher als völlige Untätigkeit, als ohne Leidenschaften, Geschäfte, Zerstreuungen, Aufgaben zu sein. Dann spürt er seine Nichtigkeit, seine Verlassenheit, sein Ungenügen, seine Abhängigkeit, seine Ohnmacht, seine Leere, und sogleich entsteigen dem Grund seiner Seele Langeweile, Düsternis, Trauer, Kummer, Verdruss, Verzweiflung.»

Doch ist «Langeweile» keine zulängliche Übersetzung des Begriffs, den Pascal verwendet: *ennui*. Das französische Wort, ebenso wie das italienische *la noia*, schließt die Untätigkeit aus Mangel an Chancen oder Zielen und gleichermaßen die Gemütsverfassung des Lebensüberdrusses ein, die daraus häufig folgt; für Langeweile *ohne* einen Schuss Ekel am Leben stellen die beiden Sprachen gar kein Wort zur Verfügung.

Treffend also benennen *noia* und *ennui* jene schlimme Form der Langeweile, die eine gähnende, an allem zweifelnde Schwermut ist. Einst war sie vorwiegend unter gebildeten, empfindsamen Menschen verbreitet, die ohne materielle Sorgen lebten; mit Hilfe des Langzeitstudiums und der Langzeitarbeitslosigkeit hat sie sich demokratisiert. Sie berührt sich mit dem, was das 19. Jahrhundert *Weltschmerz* nannte und was unter der heutigen Jugend als *Frust* umgeht; doch aus der Bibel war sie längst bekannt.

«Was ist's, was geschehen ist?», fragte Salomo (1,9). «Eben das hernach geschehen wird. Was ist's, was man getan hat? Eben das man hernach wieder tun wird; und geschieht nichts Neues unter der Sonne.» Franz Kafka schrieb an seine Brieffreundin Milena: «Manchmal verstehe ich nicht, wie die Menschen den Begriff *Lustigkeit* gefunden haben; wahrscheinlich hat man ihn als Gegensatz zur Traurigkeit nur errechnet.» Hermann Hesses «Steppenwolf» weinte schon 1927 den Hippies aus der Seele mit seinem Wehruf auf die innere Leere, wenn uns, «inmitten der zerstörten und von Aktiengesellschaften ausgesogenen Erde, die Menschenwelt und sogenannte Kultur in ihrem verlogenen und gemeinen blechernen Jahrmarktsglanz auf Schritt und Tritt wie ein Brechmittel entgegengrinst».

Hier bleibt festzuhalten: *ennui* ist eine furchtbare Macht, und Langeweile ist nach all den doppeldeutigen Gefühlen, auf die sich so viele populäre Vorstellungen vom Unglück reduzieren, wirklich ein Stück vom Unglück selbst. «Langeweile ruht auf dem Nichts, das sich durchs Dasein windet», schrieb Kierkegaard. «Das Schwindelgefühl der Langeweile ist unendlich wie jenes, das einen überfällt, wenn man in einen unendlich tiefen Abgrund blickt.»

Stichwort:
Der Wortschatz der Schwermut

acedia (lat./span., lat. auch *acerbitas, aegritudo, languor*): schlechte Laune, Missmut, Lustlosigkeit, Widerwille – eine «Hauptsünde» der katholischen Moraltheologie: die Versuchung der Frommen, nicht nach Vollkommenheit zu streben und ihre Pflichten gegen Gott zu versäumen; im Mittelalter ein oft beklagtes Laster der Mönche. (Vgl. S. 207)

Depression (von lat. *depressus* = niedergedrückt): Schwermut, Niedergeschlagenheit, Lustlosigkeit, Antriebsschwäche, Hoffnungslosigkeit, auch *Melancholie*. Die Depression äußert sich entweder als ständiges oder schubweise auftretendes Lebensgefühl der Bedrücktheit oder als eine Reaktion auf Verlust, Misserfolg, Demütigung, die in Dauer oder Schwere vom Üblichen abweicht. Oft geht sie einher mit unbegründeten Schuldgefühlen und Selbstmordabsichten. Überwiegend gilt die Depression als genetisch bedingt; dem widerspricht jedoch die Erfahrung, dass sie in den reichen Ländern eine starke Zuwachsrate hat. Behandelt wird sie psychotherapeutisch oder neuerdings mit *Antidepressiva* (S. 52).

ennui (frz.) Langeweile mit dem Beigeschmack von Überdruss, der *acedia* verwandt – von lat. *in odio* (gelangweilt, verhasst). Ennui ist ein Schlüsselwort der französischen Literatur des 19. Jahrhunderts (Baudelaire, Flaubert, Huysmans), ähnlich *la noia* in der italienischen Literatur (Leopardi, Moravia); ennui gilt dort als das eigentliche Unglück. Überdruss ist häufig, wenn ein Beschäftigungsdrang kein Ziel oder keinen Auslauf findet; er kann jedoch auch Ausdruck fehlenden Tatendrangs, also der Antriebsschwäche und Lustlosigkeit sein. Verwandt ist frz. *le cafard*: Trübsal, Missmut, Mutlosigkeit, Ekel (*faire du cafard:* Trübsal blasen).

Frust populäre Kurzform von *Frustration*: eigentlich Enttäuschung, Benachteiligung, Zurücksetzung, Durchkreuzung, Vereitelung, Versagung. *Der Frust* wird in der Jugend- und Studentensprache aber auch im Sinne von bloßer Lustlosigkeit, Antriebsschwäche, Melancholie verwendet und ist insoweit dem *ennui* verwandt, ebenso dem Selbstmitleid.

Langeweile (lat. *otium molestum*): der unerwünschte Müßiggang (im Unterschied zum erwünschten, der Muße, dem *dolce far niente*). Langeweile tritt auf, wenn vorhandener Betätigungsdrang nicht in Betätigung umgesetzt werden kann, weil entweder die objektive Möglichkeit fehlt (dem Gefangenen, dem Wartenden), oder die subjektive Fähigkeit (z. B. dem Kind), oder der Wille. Fehlt der Wille zur Betätigung, so geht die Langeweile über in *ennui*.

Melancholie (grch. «Schwarzgalligkeit»): Schwermut, Trübsinn, innere Leere; für Luther «das Bad des Teufels». Heute wird Melancholie überwiegend mit *Depression* gleichgesetzt.

nausea (lat.); frz. *nausée*, engl. *nausea*:
1. Übelkeit, Brechreiz, Seekrankheit
2. Überdruss, Ekel. Jean-Paul Sartres Roman «La nausée» (1938, deutsch: «Der Ekel», 1949) beschreibt den Ekel als die radikale Erfahrung der menschlichen Existenz.

Pessimismus Die Neigung, die Welt für schlecht und die Zukunft für düster zu halten.
1. *Religiöser* Pessimismus: Die Erde ist ein Jammertal, alles ist eitel.
2. *Philosophischer* Pessimismus: Die Welt ist unverbesserlich schlecht (Schopenhauer).
3. *Kulturgeschichtlicher* Pessimismus: Die Menschheit befindet sich im Niedergang (Nietzsche, Oswald Spengler).
4. *Privater* Pessimismus: die Lebenshaltung der Sorge, der Lebensangst, die Schwarzseherei (Kapitel 22).

Saudade (portug., von lat. *solitas* = Einsamkeit): Sehnsucht, Heimweh, Wehmut, Weltschmerz, schwermütige Erinnerung – ein ambivalenter Gemütszustand, der in der portugiesischen Literatur als typisch portugiesisch beschrieben wird.

Taedium (lat.): Widerwille, Überdruss, Ekel. *Taedium vitae*: der Lebensüberdruss, der Ekel am Leben.

Weltschmerz (geprägt von Jean Paul 1823): Leiden an der Welt, Empfindsamkeit für die eigene seelische Not und die Vergeblichkeit aller Dinge; bei Thomas Mann «Lebenswehmut» (im *Zauberberg*); vom *Spiegel* 1981 als «die Krankheit der Epoche» beschrieben; verspottet im «Sponti-Spruch»: «Weltschmerz ist eine Krankheit für Privatpatienten.»

25
Enttäuschung, Erniedrigung und Neid

Depression und Langeweile sind ein Unglück, das der Mensch entweder sich selber zufügt oder womit er auf widrige Lebensumstände hilflos reagiert. Als schlimmer empfinden wir meistens jenes Unglück, das wir *durch andere* erleiden: die Niederlage, die Eifersucht, den Neid – oder durch anonyme Schicksalsmächte: die Enttäuschung.

Was hat sich da einer nicht alles für sein Leben vorgenommen an Glück und Erfolg! Wenn er davon die Hälfte erreicht, hat er schon den Durchschnitt übertroffen. Wir verzehren uns nach dem Partner unseres Lebens, aber er ist unerreichbar, oder er läuft uns davon. Da will einer eine kleine Firma groß machen und landet auf dem Bauch für immer. Da träumt ein Mädchen von Hollywood und endet als sitzengelassene Freundin eines Kamera-Assistenten. Da hat einer das Konservatorium mit Bravour absolviert und giert nach einer Weltkarriere, aber auf einem Kreuzfahrtschiff muss er sich durchs Leben klimpern.

Das Scheitern ist normal. Im Wettlauf nach Glück, Ruhm, Ehre und Medaille treffen auf jeden Gewinner zehn, hundert, manchmal hunderttausend, die verloren haben.

Jagen viele dem Lorbeer nach wie in der Leichtathletik, im Beruf oder in der Politik, so ist es wenigstens noch keine Schande, nicht der Sieger zu sein. Wer sich aber auf einen Zweikampf einlässt – im Boxen, im Schach, im Endspurt um den Vorstandsvorsitz oder das Präsidentenamt: für den ist das Verlieren eine Schmach, eine öffentliche dazu; und eigentlich müssten wir staunen, wie selbstverständlich wir uns in Sport und Politik Duelle wünschen, obwohl wir wissen, dass sie zur Hälfte ein Gefühl der Erniedrigung zur Folge haben, ein Unglück schlechthin.

«Niederlagen sind unerträglich», schreibt Jan Philipp Reemtsma in seinem Buch «Über den Stil des Boxers Muhammed Ali». «Wer mit einem Geschäft bankrott macht, wessen Fuß an der Latte hängen bleibt, wer auf der Bühne ausgepfiffen wird, wem die Frau ausgespannt wird – die alle möchten brüllen vor Schmerz.»

Gerhard Schröder brüllte nicht, als er 2005 das Duell mit Angela Merkel verloren hatte – aber im Fernsehen zog er in einer Weise über sie und sein Schicksal her, als sei er unfähig, mindestens nicht willens, seine Niederlage zu begreifen. Über den jeweils unterlegenen amerikanischen Präsidentschaftskandidaten schrieb das Nachrichtenmagazin *Time* 1980, und es ist zeitlos wahr: «Hunderttausende von Meilen sind sie gereist, Zehntausende fast gleichlautende Reden haben sie gehalten, ihren Beruf und ihre Familien vernachlässigt – alles vergeblich. Wenn die Schlacht vorüber war, schleppten sie sich in ihr altes Leben zurück, enttäuscht, geprügelt und voller Schulden. Nicht nur um Macht und Prestige hatten sie gekämpft, sondern um einen Platz in der Geschichte. Und nun kann jeder sehen, wie sie gescheitert sind.»

So ist das mit den Zweikämpfen. Dem fünfzigprozentigen Risiko des Verlierens kann nur ausweichen, wer den Triumph des Siegens gar nicht erst anstrebt. Ehrgeiz ist ein Spiel mit hohem Einsatz – und einer Gewinnchance von maximal 50 Prozent, oft aber nur von 1 Promille. Er macht das Leben aufregender und bunter, er öffnet eine Tür, durch die manchmal der Erfolg und häufiger der Misserfolg hereinspaziert. Ehrgeiz ist, was hilft's, ein schlechtes Glücksrezept.

Ihn gar nicht erst an den Tag zu legen, nützt freilich wenig gegen zwei andere Formen der Kränkung: den *Neid*, die *Eifersucht*. Auch der Untätige und Bescheidene erleidet sie und der zur Untätigkeit Verdammte sogar am schlimmsten.

Was ist der Neid? In der Definition des Grimm'schen Wörterbuchs «die gehässige und quälende Gesinnung, mit der man Vorzüge oder Erfolge anderer wahrnimmt». Diese Qual sucht uns vor allem in drei Formen heim.

1. Wir beneiden den anderen, weil er uns etwas genommen hat, was wir selber hätten haben wollen: der statt unser beförderte Kollege (wobei es gleichermaßen wehtut, ob wir nun glauben, besser als er zu sein, oder einsehen, dass er der Bessere ist); der Säugling, der dem Erstgeborenen die Aufmerksamkeit der Eltern entzieht (Geschwisterneid, Futterneid). Wir fühlen uns benachteiligt und hadern mit dem Schicksal.

  Die schmerzlichste Form solchen Neides ist die *Eifersucht*: die ohnmächtige Wut auf den Nebenbuhler – oder die Wahnvorstellung, es gebe einen solchen. Da prallt die Kränkung, die Schmach, die Angst vor unwiederbringlichem Verlust auf den Instinkt der Gattung, in der das Männchen den Besitzanspruch auf das Weibchen verteidigt. Unter Tischen versteckt sich der Eifersüchtige, auf alle Gemeinheiten des Spionierens lässt er sich ein, schreibt Dostojewski in den «Brüdern Karamasow»; «er ist (versteht sich, nach einer furchtbaren Szene) auch fähig, alles zu verzeihen – wenn er nur gleichzeitig hoffen darf, dass sein Gegner unverzüglich ans andere Ende der Welt verreisen wird ... Selbstverständlich dauert die Aussöhnung nur eine Stunde, denn morgen wird der Eifersüchtige den nächsten Gegner finden.»

2. Wir beneiden den andern, obwohl er uns *nichts* genommen hat – doch selber haben möchten wir's: das Geld des Nachbarn, den Erfolg des Freundes; Sigmund Freud hat dem heranwachsenden Mädchen sogar den «Penisneid» angehängt. Neid, definiert der amerikanische Philosoph John Rawls, ist die Neigung, «ein Mehr an Gütern bei anderen feindselig zu betrachten, auch wenn es die eigenen Güter nicht schmälert». Die anderen wissen das, und viele verschaffen sich ausdrück-

lich den Hochgenuss des Beneidetwerdens: Der Besitzer des neuen Cabrios fährt besonders langsam durch seine Straße, die Diva will bei der Gala mit ihrer Robe alle Frauen blamieren.
3. Wenn wir schon nicht haben können, was der andere hat – dann soll wenigstens auch er es nicht besitzen. «Die neue Gesellschaft soll nicht nur deshalb gleich sein in Einkommen und Vermögen, damit vielen etwas *gegeben* wird», schrieb der ehemalige sozialdemokratische Regierungssprecher Conrad Ahlers, «sondern auch, damit vielen etwas *genommen* wird.» Wer zum Beispiel das «klassenlose Krankenhaus» fordert, der ahnt zumeist: Darin werden nicht etwa alle Patienten erster, sondern alle dritter Klasse liegen; aber dass sich keiner mehr in den Betten der ersten suhlen könnte: darin läge die Genugtuung. «Kohlgeruch in den Palästen – unser Sieg!», ließ der kritische sowjetische Schriftsteller Isaak Babel die Revoluzzer rufen, und da haben wir's wieder: In Palästen können wir nicht wohnen, aber wenigstens soll's in ihnen riechen wie bei uns zu Haus.

Solcher *Sozialneid* hat das gute Gewissen auf seiner Seite; das unterscheidet ihn für alle, die ihn hegen, angenehm von den unpolitischen Spielarten, deren sich ja die meisten schämen – angenehm bis zu dem Grade, dass das Unglück des Beneidens aufgewogen werden kann durch das Glück des solidarischen Kampfes gegen die Beneideten.

Und eben der Sozialneid ist der Motor der Volkswirtschaft. Die Neider, schrieb Helmut Schoeck in seinem Standardwerk «Der Neid», bekommen immer recht, sie erzwingen immer höhere Sozialhilfe und eine immer krassere Steuerprogression, und nur wer auf sie setzt, kann parlamentarische Mehrheiten erringen; ja die Beneideten haben gegenüber den Neidern eine Art Schuldgefühl entwickelt. Gerade dadurch aber ist im Abendland eine gewisse Annäherung an das undefinierbare Ideal der «sozialen Gerechtigkeit» entstanden. Doch je mehr die Lebensumstände sich annähern, umso empfindlicher reagieren wir auf die verbliebenen Unterschiede, sagt Schoeck, und ähnlich der amerikanische Volkswirtschaftler John Kenneth Galbraith: «Wir sind verletzlicher geworden, seit wir nicht mehr hungern müssen. Wer könnte mit Sicherheit behaupten, der Hunger schmerze mehr als der Neid auf des Nachbars neuen Wagen?»

Wenn das wahr ist, dann würde ohne Neid die Autoindustrie zusammenbrechen und nicht nur sie. Zugleich sinkt hier der politische Neid in den individuellen zurück – jene «giftige Kröte, die in finsteren Löchern lauert», schrieb Schopenhauer, «ein Dämon, den wir ersticken sollten».

Aber wie macht man das? Völlig frei von Neid sind wahrscheinlich nur Einödbauern (die sterben langsam aus) und ein paar sehr fromme Seelen. Auch der Fromme hat indessen seine Probleme: Einerseits setzt der Apostel Paulus den Neid gleich mit Hurerei, Geiz, Bosheit und Mord (Römer 1,29). Andererseits heißt es in Psalm 73: «Es verdross mich der Ruhmredigen, da ich sah, dass es den Gottlosen so wohl ging ... Siehe, das sind die Gottlosen; die sind glückselig in der Welt und werden reich.»

So oder so: Der Neid ist mit uns. Er ist eine Urmacht. Er war es zu allen Zeiten in allen Kulturen. Die Griechen sagten ihn sogar ihren Göttern nach. Der Neid bewegt die Welt und ist ein Stück vom Unglück selbst.

Stichwort:
Die sieben Todsünden

Der Neid ist eine von ihnen. Sie sind in jenem Katalog enthalten, den Papst Gregor der Große um 600 n. Chr. aus den vielen Verwünschungen der Bibel (zum Beispiel Markus 7,21 oder Paulus an die Galater 5,19), herausgefiltert hat, und in der katholischen Theologie gilt der Katalog noch heute. Was viele Menschen sind – neidisch, geizig, hochmütig, wütend und träge –, das dürfen sie *nicht sein*; und was die meisten mögen – fröhlich essen, trinken, lieben: Das dürfen sie *nicht tun*. Mit beidem droht ihnen die ewige Verdammnis.

Die sieben Todsünden stellen «das gute Leben unter Generalverdacht» (Gerhard Schulze in seinem Buch «Die Sünde/Das schöne Leben und seine Feinde»). «Sie bringen eine Glücks- und Menschenfeindschaft auf den Begriff, die alles verflucht, was zum Projekt des schönen Lebens gehört.»

Nun: Alles nicht. Nicht jede der sieben Sünden trägt zum schönen Leben bei. Eben nicht der NEID: Er sucht uns heim – er freut uns nicht; er ist «ein Stachel, der den Neider selber quält», schreibt Schulze selbst. Meistens nicht der ZORN, die Wut: Er ist oft ein notwendiges Ventil, aber Vorteile bringt er selten, und der Spaß ist begrenzt.

Ebenso ist der GEIZ (biblisch auch: die Habsucht, die Habgier) ein gemischtes Vergnügen: Zwar gilt er als «geil» (der modischen Werbung zufolge) – aber immer wieder wird die Genugtuung über das Gesparte und Gehortete durchkreuzt von der Sorge, noch lange nicht genug zu haben oder gar betrogen und beraubt zu werden. Auch sind viele Menschen mit sich selbst nicht im Reinen: Sie seufzen über die Kommerzialisierung des Weihnachtsfestes – und geben sich dem Kaufrausch hin. Der ist volkswirtschaftlich sowieso ein Muss: «Damit das Wachstum weitergeht, ist Habsucht erste Bürgerpflicht», schreibt Schulze.

So bleiben fürs Vergnügen von den sieben Todsünden nur vier: Hochmut, Trägheit, Unzucht, Völlerei – und drei von diesen vieren sind wiederum durchwachsen. HOCHMUT (biblisch auch Hoffart, Stolz, bei Papst Gregor *inanis gloria*, die eitle Ruhmsucht) ist zwar sicher ein Vergnügen für den, der ihn hat – für seine Mitmenschen aber so ärgerlich oder so lächerlich, dass der Hochmütige gut daran tut, seine Hoffart zu verbergen. Mit dem *Zorn* hat der Hochmut gemeinsam, dass er sich *gegen andere* richtet, wie die Mehrzahl der Zehn Gebote (Du sollst nicht töten, nicht stehlen, nicht verleumden); die übrigen Todsünden begeht der Sünder gegen Gott und sich selbst.

Die TRÄGHEIT (biblisch auch Faulheit) wurde zunächst als Laster der Mönche gegeißelt, lat. *acedia*: Missmut, Lustlosigkeit, Widerwille; vor allem die Versuchung der Frommen, ihre Pflichten gegen Gott zu versäumen. Papst Gregor machte daraus eine Sünde für alle und nannte sie *tristitia*, eigentlich Traurigkeit. Wer nach seinem Glück sucht, mag es in der Faulheit finden; einer der häufigsten Ratschläge fürs Glücklichwerden – und einer der plausibelsten dazu – besagt jedoch das Gegenteil: Tu was! (Kapitel 8).

VÖLLEREI (bei Paulus «Saufen und Fressen», bei Gregor *ventris ingluvies*, die Gefräßigkeit des Bauches) ist eines der beiden ältesten und stärksten Vergnügen der Menschheit – einerseits. Für die tonangebenden Kreise des Abendlands aber ist die Völlerei heute umgekehrt zur letzten Sünde geworden, die sie noch erschreckt (Kapitel 9).

Bleibt die UNZUCHT (biblisch auch Unreinigkeit, Wollust, Hurerei) – das andere Urvergnügen der Menschheit; auch sie aber geschmälert durch die traurige Wahrheit des alten amerikanischen Spruchs: «Alles, was Spaß macht, ist entweder verboten oder unmoralisch, oder es macht dick.»

26
Die Angst

Warum wollte er sich tief in einem Bergwerk einquartieren, der bayerische Komiker Karl Valentin? Um vor Meteor-Einschlägen sicher zu sein! Aber sind die nicht ungeheuer selten? fragte ihn Liesl Karlstadt, seine Partnerin. «Schon. Aber in diesem Fall geht Sicherheit vor Seltenheit.»

Das ist eine treffende Formel für die Gemütsverfassung, in der sich heute Milliarden Menschen befinden: Ja, die Sicherheit ist bedroht – durch Terror-Attacken, steigende Kriminalität, die Überfüllung der Erde und den Ansturm der armen Völker auf die reichen. Aber in der Einschätzung seines persönlichen Risikos ist der Einzelne meist nicht schlauer als Karl Valentin.

«Wer in seiner Wohnung auf einen Stuhl steigt, um die Deckenleuchte zu reparieren, gern eine schmaucht, regelmäßig Wein trinkt und mit dem Auto fährt, muss lebensmüde sein», schrieb Hans Leyendecker 2006 in der *Süddeutschen Zeitung*. «Ein bisschen zumindest. Jedenfalls ist, statistisch gesehen, sein Dasein weniger durch islamistische Terroristen gefährdet als durch seinen Lebensstil.» Das objektive Risiko und das subjektive Risikobewusstsein klaffen eben weit auseinander. Im Haushalt tödlich zu verunglücken ist wahrscheinlicher, als ermordet zu werden, und die Zahl der jährlichen Verkehrstoten allein in Deutschland war nach dem Stand von 2006 höher als die Anzahl derer, die im Abendland bis dahin durch die Bomben von Terroristen umgekommen sind. Aber im selben Jahr fürchteten 31 Prozent der Deutschen, sie könnten Opfer eines Bombenanschlags werden.

Das Gefühl ständiger Bedrohung wird der *Süddeutschen Zeitung* zufolge gesteigert, oft überhaupt erst erzeugt durch «eine professionelle Warn-Industrie». Der amerikanische Präsident George W. Bush bestritt seit 2001 seine Wahlkämpfe mit der Behauptung, er müsse (und nur er könne) das Volk vor neuem Terror schützen. Konrad Adenauers Lieblingsspruch hieß «Die Lage war noch nie so ernst». Die Grünen heimsen umso mehr Stimmen ein, je plastischer sie uns die mehr oder weniger drohenden Umweltkatastrophen ausmalen.

Noch gründlicher schüren *die Medien* die Ängste. Zum Ersten schon dadurch, dass ihnen kein Unglück auf dem Globus mehr entgeht – anders als zum Beispiel 1883: Da war der gewaltigste Vulkanausbruch der Geschichte, die Explosion der Insel Krakatau in Indonesien mit ihren 36 000 Toten, Deutschlands führendem Intelligenzblatt, der *Kölnischen Zeitung*, gerade mal eine Kurzmeldung auf der zweiten Seite wert. Man vergleiche das mit den Schlagzeilen über den Tsunami von 2004!

Zweitens vermehren Presse und Fernsehen die Angst unter den Menschen, indem sie sich auf alle Katastrophen gierig stürzen: Nie ist eine Bildsequenz häufiger, hartnäckiger, genießerischer über die Fernsehschirme geflimmert als die vom brennenden World Trade Center am 11. September 2001.

Zum Dritten aber produzieren die Medien in ereignisarmen Zeiten Katastrophen, die keine sind: Der so genannte Rinderwahnsinn (BSE) hat in Deutschland nicht einen Menschen umgebracht – aber nach Hunderten von Schlagzeilen den Rindfleischkonsum um 40 Prozent gedrückt, das halbe Fleischereigewerbe an den Rand der Insolvenz getrieben und Millionen Menschen das Fürchten gelehrt; und im Januar 2001 hatten Presse und Fernsehen es geschafft: Als größte Sorge der Deutschen hatte der Rinderwahnsinn die Arbeitslosigkeit (mit damals vier Millionen) überholt. Ja, da wird alljährlich «ein neues Monstrum durchs globale Dorf gejagt», schrieb 2006 der *Spiegel*. Arm in Arm mit den Politikern nähren die Medien die Angst vor allem und jedem und steigern so das Unglück auf Erden.

Was könnten wir tun, um uns nicht vor den *falschen* Ängsten zu fürchten? Die Statistik durchforsten wäre das eine. Ein Zweites: auf Zeitungen setzen, die ihre Alarmschreie hin und wieder durch Einsicht dämpfen und über untödliche Krankheiten keine Panik verbreiten. Zum Dritten, in engem Zusammenhang damit: jene «heroische Gelassenheit» kultivieren, die der deutsche Innenminister Wolfgang Schäuble 2006 aus seinem Rollstuhl heraus seinen hysterischen amerikanischen Gesprächspartnern ans Herz legte – das Leben ist immer lebensgefährlich, und vorläufig ist es wahrscheinlicher, im zivilen Straßenverkehr umzukommen als durch Terror, ob im Flugzeug oder im Wolkenkratzer. Der denkende Mensch sollte stets versuchen, sich klar zu machen, dass unser Gefühl der Bedrohtheit meist ungleich stärker als die Bedrohung ist.

Dieses Gefühl steht zwischen der allgemeinen, meist vagen *Zukunftsangst*, von der Kapitel 22 handelte (als dem Gegenstück zur *Vorfreude*, weil unsere Phantasie nun einmal in die Zukunft greifen kann und muss) – und der Angst im klassischen Wortsinn, aus der *Enge* abgeleitet, der Beklemmung: der Angst, die uns bei jäh erkannter Gefahr für Leib und Leben packt mit Herzrasen, Schweißausbruch und Atemnot, dem Unglück schlechthin.

Wenn die Angst uns zur Tat treibt, zum Angriff oder in die Flucht, kann sie lebensrettend sein; jedenfalls war und ist sie in der Evolution ein klassisches Überlebensmittel. Aber statt in eine Schutzhandlung kann die Angst auch in die Lähmung führen, die Schreckensstarre des Kaninchens, das vor der Schlange sitzt. Es ist diese Form der Angst, die in allen Kriegen grassiert, in den beiden Weltkriegen zum Schlüsselerlebnis von Millionen wurde und von den Generalen fast um jeden Preis verhindert werden soll.

Wenn um ein U-Boot herum die Wasserbomben explodierten, richtete die Angststarre keinen Schaden mehr an – aber wie, wenn eine Kompanie sich weigerte, den feindlichen Maschinengewehren entgegenzustürmen? Da wurde in vielen Kriegen mit Schnaps nachgeholfen: Kognak für die englischen Soldaten vor der Somme-Schlacht 1916, Wodka in großen Mengen für die sowjetische Infanterie im Zweiten Weltkrieg. «Für eine halbe Schale Wein und einen Viertelliter Rum wern sich Ihnen die Leute mit jedem raufen», philosophierte der brave Soldat Schwejk. Von Amerikas Soldaten in Vietnam ist bekannt, dass sie sich zu Zehntausenden mit Drogen für den Horror rüsteten.

Der Soldat vor allem, der allein ist, steigt oft hinab in die tiefsten Tiefen des Entsetzens. Da soll ein in Uniform gezwängter friedlicher Bürger die Tür zu einem finsteren Haus aufstoßen, um Männer, die ihn töten wollen, daraus zu verjagen; da lauscht, bei Norman Mailer, der Private Roth auf einsamem Posten mit gesträubten Haaren den nächtlichen Geräuschen, dem Knacken und Summen und Wispern der Tiere und der Pflanzen, und im Rekrutenunterricht hat er gelernt: Die Japaner schleichen sich lautlos an und erdolchen den Posten von hinten. Die amerikanischen Soldaten im Irak haben Grund, in jedem Zivilisten den potenziellen Mörder zu wittern und in jedem Auto die tödliche Bombe.

Dass wir wie alle höheren Tiere die Angst *brauchen*, um uns im Kampf ums Dasein zu behaupten – dafür zahlen wir einen hohen Preis. Oft jagt die Angst uns nur sinnlos und grausam durchs Leben, und oft geht sie noch dazu dem Schmerz, dem Sterben, dem Gefoltertwerden voraus. Als ob das nicht schrecklich genug wäre, auch ohne sie.

Stichwort:
Lexikon der Ängste

Adrenalin: Das Stress-Hormon, das beim Erkennen einer Gefahr in Sekundenschnelle ausgeschüttet wird und unsere Chance verbessert, die Gefahr zu bestehen. Es erhöht den Blutdruck und den Blutzuckerspiegel, beschleunigt den Puls, erweitert die Atemwege und verengt die äußeren Blutgefäße.

Agoraphobie: Das Gefühl der Bedrohtheit, der Hilflosigkeit auf großen, leeren Flächen, verbunden mit Schwäche und Schwindel; in der Wissenschaft: *Platzangst*. In der Allgemeinsprache ist «Platzangst» jedoch das Gegenteil: *Klaustrophobie*.

Angstlust: Ein jäher Wechsel zwischen Angst und Lust oder eine Mischung aus beiden (vorgestellt in Kapitel 19).

Angstkrankheiten, neurotische Angst s. *Phobie*

Furcht In der Umgangssprache: dasselbe wie *Angst*, nur ein gehobenes Wort dafür. In der Fachsprache: diejenige Angst, die einer bestimmten Gefahr, einer konkreten Bedrohung gilt, die *Realangst*; «Angst» dagegen soll nur das undeutliche Gefühl des Bedrohtseins heißen, die *Phobie* (Freud: «das Urerlebnis von Beklemmung und Preisgegebenheit»).

Klaustrophobie: Beklemmungsgefühl in engen Räumen, in Fahrstühlen, im Gedränge, auch in engen Gebirgstälern; populär: *Platzangst*. (Die steht in der Wissenschaft für *Agoraphobie*.)

Ohnmacht: Das klassische Unlustgefühl – das verbindende Element von *Angst* (Ohnmacht gegen drohende Gefahr), *Eifersucht* (Ohnmacht gegen den Nebenbuhler), *Hass* (Ohnmacht gegen den, der uns benachteiligt oder demütigt), *Neid* (Ohnmacht gegen die Erfolgreicheren); bei anderen Unlustgefühlen oft ein erschwerender Umstand (*Not, Schmerz, Trauer*).

Panik: Übermächtige, verzweifelte Angst vor einer echten oder vermeintlichen Bedrohung, zumal wenn sie zur Lähmung führt oder zu kopfloser Flucht.

Paranoia: Geistesstörung durch Wahnvorstellungen (Verfolgungswahn, Eifersuchtswahn) bei im übrigen normalem Geisteszustand.

Phobie: Krankhaft übersteigerte Angst entweder in bestimmten Situationen (*Agoraphobie*, *Klaustrophobie*, Flugangst, Prüfungsangst) oder vor Sachen und Tieren (Spinnenangst).

Stress: Überbeanspruchung, Überlastung von Leib oder Seele; in der Medizin zumal als Reaktion auf Verletzung, Verbrennung, Überforderung des Körpers, Panik; umgangssprachlich: ziemlich alles, was man als zu anstrengend empfindet, zumal eine Anstrengung ohne Erfolg.

27
Der Schmerz und der Tod

Und nun auch noch ein Kapitel über das Sterben in einem Buch über das Glück? Es hilft nichts: Irgendwie müssen wir uns ja arrangieren mit dem Unausweichlichen; versuchen wir also, uns von der Angst davor nicht überwältigen zu lassen.

Manchen hilft der Galgenhumor. «Ich habe keine Angst zu sterben», sprach Woody Allen: «Ich möchte nur nicht dabei sein, wenn's passiert.» Der Stuttgarter Kabarettist Willy Reichert, ein Liebling der Adenauer-Jahre, brillierte mit der Einsicht: «Wenn man die Geburt überlebt hat, wird oim der Tod auch net umbringe.» Kurt Tucholsky fasste den Nachteil des Gestorbenseins seufzend in den Satz: «Ich werde mir doch sehr fehlen.» Schabernack trieb sogar Luther: «Wenn ich wieder heim gen Wittenberg komm», schrieb er 1546 in Eisleben, zwei Tage vor seinem Tod, «so will ich mich alsdann in Sarg legen und den Maden einen feisten Doktor zu essen geben.»

Viele Menschen aber sind empört, dass ihr irdisches Walten, Schaffen und Genießen gegen ihren Willen ein Ende haben soll; Goethe hat das mehrfach beklagt, auch Hölderlin und mit Ingrimm Elias Canetti, Nobelpreisträger von 1981: «Der Tod ist falsch!», schrie er. Wir sollten ihm sein Ansehen rauben und uns ihm erbittert, wenn auch aussichtslos entgegenstellen.

Hoffnungslos – und vielleicht sogar mit der Einsicht verbunden: Das Nichtsterben könnte noch schlimmer sein. Dessen Schrecken hat Jonathan Swift ausgemalt. Gulliver lernt auf seiner dritten Reise (sie fehlt in den Kinderausgaben) die *Struldbruggs* kennen, eine Rasse von tausend Greisen, denen das Sterben verwehrt ist. Sie werden 80 wie andere Menschen, doch dann bleiben sie so, nur törichter, mürrischer und habgieriger. Mit 90 verlieren sie die Haare, mit 200 das Gedächtnis. Mit Sterblichen können sie kein Gespräch mehr führen, weil die Landessprache sich zu sehr verändert hat. Nach 1000 Jahren werden ihre Geburtsurkunden vernichtet. Sehen sie ein Begräbnis, so beneiden sie den Toten; sterben zu können, ist ihre einzige Sehnsucht.

Viele sehr alte Menschen kennen solche Sehnsucht auch. Die meisten aber haben Angst vor dem Tod. Anders als alle Tiere sind wir mit dem Wissen vom Ende geschlagen – oft sogar mit der Ahnung, dass ein mehrjähriges Sterben nun begonnen haben könnte. Wie reagieren wir auf die Auskunft des Arztes, dass es zu Ende gehe? Die Schweizer Psychiaterin Elisabeth Kübler-Ross (1926–2004) hat aus ihren Erfahrungen mit Sterbenden folgende typische Abfolge destilliert: Sie wollen es nicht wahrhaben – sie lehnen sich wütend auf – sie versuchen, mit dem Schicksal einen Handel abzuschließen («Wenn ich aber gelobe ...») – sie verfallen in Depression – sie fügen sich in ihr Schicksal.

«Es ist leicht zu sterben», schreibt Antoine de Saint-Exupéry, «wenn das Sterben in der Ordnung der Dinge liegt. Es ist nicht schwer für den Bauern aus der Provence, wenn er am Ende seines Erdenlaufs seine Ziegen und seine Ölbäume den Söhnen übergibt, damit die sie einst an die Kinder ihrer Kinder weiterreichen. In einer Bauernsippe stirbt man niemals ganz.»

Bäuerlich leben heute kaum noch drei Prozent der Mitteleuropäer. Gläubig genug, um auf den Himmel zu hoffen oder sich vor der Hölle zu fürchten, ist auch nur noch eine Minderheit, und dass die Macht des Todes überwunden sei durch die Auferstehung Jesu, vermag erst recht nur die wenigsten zu trösten. Selbst sehr fromme Menschen hatten ja ihre Probleme damit: Meine Frau und ich, schrieb Luther 1542 zum Tod seiner Tochter Magdalena, «sollten nur froh und dankbar sein über ihr seliges Ende, durch das sie der Gewalt des Fleisches, der Welt, der Türken und des Teufels entkommen ist» – eigentlich. «Doch die Macht der Liebe ist so groß, dass wir es ohne Schluchzen und Wehklagen des Herzens nicht vermögen.»

Für die Mehrheit der Abendländer ist der Tod einfach ein unerwünschtes, widerliches Ende, oft begleitet von Wut über die Reisen, die man nicht mehr machen, die Werke, die man nicht mehr vollenden, oder gar von Verzweiflung über die Angehörigen, für die man nicht mehr sorgen kann. Die meisten legen auch durchaus keinen Wert darauf, im christlichen Sinn ihren Frieden mit Gott zu machen – am liebsten stürben sie jäh, im Schlaf oder in einer Narkose; da wären sie ja für ihr Bewusstsein nie gestorben.

Denn schrecklicher als der Gedanke an den Tod ist den meisten die Angst vor dem langsamen Sterben. «Daliegen und sich anscheißen und gewaschen werden und die Letzte Ölung kriegen – das heißt sterben», sagt der Wiener Schriftsteller Ernst Jandl. Auch manchem Frommen fällt es schwer, in Ansehung all der Qualen und der Scheußlichkeiten in Krankenhäusern, Lazaretten, Pflegeheimen an einen gütigen Gott zu glauben. Sigmund Freud starb nach 23 Operationen 1939 an Gaumenkrebs, und zuletzt verweigerte der Hund, an dem er hing, ihm den Besuch, des Geruches wegen. Unglaublich tröstlich klingt ja der Satz eines amerikanischen Predigers: «Für das geschorene Lamm sänftigt Gott den Wind» (*God tempers the wind to the shorn lamb*) – und offensichtlich ist er falsch.

Ergeben denn Lust und Leid auf Erden wenigstens eine halbwegs ausgeglichene Bilanz? Ach nein. Schon Schopenhauer hat darauf hingewiesen (und manchmal hat er recht): Wäre doch das Glück des großen Fisches, der gerade zehn kleine verspeist, so groß wie die Summe des Entsetzens, das er den kleinen bereitet – wir könnten noch von einer halbwegs ausgewogenen Weltordnung sprechen. Aber so ist es ja nicht; der große empfindet schmatzend ein leichtes Behagen.

Menschen werden nur selten noch gefressen – dafür bereiten sie einander in Folter, Mord und Krieg mehr Leid als jede andere biologische Art. Und wo die Zivilisation regiert, wüten wir schon gegen solche Schmerzen, die unseren Ahnen als erträglich, ja selbstverständlich erschienen wären: ein triefendes Auge, ein eiternder Zahn. Mit dem Wohlleben ist unsere Schmerztoleranz dramatisch gesunken, und die Zahnärzte werden gut daran tun, nach der Ausschaltung der großen Schmerzen durch die Spritze endlich den kleinen widerlichen Schmerz des Spritzens zu beseitigen.

Unterdessen werden wir immer älter, und mit dem späten Leben laufen wir immer mehr Gefahr, vom Verfall gezeichnet und von langem Leiden heimgesucht zu werden «Alt werden ist nichts für Feiglinge», sprach Goethes Leibarzt Christoph Wilhelm Hufeland. Charles de Gaulle nannte das Altwerden einen «Schiffbruch», der amerikanische Schriftsteller Philip Roth «ein Massaker». Thomas Mann schrieb als 77-jähriger in sein Tagebuch: «Das Alter zeigt sich darin, dass die Liebe von mir gewichen scheint und ich seit langem kein Menschenantlitz mehr sah, um das ich trauern könnte.»

Besonders traurig verlief Winston Churchills letzte Lebensphase. 1955 mit 80 Jahren als britischer Premierminister endgültig zurückgetreten, lebte er noch fast zehn Jahre lang – zufrieden im Rückblick auf ein turbulentes, triumphales Leben? Nein: schwerhörig, übellaunig, mehr und mehr in Apathie verfallend. «Von diesen zehn Jahren ist nichts mehr zu berichten», schreibt sein Biograph Sebastian Haffner. «Sie begannen in Bitterkeit; die Bitterkeit ging über in Schwermut und Langeweile; und die Langeweile in langsames Erlöschen. Allmählich, als die Jahre vergingen, fiel es auf, dass er nicht starb.»

Genug, genug. Ja, es gibt viel glückliches, fröhliches, lebenslustiges Alter – in Lebensjahren, in denen man früher schon ein Wrack oder längst eine Leiche gewesen wäre. Sie schlagen eben später zu, der Verfall und der Tod. Buddha, der Fürstensohn, erschrak dermaßen, als er, bis dahin von der Welt abgeschirmt, mit 29 Jahren einem hinkenden, zahnlosen Greis begegnete, dass er aus dem Reichtum in die Wüste und die Armut floh auf der Suche nach Erlösung.

Denen, die nicht auf Erlösung hoffen, bleibt nur zweierlei: Sie können jeden Gedanken an das Sterben blockieren; und das muss keine Flucht vor der Wahrheit – es kann die Ökonomie des Lebens sein, das sich sein gutes Recht verschaffen will, so lange es nun mal währt.

Oder sie könnten ihr zuzwinkern, der Vergänglichkeit, sie könnten für die Tage, für die Jahre, die uns bleiben, den Lebensmut, die Lebensfreude steigern, gerade indem sie hinter der Sonne den bleichen Mond des Unvermeidlichen am Himmel sehen. «Wer sich sein reifes Leben lang Mühe gab», schrieb Golo Mann als Achtzigjähriger, «wer Freude für sich und andere suchte, wer mit angeborenen Schwächen so weit wie möglich zurecht kam, wer seine Talente nicht brach liegen ließ, wer an Treue glaubte und sie übte, wer half, wo er helfen konnte und Helfen Sinn hatte, wer einmal dies glaubte und einmal das, weil er eben ein Mensch und kein Engel war – was sollte der vom Tode fürchten?»

Jeden Tag könnten wir beginnen mit dem Ruf «Hurra, ich lebe noch!» (auch wenn das stark an den Titel eines Romans von Johannes Mario Simmel erinnert), und jeden Abend könnten wir den Toast ausbringen (auch wenn Schiller ihn Wallensteins Soldaten grölen lässt):

Trifft's heute nicht, so trifft es doch morgen.
Und trifft es uns morgen, so wollen wir heut
Noch schlürfen die Neige der köstlichen Zeit.

ZWISCHENFRAGE:

Was bedeutet der Tod für Dietrich Grönemeyer?

«Für mich bedeutet er einen Übergang», schreibt Dietrich Grönemeyer, Bestseller-Autor und laut Klappentext «Deutschlands wohl bekanntester Arzt», in seinem 2006 erschienenen Buch «Lebe mit Herz und Seele». «Ich sehe den Tod weder als Höhepunkt meines Lebens noch als Bedrohung des Eigentlichen.»

Was ist die Seele für Grönemeyer? «Für mich das, was ich mitbekommen habe, was auch immanent da ist und auch in das Immerwährende zurückkehrt. Die Seele drückt für mich diese Verbindung zur Schöpfung, zu dem Gott – gemeint als nichtgeschlechtliches Wesen – aus.»

Was sind die wirklichen Freuden des Lebens? Sie sind «ganz elementar: ob ich mich nun bewege, ob ich für Gäste koche und in der Gemeinschaft esse oder laufe, ob ich lache oder singe, tanze oder schwimme oder in den Bergen wandere». Überhaupt das Singen! «Wenn man singend gemeinsam schwingt, dann löst sich alles auf, man wird ein Teil des Ganzen und besteht in der Harmonie des Zusammenklangs auf einmal nur aus erfüllter Glückseligkeit. Im Singen verbindet sich manchmal alles mit allem.» Kurz: Das Singen gehört zu den «zweckfreien Genussaktivitäten».

Was *braucht* Grönemeyer? Vor allem Ruhe – «eine innere Quelle, ohne die inhaltsbezogenes Agieren nur bedingt möglich wäre». Was wünscht sich Dietrich Grönemeyer? Integrative Konzepte für gelebte Solidarität! Das Gestalten von Prozessen des Zusammenlebens! «Wir Menschen, alle Menschen, sind gleich.» So schwärmt er von der «geschwisterlichen Hochstimmung während der Fußballweltmeisterschaft».

Und wie steht es mit dem Glück? «Meine eigene Erfahrung: Die Erfahrung der Freude in diesem Leben ist nie durchgängig ... Glück – das ist für mich der Ernstfall des Lebens.» Dazu ein wirklich guter Rat: «Lass dich nicht leben – lebe selber.»

Wie aber löst Grönemeyer das Problem der Arbeitslosigkeit? «Alle Prognosen zeigen: Es werden immer mehr Leute arbeitslos werden ... Wir müssen uns jetzt nur fragen: Liegt darin nicht möglicherweise auch eine Chance für die Gesellschaft? Wie können wir die Zeit, die da frei geworden ist, sinnvoll gestalten? Wir könnten doch endlich anfangen, im kulturellen, im sozialen, im psychosozialen Bereich ganz neue Inhalte zu schaffen oder alte Inhalte neu zu gestalten.»

28
Machen Religionen glücklich?

Nein, die Menschen glücklich zu machen ist nicht das höchste Ziel des Christentums und der anderen großen Religionen – Hiob hat es gespürt und beklagt, der Philosoph Gottfried Wilhelm Leibniz hat es beschrieben und begründet. Das höchste Ziel der Religionen ist die *Erlösung*. Dennoch haben sie die Summe des Glücks auf Erden außerordentlich vermehrt, freilich die des Unglücks auch.

Sie haben die *Hölle* in die Welt gesetzt, als Schreckbild und Zuchtmittel; zuweilen dem Sterbenden, wenn er keine Reue zeigte, vom Priester «mit der Lunge der letzten Posaune» entgegengeschrien (Kleist, «Der Findling»), von Dante ausgemalt als Abgrund voll Feuer, siedendem Wasser und Gestank, wo die Sünder in Baumstämme eingezwängt, von Steinen zermalmt, durch Kot gejagt, im Schlamm begraben werden, mit brennenden Füßen, zerstochen von Ungeziefer, mit Würmern in den blutenden Wunden: «So gingen wir am roten Sud von hinnen, aus dem die Rotte der Gesottnen schrie.»

Der Hölle auch auf Erden eine Heimstatt zu schaffen, haben sich die christlichen Kirchen jahrhundertelang mit Erfolg bemüht: mit Inquisition, Folter, Mord und Krieg. Zweieinhalb Jahrhunderte lang wurden die französischen Protestanten, die Hugenotten, drangsaliert, außer Landes gejagt und in elf Kriegen und noch mehr Massakern hingemetzelt. Kreuzzüge, Albigenserkrieg, Hussitenkriege, Dreißigjähriger Krieg – eine entsetzliche Blutbahn haben Religion und Kirche durch unsere Geschichte gezogen.

Dass der Glaube dabei oft nur eine Zutat war und dass Krieg

und Folter sich als bloße Verirrung betrachten lassen, mag auf dem Schuldkonto mildernd berücksichtigt werden; getilgt ist es damit nicht. *Alle* Religionen und Ideologien werden durch Verirrungen entstellt und haften doch für diese, falls sich vermuten lässt, dass eine Glaubenslehre das Entstehen von Verirrungen begünstigt, die ohne sie nicht entstanden wären. Nach den ersten hunderttausend Toten im Namen einer Religion muss die Frage erlaubt sein, ob der Menschheit nicht ohne diese Religion viel Unheil erspart geblieben wäre, mögen die Henker sie nun richtig oder falsch gedeutet haben. Das Gute zu *wollen* ist zu wenig; es zu *bewirken*, darauf kommt es an.

Auch wenn sie die Leute leben ließ und nicht mit glühenden Zangen zwickte, hat die Kirche nachhaltig zum Unglück von Millionen Menschen beigetragen. Sie hat den Leib und seine Freuden verteufelt, den Geist mit Scheuklappen versehen, die Gewissenspein zum treuen Begleiter gemacht und mit der *Erbsünde* das Äußerste an Verstrickung ersonnen; zu den Folgen dieser Sippenhaft gehört die gespenstische Eile, mit der strenggläubige Katholiken ihre Kinder taufen lassen: weil auch am Neugeborenen die Erbsünde haftet, sodass es, falls es ungetauft stürbe, von der heiligmachenden Gnade Gottes ausgeschlossen bliebe.

Was die Kirchenväter demgegenüber als Glückseligkeit verkündeten, war meist die eine: Gott zu schauen, wie Thomas von Aquin nicht müde wurde zu betonen – mithin kein Glück von dieser Welt. Wie ein Paradies beschaffen wäre, hat kein Theologe uns je anschaulich gemacht, und dass alle Paradies-Vorstellungen ohnehin zerschellen am Fehlen des Kontrasts, versuchte Kapitel 10 nachzuweisen.

Das irdische Glück, das die Kirche wirklich spendete, lag anderswo – im *Trost*. Tröstlich ist schon das Gebet: Wer in Not und Ohnmacht glaubt, er könne damit Gehör finden bei einer allmächtigen Instanz, sieht sich dem Schicksal nicht mehr ganz so hilflos ausgeliefert, er kann dem Leid einen Rest von Tätigkeit entgegenstellen.

Tröstlich ist, zum Zweiten, die Überzeugung, man sei in eine sinnvolle Weltordnung eingebunden; auch Elend, Schmerz und schreiende irdische Ungerechtigkeit fänden in Gottes unerforschlichem Ratschluss irgendwie ein Heim. Den meisten von uns ist es ja unerträglich, sich vorzustellen, dass etwas nur *sei* und nichts *bedeute*, dass das Leben einfach stattfinde, nackt, beziehungslos, in brutaler Gleichgültigkeit gegen mich und alles, was ich begreifen kann.

Bedeutung wurde zunächst (und wird überraschend oft noch heute) durch den Aberglauben verliehen. Wenn es donnert, zürnen die Dämonen; wenn das Salzfass umfällt, gibt es Streit; wer sich bei einer heftigen Vorfreude ertappt, tut gut daran, dreimal auf Holz zu klopfen. Und die Planeten! Seht nur, da zieht die Venus ihre Bahn, der Abendstern, der uns Schönheit und Liebe verheißt, der uns kleine Menschen für dieses empfänglich macht und zu jenem geneigt! Welch schöner Wahn – verglichen mit der Einsicht, dass die Venus tot ist und uns vollständig ignoriert, wie das gesamte All. Wir wollen eingebunden sein, in organischen Zusammenhängen leben, und daher ist jede Bedeutung besser als keine und noch die falsche Orientierung willkommen, verglichen mit der Wüste, in der kein Wegweiser steht.

Dies nicht zuletzt macht die Tröstung, den Zauber der Religionen aus: dass sie den kleinen Hintersinn des Salzes und der Blitze in den großen, erhabenen Rahmen spannen. Da fällt kein Spatz vom Dach ohne Gottes Willen, und jedes Haar auf dem Haupt hat er gezählt (Matthäus 10,29f.), und gerade wenn Gott uns züchtigt, hat er uns lieb (Hebräer 12,6–8). Ja, das sind glückliche Leute, die überall Gott vernehmen! sagt Novalis.

Dem Balsam des Aberglaubens an eine beseelte Welt, in der den Sternen jedes Menschlein wichtig ist, und dem Labsal des

Gebets, falls man glaubt, höheren Ortes Gehör zu finden – diesen beiden stellt das Christentum die dritte, die größte Tröstung zur Seite: «Kommet her zu mir alle, die ihr mühselig und beladen seid, ich will euch erquicken» (Matthäus 11,28). Sätze wie dieser müssen den Armen und den Heimgesuchten eine nie zuvor vernommene Musik gewesen sein. Da das Unglück sich seine Opfer mit widerlicher Willkür sucht und vielen Leidenden kein irdischer Ausweg winkt, war hier ein Hafen, worin noch der Elendeste Hoffnung finden konnte.

Selbst wer sich nach der neuen Lehre als Sünder fühlen musste – und das waren nun die meisten: dem winkte eine Chance von äußerster Großmut und unvergleichlicher Tröstungskraft – zur Umkehr war es *nie* zu spät. *Jede* Sünde wurde vergeben, wenn der Gläubige sie bekannte und Buße tat. Alle irdischen Verhältnisse waren damit in begeisternder Weise auf den Kopf gestellt: Für die Unbedachtheit einer einzigen Minute muss mancher eine weltliche Strafe tragen, die das ganze Leben währt, und kein Grad von Zerknirschung vermag einen verpfuschten Lebenslauf zu revidieren. Doch die große Mutter Kirche umarmt auf dem Sterbelager noch ihr missratenstes Kind, ja in mutwilliger Umstülpung der weltlichen Werte versichert sie ihm, ein reuiger Sünder sei dem Himmel *lieber* als 99 Gerechte, die der Buße nicht bedürfen (Lukas 15,7). Nie zu spät – welche Kühnheit, welch Frohlocken!

Den deutlichsten Beitrag zur Mehrung des Glücks auf Erden hat das Christentum mit der Aufforderung geleistet, seinen Nächsten zu lieben wie sich selbst, ja seinen Feind zu segnen. In vollem Wortsinn zwar sind dem nur wenige Menschen nachgekommen; einige Sekten, wie die Quäker, haben es versucht – nach den Worten von Douglas Steere, Professor an der Quäker-Universität in Haverford, sind sie dabei dreierlei zugleich: «grenzenlos glücklich, absolut furchtlos und immer in Schwierigkeiten».

Wie weit überhaupt *darf* Nächstenliebe gehen? Soll der Vorgesetzte, der einem Angestellten kündigt, dessen Schmerz und Wut mit den Worten lindern: «Ich weiß durchaus, dass Sie tüchtiger sind als ich; Sie zu entlassen ist eine Gemeinheit und eine Idiotie; aber ich kann Sie nun mal nicht leiden, weil alle Sekretärinnen Ihnen schöne Augen machen.» Das müsste nicht wahr sein; doch *lieb* wäre es, dem ohnehin Gedemütigten das Gefühl zu gönnen, dass, wenn schon nicht die Macht, so alles Recht auf seiner Seite sei.

Ist also der Appell «Liebet eure Feinde!» auch eine Überforderung unserer seelischen Möglichkeiten, so hat er doch Weltgeschichte gemacht und das Unglück auf Erden verringert. Aus seinem Geist ist der Respekt vor dem Individuum entstanden, und damit unser schönes Bündel bürgerlicher Freiheiten, bis zu dem Recht jedes Einzelnen, nach seinem privaten Glück zu streben, wie es Thomas Jefferson verkündete (Kapitel 31); dem Geist der Nächstenliebe entsprangen das Rote Kreuz und noch die *Entwicklungshilfe*. Sie ist ein später Triumph der Bergpredigt; sie drückt die Gesinnung aus, dass wir dafür zuständig sind, die Armut und das Leiden anderer Völker zu mildern. Selbst die fernsten Menschen des Planeten sind in den letzten Jahrzehnten unsere Nächsten geworden.

Eine andere Frage freilich ist, ob das, was wir als Befreiung vom Unglück meinen, am Ziel auch Glück stiftet. Nicht nur, dass Geld und Industriegüter oft vertan werden oder in die falschen Kanäle fließen – auch wo sie genau das bewirken, was sie wollen (nämlich Industrialisierung, Schaffung von Arbeitsplätzen, Steigerung der Erträge, Erhöhung des Lebensstandards), sind sie immer noch der Ausdruck einer bestimmten und nun wiederum unchristlichen Glücksphilosophie: nämlich dass *Lebensstandard* das höchste aller Güter sei. Indem wir unsere Vorstellung vom Glück exportieren, stören oder zerstören wir oft das bescheidene Glück des wunschlosen Vegetierens oder das starke

Glück des weltabgewandten Meditierens, das dem Lebensgefühl der betroffenen Völker in höherem Grade entsprechen könnte.

Längst haben umgekehrt bei uns die Glücksimporte aus dem südlichen und östlichen Asien Konjunktur: Yoga und Zen, Hare Krishna und Transzendentale Meditation; gelehrt von Gurus, Pandits, Bhagwans und Yogis, von Heilsbringern wie von Scharlatanen, von überzeugten Predigern der inneren Erleuchtung bis zu hausgemachten Halbgöttern mit zehn Rolls-Royces in der Garage; mit einem Heilsangebot, das die entspannende Sitz- und Atemtechnik und das eindrucksvolle Auftreten zum Zweck der Gehaltserhöhung ebenso einschließt wie das Hinausbrüllen von Aggressionen oder jene Szene, die der Physiker und Philosoph Carl Friedrich von Weizsäcker am Grab des Hindu-Heiligen Sri Ramana Maharshi erlebte: «Als ich die Schuhe ausgezogen hatte und im Ashram vor das Grab des Maharshi trat, wusste ich im Blitz: ‹Ja, das ist es› ... Ich nahm die Umwelt noch wahr, die surrenden Moskitos, das Licht auf den Steinen. Aber im Flug waren die Schichten, die Zwiebelschalen durchstoßen, die durch Worte nur anzudeuten sind: Du – Ich – Ja. Tränen der Seligkeit. Seligkeit ohne Tränen.»

Solches Glück, vermutlich, bleibt den meisten verschlossen. Die Rolle der Religionen in der Glücksbilanz der Menschheit wird indessen noch undurchsichtiger, wenn wir zwei Extremfälle betrachten wie diese: Albert Schweitzers Verzweiflung in höchster Frömmigkeit – und die mutmaßliche Begeisterung des Mohammed Atta (und vieler seiner Glaubensbrüder), als er am 11. September 2001 das World Trade Center auf sich zurasen sah.

«Ehrfurcht vor dem Leben» war es, was der Theologe und Missionsarzt Albert Schweitzer in seinem gleichnamigen Buch von 1919 forderte; nach 1945 machte er in Deutschland damit Furore, 1952 bekam er den Friedensnobelpreis. Wenn Schweitzer die Ehrfurcht vor dem Leben als Gebot aufstellte, so in der vollen Einsicht, dass die Natur sie *nicht* kenne, sondern «grausigen Egoismus» lehre, ja dass «der Gott, der sich in der Natur offenbart, die *Verneinung* von allem ist, was wir als sittlich empfinden».

O ja, schön und großartig sei die Natur – von außen betrachtet, schreibt Schweitzer. «Aber in ihrem Buch zu lesen ist schaurig. Und ihre Grausamkeit ist so sinnlos! Das kostbarste Leben wird dem niedersten geopfert ... Wie oft packt mich in Afrika das Entsetzen, wenn ich das Blut eines Schlafkranken untersuche!» Warum müsse der in heulendem Elend zugrunde gehen? Weil ein paar Geißeltierchen, den fünfzigsten Teil eines Millimeters lang, Macht über ihn bekommen hätten.

Aber Schweitzer will nicht in Zynismus verfallen, umgekehrt: Die Nächstenliebe will er ausdehnen auf alles, was lebt, der Grausamkeit der Natur will er die Ehrfurcht vor dem Leben entgegenstellen. Freilich: «Wer einmal das Weh der Welt in sich erlebt, der kann nicht mehr glücklich werden in dem Sinne, wie der Mensch es möchte»; das einzige Glück, das das Leben erträglich mache, sei das Gute, das wir selber schaffen können.

Am anderen Ende der Skala steht die traurige Wahrheit, dass zu den glücklichsten Menschen wahrscheinlich die religiösen Fanatiker zählen, ob Christen, Juden oder Muslime. Da hat dieser Mohammed Atta Jahre seines Lebens zielstrebig und besessen in den, wie er meinte, Auftrag Allahs investiert, den Ungläubigen das Äußerste an Schmach anzutun – und können wir ausschließen, dass er in seinen letzten Sekunden, bevor er die Flammenhölle entzündete, hingerissen die Stimmen zu vernehmen glaubte, die man ihm verheißen hatte: «Allah erwartet dich! Engel rufen deinen Namen.»

Da hat es etwas für sich, auf die Unvereinbarkeit der großen Religionen zu verweisen, wie es der kalifornische Neurowissenschaftler Sam Harris 2003 in seinem Bestseller «The End of Faith» getan hat; gerade die Religionen seien es, die das Aufkommen einer praktikablen Welt-Zivilisation verhinderten. Oder mit Sigmund Freud von einer «wahnhaften Umbildung der Wirklichkeit» durch die Religionen zu sprechen, die Glück sichern und vor Unglück schützen solle. Oder wenigstens mit Kurt Tucholsky zu sagen: «Ihr müsst euch schon daran gewöhnen, dass es sehr vergnügte Heiden gibt. In mir ist nichts, was erlöst werden muss.»

29
Der Trost und der Trotz

Reden wir von Friedrich Jahn, dem Waisenkind aus Linz, das es erst zum Kellner, dann zum «Hendl-König» brachte, dann sein Imperium zerbrechen sah – und sich ein heiteres Alter bereitete.

Mit 31 Jahren, 1955, hatte Jahn die Idee, die ihn bald darauf für fast dreißig Jahre zum wandelnden «Wirtschaftswunder» machte: in einem Gasthaus, das er «Wienerwald» taufte, nur Brathähnchen anzubieten – dies aber gut, billig und in beschaulichem Ambiente. 1965 hatte er es schon auf 174 Schnellrestaurants gebracht, halb Deutschland kannte seinen Werbespruch «Heute bleibt die Küche kalt – wir gehen in den Wienerwald», und er expandierte weiter: 1975 gab es in neun Ländern 375 «Wienerwälder», jede neue Filiale eröffnete er selbst, nicht ohne, zwischen den Tischen tänzelnd, mit den Gästen zu plaudern und Wiener Stimmungslieder vorzutragen. Im selben Jahr kaufte er 34 Hotels – ein Schritt zur Überdehnung seiner Kraft, der ihn dem Abgrund näher brachte.

1978: 551 Filialen in Europa – in den USA zwei Restaurantketten mit 883 Häusern dazugekauft – Privatjet für überfallartige Inspektionen – allgegenwärtig, für alles zuständig und immer noch bei jeder Neueröffnung dabei. 1982: 1600 Hendl-Gaststätten, 27 000 Mitarbeiter, zwei Milliarden Mark Umsatz – und 260 Millionen Mark Schulden. Jahn meldet für einen Teil seines Imperiums Insolvenz an und überträgt auf Druck der Banken das operative Geschäft einem Management. 1986: Einen Teil seiner Restaurantkette muss er verkaufen, 1988 verscherbelt er den Rest.

Ist er nun gebrochen, zerstört, ein Selbstmordkandidat? Nicht im Geringsten. Er gründet eine Gastronomie-Beratungsgesellschaft, wird Mitglied des Verwaltungsrats eines Schweizer Unternehmens und bekommt das Goldene Verdienstkreuz der Stadt Wien verliehen. Und natürlich: Er schreibt seine Memoiren («Vom Kellner zum Millionär und zurück»), lässt eine Platte von seinen Wiener Liedern pressen und singt fröhlich vor dankbaren Greisinnen im Altersheim. 1998 stirbt er, 74 Jahre alt.

Es ist nicht jedem gegeben, mit einer furchtbaren Niederlage so gelassen umzugehen. Aber jedem, der sie erleidet, kann der Hendlkönig ein Vorbild sein mit dem Talent, Trost zu finden und Trotz zu bieten. Hellwach sind ja unsere Instinkte, wann immer die Göttin Fortuna gegen uns entschieden hat; bewährte Sitten kommen uns zu Hilfe, und das noch in der tiefsten Trauer – ob wir nach dem Begräbnis einen Leichenschmaus auftischen, bei dem oft schon wieder das erste Lachen aufklingt, oder ob wie in New Orleans die Musikanten, die mit Trauermärschen zum Grab geschlichen waren, den Friedhof mit dem schmetternden Übermut des Dixie Jazz verlassen.

Den Trost verschaffen wir uns zumeist durch *Kompensation* oder durch *Flucht* – und wenn der Gedemütigte als Erstes eine Weltreise antritt, so hat er beides auf einmal. Flucht sonst in eine Illusion, wie Kino, Fernsehen, Computerspiele sie anbieten; oder in eine bisher vernachlässigte Tätigkeit: Klavier spielen, sich um die Kinder kümmern, den Garten bestellen; oder in den Alkohol und den Kummerspeck.

Kompensation ist der Versuch, sich für das Scheitern auf einem Feld mit Erfolgen auf einem anderen schadlos zu halten: stellvertretende Aktion. Der im Büro Düpierte gibt auf der Heimfahrt Vollgas auf der Autobahn; der von seinem Lebenspartner Betrogene sucht nach anderen Erfolgen in der Liebe – nach dem Satz von Max Frisch: Eifersucht sei «noch selten durch die Würde stiller Beherrschung getilgt worden, eher schon durch eigene Untreue».

Es bleibt der Weg, sich den Trost zu ergrübeln – sei es in der simplen Form, dass wir die süßen Trauben, die wir nicht erwischen, zu sauren Trauben degradieren; sei es in einem aufwendigen Gedankenspiel, wie Daniel Defoe es seinen Robinson betreiben lässt: «Ich bin auf eine einsame Insel verschlagen, ohne alle Hoffnung, wieder fortzukommen – aber ich bin nicht ertrunken wie alle meine Schiffsgefährten. Ich bin ein aus aller menschlichen Gesellschaft Verbannter – aber ich bin nicht verhungert an einem Ort, der keine Nahrung bietet. Ich habe keine Kleider, um mich zu bedecken – aber ich bin in einem heißen Klima, wo ich keine Kleider tragen könnte, selbst wenn ich welche hätte.» Und ähnlich schlicht noch weiter, mit dem Fazit: «Indem ich dies dachte, begann ich Gott dafür zu danken, dass er mich auf diese Insel gebracht hatte.»

Das klingt nach einem Übersoll – vermutlich eher in erbaulicher Literatur zu Hause als auf einsamen Inseln oder im wirklichen Leben. Reden wir also jetzt von einer überaus beliebten und zugleich heftig befehdeten Tröstung, derer wir ganz ohne Mühe habhaft werden können: der *Schadenfreude*. Schopenhauer nennt sie «den schlechtesten Zug der menschlichen Natur», «das unfehlbare Zeichen tiefer moralischer Nichtswürdigkeit»; aber sie ist ein volkstümlicher Hochgenuss, noch dazu mit biblischen Vorbildern: «Wenn die Gottlosen umkommen, wird man froh» (Salomo 11,10). Der Herzog von Larochefoucauld notierte 1678 ganz ohne Abscheu, im Unglück selbst unsrer besten Freunde «finden wir immer etwas, was uns *nicht* missfällt».

Der Fernsehserie «Pleiten, Pech und Pannen» verschafft die Schadenfreude zuverlässige Einschaltquoten, in der Stummfilmzeit wurden Komiker zu Millionären, wenn sie die Hosen verloren oder einander mit Torten bewarfen, und die Schweizer, die Holländer, die Dänen schlagen sich jedes Mal auf die Schenkel vor Vergnügen, wenn Deutschland eine Fußballmeisterschaft verloren hat.

Wir reden nicht von jenem Grenzfall, dass einer den Schaden, an dem er sich zu laben wünscht, selbst anrichtet – wie der Lümmel, der mir einen Silvesterknaller vor die Füße wirft, um sich über mein Erschrecken zu amüsieren. Das ist Heimtücke und Niedertracht. Die Schadenfreude im engeren, im typischen Sinn ist moralisch unbedenklich: Wir tun nichts, um sie uns zu ermöglichen, sie fällt uns in den Schoß. Bleibt zu fragen, was daran so vergnüglich sein soll.

Dass der Schaden ausgerechnet unseren Feind trifft, ist ja die Ausnahme. Ziemlich oft aber können wir von jenem Unheil lesen, das *die Mächtigen* ereilt. Bei Schiller warnt die Fürstin von Messina ihre Söhne:

> Die Schadenfreude ist's, wodurch sie sich
> An eurem Glück, an eurer Größe rächen.
> Der Herrscher Fall, der hohen Häupter Sturz
> Ist ihrer Lieder Stoff und ihr Gespräch,
> Womit sie sich die Winternächte kürzen.

Eine Torte im Gesicht des Kollegen macht schon Spaß; aber wenn sie einem General um die Ohren fliegt, dann ist die Welt im Gleichgewicht und des Lachens kein Ende. Ob wir die Demokratie nicht auch deshalb als eine menschenfreundliche Staatsform empfinden, weil sie die Gelegenheit zu massenhafter Schadenfreude institutionalisiert? Alle vier Jahre können wir die Inhaber der Macht aus ihren Ämtern jagen, zwischendurch dürfen wir laut auf sie schimpfen, und die Karikaturisten zeigen sie in Unterhosen.

Bis dahin hat die Schadenfreude durchaus sympathische Züge. Ihr gerecht zu werden fällt uns schwerer, wenn sie zu Lasten beliebiger Menschen geht, die sich *nicht* durch Macht oder Reichtum von den anderen abheben. Till Eulenspiegel düpiert ja nicht nur die Mächtigen (dem reichen Juden verkauft er «Knöteln aus seinem Hintern» als Zaubermittel); den Krüppeln und den Blinden spielt er ebenso übel mit: Die Kranken verjagt er aus dem Spital, indem er droht, den schlechtesten Läufer unter ihnen zu Pulver zu verbrennen.

Die ungeheure Verbreitung des Volksbuchs der Narrenpossen zeigt, dass die Leute solches mögen. Sie haben ja auch den «Don Quijote» zum populärsten Roman der Weltliteratur gemacht, den Ritter von der traurigen Gestalt, das Spielzeug der Spottlust seiner Mitmenschen; als Don Quijote und ein Ziegenhirt einander blutig schlagen und sich würgen, da will der Pfarrer, der dabei ist, bersten vor Lachen. Auch Wilhelm Busch: Wie viele verzweifelte Köchinnen staksen da durch Teig und Marmelade, wie viele Menschenknäuel purzeln über Treppen hinab, wie viele Ohren werden verbrannt, wie viele Nasen von Pfeilen und Angelhaken zerrissen!

Nicht einmal den Göttern ist Schadenfreude fremd. Bei Homer herrscht auf dem Olymp Gelächter, wenn die Musen von den Plagen der Menschen singen; Heine wie Nietzsche sagen sogar dem Gott der Christen Schadenfreude nach, wenn er seine irdischen Geschöpfe leiden sieht: Der Mensch als «Affe Gottes», mit dem Schmerz gekitzelt, damit der Allerhöchste sich an den tragischen Gebärden seines Lieblingstiers erheitern kann.

Ja, abstoßende Schadenfreude kennen wir auch: Als die Nazis 1933 den jüdischen Kulturphilosophen Theodor Lessing ermordet hatten, schrieb Thomas Mann, der sich 23 Jahre zuvor über ihn geärgert hatte, an seinen Sohn Klaus den schrecklichen Satz: «Mein alter Freund Lessing ist ja ermordet worden. War schon immer ein falscher Märtyrer.» Und wie erzählt bei Truman Capote («Kaltblütig») die Posthalterin von der Ermordung ihres Mitbürgers Herb Clutter? «Sein ganzes Leben hat er in Eile verbracht, hier lief er rein und holte seine Post, ohne Guten Morgen oder Danke zu sagen – aber jetzt hat's ihn erwischt! Jetzt wird er nirgends mehr rumrennen! Denn er ist tot!» Wozu sie ihren Kaffee schlürft.

Toleranz gebührt indessen selbst solchem Verhalten: Denn so sind wir nun mal, und die Genugtuung der Posthalterin hat zu den Morden nichts beigetragen und macht weitere Gewaltverbrechen nicht wahrscheinlicher. Der Schadenfrohe freut sich eines Unheils, das er weder angerichtet noch begünstigt hat. Friedlich daheim, kann er der Zeitung, dem Fernsehen oder einem Blick aus dem Fenster entnehmen, dass *andere* ein Unglück trifft und ihn selber nicht. So filtert er aus dem oft ziemlich traurigen Lauf der Welt eine stille Genugtuung; manchmal seine einzige. Im Unterschied zum Alkohol ist dieser Balsam kostenlos und der Gesundheit nicht abträglich. Wer den Leuten solch schüchternes Vergnügen missgönnt, ist, wie hoch sein moralischer Anspruch auch wäre, eigentlich ein Menschenfeind.

Reden wir schließlich vom *Trotz*, vom Protest, vom Aufbegehren, das sich nicht mit tröstlichen Vorstellungen oder Handlungen zufrieden gibt: Manche Menschen schaffen es, als Kläger, ja als Richter aufzutreten selbst und gerade in der äußersten Qual. Die Heldensagen der Völker sind voll davon, die Märtyrer provozieren ihre Peiniger. Und da ist die erstaunliche Lebensbeichte eines Schweizers, der 1976 an Krebs starb, 32 Jahre alt – aber den Gott, der ihm dieses Schicksal bereitete, wollte er nicht ungeschoren lassen.

«Gott schlägt mich mit einer bösartigen Krankheit», schrieb er (unter dem Pseudonym Fritz Zorn), «aber andrerseits ist er selbst der Organismus, in dem ich die Krebszelle verkörpere ... Ich bin das Karzinom Gottes. Und so sehe ich mich den Nerv in Gottes Körper so treffen, dass er, genau wie ich, nachts nicht schlafen kann und sich brüllend in seinem Bett herumwälzt ...

Mein Motiv habe ich als einen flammenden Hass erkannt, Gottes Motiv aber als ein bösartiges Ressentiment. Gott erschien mir wie ein riesengroßes böses Tier, wie eine ekelhafte Qualle, die mich zu ersticken und zu vergiften sucht ... Ich habe über die Sache, wider die ich bin, noch nicht gesiegt; ich habe aber auch noch nicht verloren, und, was das Wichtigste ist, ich habe noch nicht kapituliert. Ich erkläre mich als im Zustand des totalen Krieges.» Dies sind die letzten Worte des Buches.

In der Hybris findet die äußerste Pein ihren letzten möglichen Trost – eine psychologische Wahrheit, für die unsere Erziehung uns zumeist den Blick verstellt. Wir sollen das Leid mit stoischer Ruhe ertragen. Das ist gut für Stoiker. Auch Demut ist gut für die Demütigen und Gram ist gut für die Grämlichen. Aber daneben gibt es den Weg, jene Götter oder Menschen *anzuspeien*, die die Übermacht repräsentieren und uns den Untergang bereiten – anzuspeien, wie einst bei Aischylos der gefesselte Prometheus den Göttervater Zeus anspie:

Komm Dir's nimmer bei, ich würd' einmal
Aus Furcht vor Zeus' Beschlüssen weibischen Sinns und könnte
Den tief Gehassten anflehn, wie's die Frauen tun,
Mit den Gebärden des Gebets, dass er nur ja
Der Qualen mich erlöse! Nie wird das geschehen.
Die Vesten der Erde schüttle der Sturm,
Dass die Tiefe schwanke; der Wogenschwall
Steh mit ungestümem Gebraus empor
Zu den Himmeln hinauf und ergieße sich
In den Sternenpfad. Und mich heb' er steil
Und werfe mich tief in die Tartarosnacht
In den reißenden Sturz grausamen Geschicks:
Mit Tod wird er nimmer mich treffen.

Der prometheische Trotz, der stoische Gleichmut, die christliche Ergebung, die Tröstungen, Illusionen und Ausweichmanöver – mit all dem wehrt sich der geplagte Mensch gegen die Nadelstiche und die Nackenschläge, die das Leben meistens begleiten. Oder ganz unpathetisch so, wie der Kabarettist Fritz Eckenga es 2004 riskierte: «Draußen hängt die Welt in Fetzen – lass uns drinnen Speck ansetzen.»

**Was kann – was darf der Staat tun,
um das Glück seiner Bürger
zu mehren?**

30
Das größte Glück der größten Zahl ...

In all dem Gewoge der Meinungen, der Risiken, der Widersprüche – ist nicht vielleicht der Staat dazu da, uns unsere Glücks-Chancen zuzuteilen oder eben zu verweigern, wenn sie dem Gemeinwohl widersprechen? Ob dies seine Aufgabe ist oder nicht, er tut es längst – unbekümmert darum, dass die Politiker eher noch seltener als andere Menschen wissen, was uns glücklich macht.

Tatsache ist: Der Staat kommt nicht darum herum, andauernd Entscheidungen zu treffen, die tief ins Lebensgefühl seiner Bürger eingreifen, positiv oder negativ. Er definiert die Grenzen der Freiheit, auch das Existenzminimum, das nicht durch Pfändung gemindert werden darf, und die Armutsgrenze, bei der die Sozialhilfe einsetzt. Er beeinflusst die Arbeitswilligkeit durch die Höhe der Arbeitslosenunterstützung. Er zwingt uns in eine Krankenversicherung und legt das Rentenalter fest; er mutet seinen Bürgern die Schulpflicht und oft die Wehrpflicht zu; er erlaubt die Abtreibung und beseitigt die Strafbarkeit der Homosexualität. Und noch wenn der Stadtrat beschließt, eine Umgehungsstraße zu bauen, erfreut er die Bauarbeiter und die lärmgeplagten bisherigen Anwohner – zu Lasten anderer, nun belästigter Bürger, und viele Wanderer und Naturschützer verärgert er auch.

Der Staat nimmt sich sogar die Freiheit, seine Eingriffe in die Lebenszufriedenheit der Bürger durch unerforschlichen Ratschluss zu korrigieren: Erst hat er zwei Rauschgifte – den Alkohol und den Tabak – konzessioniert und alle anderen verboten; dann bemäkelt er selber das eine, den Tabak, verbietet den Rauchern die öffentlichen Räume und begleitet ihren Alltag mit den

Todesdrohungen, die er auf alle Schachteln druckt. Er will die Raucher also nötigen, länger zu leben, oder ihren Weg bis zum möglichen Lungenkrebs mit schlechtem Gewissen pflastern.

Hat er da nicht etliche Schritte auf einem Weg getan, den viele ohnehin von ihm erwarten: das Glück seiner Bürger beherzt in die Hand zu nehmen? Warum soll der Staat nicht eben dies zum Programm erheben? Weil der Wunsch, die Menschen glücklich zu machen, «das gefährlichste aller politischen Ideale ist», schrieb Karl Popper 1945 in seinem Klassiker «Die offene Gesellschaft und ihre Feinde». Ähnlich der Philosoph Hans Blumenberg: «Glück ist, was einer sich als *sein* Glück bestimmt. Es wäre eine der möglichen Katastrophen für die Menschheit, wenn einer für alle oder alle für einen oder viele für wenige oder wenige für viele bestimmen könnten, was deren Glück zu sein hätte.»

Manche, zumal angelsächsische Staatsphilosophen und Politiker halten seit fast drei Jahrhunderten dagegen, und in viele Köpfe des ganzen Abendlands hat sich ihre Lehre eingegraben. Es fing damit an, dass *Richard Cumberland,* Pfarrer von Stamford in der englischen Grafschaft Lincolnshire, der Moralphilosophie anno 1670 eine kopernikanische Wende bescherte: In seinem Buch «Von den Gesetzen der Natur» definierte er richtiges Handeln als dasjenige, mit dem das öffentliche Wohl *auf dem kürzesten Wege* erreicht werden kann. Es zählte also der Zweck, und es zählten die Mittel dazu; was überhaupt nicht mehr zählen sollte, waren die Gesinnung, das Motiv, das Pflichtgefühl, die doch bei Kant allein die Moral ausmachen.

Damit war eine Säule des englischen *Utilitarismus* eingerammt: des Nützlichkeitsprinzips, das sich nicht am guten Willen orientiert, sondern am Erfolg; gestützt auf die unabweisbare, aber von den Moralphilosophen ungern zur Kenntnis genommene Erfahrung, dass gute Absichten böse Wirkungen und böse Absichten gute Wirkungen haben können. Wenn ein Dreijähriger sich der Bratpfanne bemächtigt, um seiner Mutter zu helfen, will er bekanntlich das Beste; wenn ein Unternehmer tausend neue Arbeitsplätze schafft, kann er dabei ein Ausbund an Machtlust und Habgier sein.

Zum Utilitarismus gehört als zweite Säule die Entscheidung, das Glück als obersten Wert anzusetzen. Das tat zuerst der englische Philosoph John Locke 1689 in seiner Untersuchung «Über den menschlichen Verstand»: «Die höchste Vollkommenheit einer vernunftbegabten Natur besteht in dem unermüdlichen Streben nach wahrem und dauerndem Glück.» *Francis Hutcheson*, Professor der Moralphilosophie in Glasgow, fügte 1726 in seiner «Untersuchung über das Gute und das Böse» die Formel vom *größten Glück der größten Zahl* hinzu, das den Regierenden als Richtschnur dienen solle («the greatest happiness for the greatest number») – und ahnte wohl kaum, welchen Sprengsatz er damit unter die Menschheit geworfen hatte.

Hutcheson beeinflusste Thomas Jefferson bei der amerikanischen Unabhängigkeitserklärung von 1776, die das Streben nach Glück zu einem Grundrecht erhob, auch die Lehre von Karl Marx und die Programme der meisten politischen Parteien der freien Welt. Aus dem einstigen Herrenrecht, sich auszuleben («Le roi s'amuse»), haben sie ein Anrecht für jedermann auf Wohlbefinden, Selbstentfaltung, Glück gemacht. Auch wenn keine Partei ihr Glücksversprechen so zugespitzt formuliert wie einst Hutcheson – das größte Glück für die größtmögliche Anzahl von Menschen meinen sie alle.

Hutcheson unterstellte dabei, dass der Mensch einen «Gemeinsinn» habe (*sensus communis*): eine instinktive Bereitschaft, sich am Glück der andern zu erfreuen und das Elend der anderen zu bedauern. Sein berühmtester Schüler, der schottische Nationalökonom *Adam Smith*, sah das etwas komplizierter: 1776 veröffentlichte er seine These, die auf viele Zeitgenossen tollkühn wirkte und noch heute oft ungläubiges Staunen oder sittliche Entrüstung hervorruft – dass die egoistischen Motive der Bürger sich durch «eine unsichtbare Hand», das heißt durch die weise Einrichtung der Natur, automatisch zum Gemeinwohl addieren und dass eine edle Gesinnung dabei entbehrlich, wenn nicht schädlich sei. Indem er allein *seinen* Vorteil bedenke, diene der Einzelne einem Zweck, der *nicht* in seiner Absicht lag; ja häufig fördere der Bürger die Interessen der Gesellschaft wirkungsvoller, wenn er seinen eigensüchtigen Zielen folge, als wenn er den *Vorsatz* hätte, der Gesellschaft zu nützen. Wer für einen Reichen arbeite, «bezieht von dessen Luxus und dessen Launen seinen Teil an lebensnotwendigen Gütern, den er von dessen Menschlichkeit oder Gerechtigkeitsliebe vergebens erwartet hätte».

Das ist ein Skandal im Sinne der Kant'schen Moralphilosophie wie auch ihrer Abziehbilder auf unseren Abreißkalendern: Muss die moralische Tat nicht von Gefühlen der «Aufopferung» begleitet sein? Bei Kant die edlen Motive, ohne Rücksicht auf ihre Konsequenzen; bei den Utilitaristen der Nutzen, unbekümmert um die ethischen Antriebe, ja bei Adam Smith in kühner Volte das Misstrauen gegen jeden, der gute Absichten hat. «Den Menschen treibt die Gier», sagt Milton Friedman, Vordenker der hemmungslosen Marktwirtschaft und Nobelpreisträger 1976, «und wenn jeder an sich denkt, ist an alle gedacht.»

Zwar hat der deutsche Soziologe Max Weber einen Schritt in Richtung auf den Utilitarismus getan, indem er der *Gesinnungsethik* die *Verantwortungsethik* gegenüberstellte, nach der jedermann für die voraussehbaren *Folgen* seines Handelns einzustehen hat. Die «gute Absicht» war damit relativiert, aber die Ethik stand unverwelkt in Ehren – während Adam Smith sie als ein Anhängsel einstuft mit manchmal ärgerlichen Folgen.

Nichts hatte Max Weber ja über jenen Zahnarzt ausgesagt, der bei der Behandlung seiner Patienten vorwiegend an die Traumvilla denkt, die er sich mit Hilfe ihrer Honorare bauen will. Falls er ein sorgfältiger und kunstreicher Zahnarzt ist, braucht er sich nach Adam Smith seiner Motive nicht zu schämen; von einem *deutschen* Zahnschmerz hingegen lässt sich vermuten, dass er lieber aus hilfreichem Edelmut schlecht und recht gelindert werden will als hinweggezaubert von einem Könner, der beim Bohren von seiner Villa träumt. Wir sind Kants Enkel und können der Verwechslung des Gutgemeinten mit dem Guten nur schwer entrinnen – womit wir freilich die Rolle der gutmütigen Trottel auf Erden festigen und bei vielen rationalen Versuchen zur Ausbreitung des Glücks uns selbst im Wege stehen.

Natürlich muss man auf der Hut vor solchen Zahnärzten sein, die ihrer Villa goldene Brücken bauen, welche der Mund des Patienten gar nicht nötig hätte. Adam Smith hat die «unsichtbare Hand» wohl überschätzt, wenn er ihr unterstellt, sie schließe Exzesse von Habgier aus, nicht zu reden von der Kriminalität.

Diese Lücke schloss 1789 der Londoner Philosoph *Jeremy Bentham*. Für den, der das Glück der anderen durchkreuzen könnte, hätten die Natur und die Gemeinschaft *Sanktionen* vorgesehen, schrieb er: die politische Sanktion, das heißt die Strafe; die soziale Sanktion, das heißt Unbeliebtheit, Ächtung oder Schande; und die theologische Sanktion, das heißt die ewige Verdammnis. Diese drei zusammen beeinflussen das «hedonistische Kalkül» des Individuums zugunsten des Glücks der andern, sie provozieren Zuneigung, Wohlwollen, Dankbarkeit. Tugend und Gerechtigkeit sind keine Zwecke, sondern Mittel, Glück zu maximieren. Nicht das Motiv – der Nutzen ist das Maß der Moral, und der höchste Nutzen, das Maß von Recht und Unrecht, ist *das größte Glück der größten Zahl* – womit Bentham das Schlagwort popularisierte, das Hutcheson 1726 geprägt hatte.

Der englische Philosoph *John Stuart Mill*, der dem Utilitarismus 1861 die klassische Ausprägung gab, argumentierte, nicht nur in Epikur, auch in Jesus trete uns der Geist der utilitaristischen Moral entgegen: Die Aufforderung «Liebe deinen Nächsten wie dich selbst» sei schiere Nützlichkeit, geeignet, das Glück der großen Zahl zu mehren. Nur aus einer merkwürdigen eingewurzelten Abneigung, im Glück den Endzweck des Lebens zu sehen, werde der Utilitarismus dennoch bekämpft. Dass der Anhänger des Nützlichkeitsprinzips keine Zeit habe, vor jedem Handeln die Wirkung abzuwägen, ist ein Einwand, den Mill nicht gelten lassen will: Wer sein Tun christlich motiviere, habe ja auch keine Zeit, jedes Mal die Bibel durchzulesen. Das Urteil über die wünschenswerten Formen des Glücks will Mill einer Mehrheit von erfahrenen und selbstkritischen Bürgern überlassen. In sie setzt er so viel Vertrauen wie Adam Smith in die *unsichtbare Hand* und Bentham, realistischer, in die *Sanktionen.*

1885 stand Friedrich Nietzsche gegen die britischen Denker auf: «Das Glück der Meisten ist ein Ideal zum Erbrechen für jeden, der die Auszeichnung hat, nicht zu den Meisten zu gehören», und mutwillig fügte er drei Jahre später hinzu: «Der Mensch strebt nicht nach Glück; nur der Engländer tut das.»

Er tut es noch heute, sogar mit wachsender Intensität: Seit 2002 liegt der britischen Regierung eine Studie des Wirtschaftswissenschaftlers und Oberhausabgeordneten Lord Richard Layard vor, worin er nicht weniger als 601 «Zufriedenheitsfaktoren» definiert, als Basis für die Empfehlung, jede Regierung sollte ihre Zielvorstellungen darauf prüfen, «wie sehr sie geeignet sind, das Glück der Bürger zu vermehren». Und Premierminister Tony Blair rief 2005 eine *Whitehall Well-Being Working Group* ins Leben, eine «Arbeitsgruppe Wohlergehen» an der Prachtstraße mit den Ministerien, mit dem Auftrag, «die Nutzbarmachung von Wohlfühl-Konzepten für die Politik» zu untersuchen.

Nur der Engländer tut das? Nun, mindestens der Amerikaner auch. Doch ehe wir uns Thomas Jefferson zuwenden: ein drastisches Beispiel dafür, wie wenig das Glück, das der Staat fördern will, sich beschreiben oder gar nachempfinden lässt.

ZWISCHENFRAGE:

Können siamesische Zwillinge glücklich sein?

Aber ja! behauptet der Harvard-Psychologe Daniel Gilbert in seinem Buch «Ins Glück stolpern» – jedenfalls, wenn man sie *nicht* auseinanderoperiert. Die meisten werden ja nicht gefragt, sondern chirurgisch getrennt im Säuglingsalter. Warum? Weil wir, besonders aber die Chirurgen, uns absolut nicht vorzustellen vermögen, dass Zusammengewachsene ein lebenswertes Leben führen könnten. Das Operieren erscheine uns als eine Art «moralischer Imperativ», trotz des hohen Risikos, dass einer sterbe oder beide. Blieben sie aber zusammen, bis sie sich vernünftig äußern können, so lehre die gesamte medizinische Literatur: Fast ausnahmslos *wollen* sie zusammenbleiben.

Der Harvard-Professor erzählt von den Mädchen Lori und Reba, deren Stirnen an der Seite so verwachsen sind, dass sie einander schräg ins Gesicht sehen. Er kennt den Spruch «‹Die wissen gar nicht, was Glück überhaupt ist› (normalerweise in einem Tonfall, als wüssten *wir* es)» – und hält dem entgegen: «Es gibt keine narrensichere Methode, ihr Glück mit unserem Glück zu vergleichen.»

Die Indizien, sagt Gilbert, deuten eher auf tiefe Zufriedenheit: «Niemals haben wir dieses überwältigende Gefühl von Frieden und Sicherheit gespürt, das dadurch entsteht, dass unsere geliebte Schwester immer an unserer Seite ist; jemand, der uns so gut kennt, wie wir selbst uns kennen, der unsere Hoffnungen, unsere Sorgen mit uns teilt. Wenn sie nicht über *unsere* Erfahrungen verfügen, so wir auch nicht über ihre. Daher ist es gut möglich, dass wir keine Ahnung haben, worüber wir reden, wenn wir sagen, dass wir überglücklich sind – weil wir niemals die mitfühlende Liebe, die glückselige Einheit erfahren haben, die Lori und Reba miteinander teilen.»

Wie also sollen wir Lori und Reba einsetzen in die Rechnung vom größten Glück der größten Zahl? Und das ist beileibe nicht das einzige Problem.

31
... und einige Bedenken dagegen

Es war der 33-jährige Rechtsanwalt und Plantagenbesitzer Thomas Jefferson aus der britischen Kolonie Virginia, der in seinem Entwurf für eine Unabhängigkeitserklärung *the pursuit of happiness*, das Streben nach Glück, in den Rang eines Grundrechts für jeden Bürger der künftigen Vereinigten Staaten erhob; und am 4. Juli 1776 gaben die Vertreter der Kolonien in Philadelphia dem Entwurf ihren Segen. Fünfzig Jahre nach Francis Hutcheson war Jefferson damit einerseits viel weiter als dieser gegangen – und andererseits drastisch hinter ihm zurückgeblieben.

Einerseits hatte Jefferson eine welthistorische Zäsur vollzogen nach mehr als anderthalb Jahrtausenden christlicher Predigt vom irdischen Jammertal: Statt das Wesen des Lebens im Leiden zu sehen oder im Dienst für den Landesherrn, wurde nun jedermann von Staats wegen das Recht eingeräumt, sein individuelles Glück zu suchen. Eine Pyramide uralter Wertvorstellungen war damit umgestoßen. Das Wohlergehen des Einzelnen derart in den Mittelpunkt zu rücken, wird zwar gern als eine späte Blüte christlicher Gesinnung gedeutet; der etablierten Gewalt von Kirche und Staat jedoch musste das Recht abgetrotzt werden, dass jeder nach seiner Fasson selig werden darf.

Andererseits hatte Jefferson nicht etwa einen *Anspruch* auf Glück formuliert, nicht eine Forderung des Bürgers an den Staat, die dieser einzulösen hätte. Nein: Der Anspruch sollte sich nur darauf erstrecken, im privaten Streben nach privatem Glück vom Staat nicht oder so wenig wie möglich behindert zu werden. Ob dem Streben auch Erfolg beschieden war, darum gedachte der Staat sich nicht zu kümmern; ob aus dem Recht, nach Glück zu streben, das größte Glück der größten Zahl wirklich folgen sollte oder folgen konnte, darüber sagte die amerikanische Unabhängigkeitserklärung nichts aus.

Wir Heutigen, durch die Programme unserer politischen Parteien unterstützt, geben uns mit so viel staatlicher Zurückhaltung oft nicht mehr zufrieden. Viele wünschen, dass sie das Glück nicht nur *suchen* dürfen, sondern dass der Staat ihnen *finden* hilft. Was stellt denn ein gelangweiltes Kind an, wenn man ihm rät: «Denk dir doch einfach was Schönes aus»? «Wir glauben, dass das Glück selbst ein unveräußerliches Recht ist», schrieb die amerikanische Zeitschrift *Psychology Today*: «To Hell with the Pursuit!» Zum Teufel mit dem Streben danach!

Und ein Einwand mehr gegen Jeffersons pathetische Tat: Stillschweigend hatte er die einheimischen Indianer und die schwarzen Sklaven von der Proklamation der Menschenrechte, auch vom Recht auf Glück also, ausgenommen; Sklaven besaß er selbst etliche, und nie erwog er, sie freizulassen.

Es ging ihm also um das Glück der weißen Herrenrasse in Amerika. Eben darauf sang George Washington, der erste Präsident, 1783 eine Hymne: Die Bürger der USA, schrieb er an die dreizehn jungen Bundesstaaten, lebten nun in einem Land, «das von der Vorsehung zur Entfaltung menschlicher Größe und Glückseligkeit (*felicity*) auserkoren ist»; hier habe der Himmel seine Segnungen damit gekrönt, dem Glück (*happiness*) eine bessere Chance zu geben, als sie je einer anderen Nation zuteil geworden sei.

Heute klingt das, vorsichtig gesagt, ein bisschen übertrieben. Für Nordeuropa, Kanada, Australien werden die Glückschancen von den meisten höher eingeschätzt als für die USA. Dort regt sich überdies Kritik schon am Grundgedanken: Es bringe nichts, nach Glück zu streben, schrieb 2006 der kalifornische Politikwissenschaftler Joshua Dienstag, und die *New York Times* griff das Thema auf – umgekehrt, für mehr *Pessimismus* müsse man plädieren. Darunter verstehe er nicht die Neigung, das Schlimmste zu befürchten, sondern den prinzipiellen Zweifel an der fixen Idee, mit Vernunft ließen sich alle Weltprobleme lösen. Jeder Fortschritt habe seinen Preis: Die Kinderlähmung ist besiegt – Aids ist im Kommen. Flugzeuge beschleunigen das Reisen – Flugzeuge werfen Bomben ab und können Wolkenkratzer rammen.

Unabhängig von ihrem Überschwang: Mit zwei Kernproblemen der *happiness* haben sich weder Hutcheson noch Jefferson befasst. Sie haben gar nicht erst versucht, jenes «Glück» zu definieren, das man erstreben darf und im Volk ausbreiten sollte; und sie haben keine *moralischen* Grenzen gezogen. Gut – kriminelle Akte, die dem Verbrecher Spaß machen, braucht man vom Glücksversprechen nicht ausdrücklich auszunehmen. Aber das Problem setzt ja viel tiefer an. Zum Beispiel so:

Ein Ehemann nimmt sich eine Geliebte. Von den drei handelnden Personen sind zwei nun glücklicher als zuvor (der Mann und die Geliebte) und nur eine unglücklicher (die betrogene Frau). Mehr Glück für mehr Menschen – Hutchesons Forderung wäre erfüllt. Aber so kann sie nicht gemeint gewesen sein. Auch die Umkehrung nicht: Ein Motorrad donnert durch die nächtliche Stadt, scheucht tausend Menschen aus dem Schlaf und bereitet dem Fahrer ein königliches Vergnügen. Größtes Glück der *kleinsten* Zahl also – ein klarer Verstoß gegen das Hutcheson-Prinzip. Nie sollte sich *einer auf Kosten von vielen* ein Glücksgefühl verschaffen.

Wie aber, wenn *viele sich auf Kosten von einem* amüsieren? Der Fall ist häufig und im Zirkusclown sogar institutionalisiert, wenn auch auf harmlosere Weise als in den Niederungen des Lebens: Eine Gruppe, Schulklasse, Kompanie findet in ihrer Mitte einen Schwächling, der sich straflos hänseln lässt, einen *underdog*. Auf ihn werden Aggressionen abgeleitet, er wird ausgelacht und malträtiert – kurz, er ist für die Mehrheit ein rechter Segen, er liefert ihnen das Glück der Überlegenheit.

Auch halbe Völker haben sich auf solche Weise Entlastung verschafft. Nebenan können die schlechteren Menschen wohnen, die Angehörigen einer für minderwertig erklärten Rasse, Konfession oder Gesellschaftsschicht: Schwarze und Juden, Gojim und Heiden, Barbaren, Sklaven, Parias, Uitlanders, Bürger mit Migrationshintergrund. Es ist unstreitig, dass solche Kollektiv-Abwertungen *auf die Abwertenden* eine entlastende Wirkung haben: Hier sprudelt eine ständige Quelle hochmütiger Genugtuung, zumal zugunsten solcher Menschen, die mit anderen Glücksgütern nicht gesegnet sind, zum Beispiel der weißen Proletarier in einem Land mit pauschal benachteiligten Schwarzen. Nur ausnahmsweise kann es zu einer Doppelbegünstigung kommen, die niemanden in Nachteil setzt: etwa wenn der arme Aristokrat auf den reichen Bürger hinabsieht, jedoch auch umgekehrt.

Offensichtlich also bedarf Hutchesons Schlagwort einer Einschränkung, die sich etwa folgendermaßen formulieren ließe: Ziel aller Politik ist das größte Glück der größten Zahl, insoweit dieses Glück nicht die Absicht oder die Wirkung hat, einer kleineren Zahl Unglück zuzufügen.

Das ist eine notwendige moralische Eingrenzung und nicht einmal die einzige. Denn häufig wird die Schranke der Moral auch dort niedergehen müssen, wo der Faktor *Zahl* nicht im Spiel ist, weil es sich um die Verteilung von Glück und Unglück zwischen genau zwei Personen handelt – vom häufigen Vergnügen der Schadenfreude bis zum Lustmord, der doch seinen Namen daher hat, dass er einem der beiden Beteiligten Lust zu bereiten scheint. («Was Lustmord angeht, so finde ich ihn ja seit je die eigentlich ideale Form der Liebe», schrieb Gottfried Benn, in seiner moralisch ebenfalls bedenklichen Lust am Zynismus.)

Wie nun gar, wenn bei der Umverteilung von Glück und Unglück zwischen zwei Personen die Summe des Glücks auf Erden *wächst?* Beispielsweise so: Ein armer Schlucker stiehlt einem Millionär tausend Euro. Dem Bestohlenen ist ein bescheidener

Schaden, dem Dieb eine große Freude widerfahren. Nach allen Kriterien außer denen der plattesten Arithmetik sind tausend Euro in der Hand des Armen *mehr* als in der Hand des Reichen. Der eine etwas unglücklicher, der andere viel glücklicher als zuvor: bei konstanter Zahl mehr Glück auf Erden.

Viele Erscheinungsformen möglichen Erdenglücks also widersprechen der herrschenden Ethik radikal. Andererseits sollte, wer das größte Glück der größten Zahl proklamiert, nicht allzu hurtig allzu viele populäre Glücksempfindungen mit dem Stempel «unerlaubt!» versehen. Das Recht auf Glück wäre nicht viel wert, wenn es alle umlaufenden Tugendlehren sich einverleibte und daraufhin nur noch die Lust der Meditation, der Krankenpflege und des rheinischen Schunkelns übrig ließe.

Welcher Beurteilung also müsste das Glück unter dem Hutcheson-Aspekt unterworfen werden, wenn sowohl Hutcheson als auch die Moral zu ihrem Recht kommen sollen? Es bietet sich folgende Einteilung an.

1. Das sozial *vorbildliche* Glück: Ich erlebe mein Glück – ursächlich oder zufällig – darin, zu anderer Menschen Glücksempfinden beizutragen; in der Genugtuung, wohlgeratene Kinder großgezogen, den Erdbebenopfern gespendet, dem Nachbarn den Wasserrohrbruch repariert zu haben und überhaupt meinen Nächsten zu lieben. Zu dieser Rubrik sollten wohl Sex und Liebe zählen, obwohl sie für gewöhnlich bei der Beglückung *eines* anderen Menschen innehalten; jedenfalls sind sämtliche Arten von einverständlichen sexuellen Genüssen nach Hutcheson positiv zu werten.

2. Das sozial *unbedenkliche* Glück: Ich empfinde mein Glück darin, mir selbst etwas Gutes zu tun – durch Essen, Trinken, Faulenzen oder Briefmarkensammeln, durch Selbstverwirklichung, Betrachtung des Sternenhimmels oder Kunstgenuss. Der Eremit gehört dazu, der sich in die Zwiesprache mit Gott versenkt und zu niemandes Glück beiträgt als zu seinem eigenen; auch der

Gewohnheitstrinker, der seine letzten Jahre heiter verdämmert, wie Erich Kästner es tat. Von Religion und Moral wird der eher missbilligend betrachtet; staatsbürgerlich ist er jedoch genauso harmlos und nutzlos wie der Eremit.

3. Das sozial *bedenkliche* Glück: Ich erlebe mein Glück im Aufstieg und im Sieg, das heißt in Erfolgen, die notwendig zu Lasten von Mitbewerbern gehen. Liberale Geister würden auch den Missionar hier einreihen: Indem er heitere Menschen für eine Religion der Zerknirschung gewinnt, handelt er religiös vorbildlich, hat jedoch wahrscheinlich die Menge des Unglücks auf Erden vermehrt; ähnlich jenem wohlbekannten Typus von Krankenschwestern, die sich religiös unanfechtbar und moralisch vorbildlich betragen, wenn sie die Patienten zur devoten Hinnahme ihres Leidens erziehen.

4. Das sozial *schädliche* Glück: Ich empfinde mein Glück darin, anderen Nachteile zuzufügen – Machtlust, Rache, Demütigung, Kriminalität.

Nichts jedoch ist mit alldem darüber ausgesagt, wie eigentlich jenes Lebensgefühl beschaffen sein könnte, das Millionen Menschen in Millionen Einzelentscheidungen als ihr Glück empfinden. Was überhaupt *meinte* Jefferson? Meinte er nur *öffentliches* Wohlergehen? (Hannah Arendt). Meinte er Sattheit, ein Haus und ehelichen Frieden? (Jean Améry). Hielt er es mit Adam Smith: «Was lässt sich noch hinzufügen zu dem Glück eines Menschen, der gesund ist, keine Schulden hat und ein reines Gewissen besitzt?» Kurz nach Jefferson lieferte John Adams, der zweite Präsident der Vereinigten Staaten, die Definition, Glück bestehe aus Wohlbehagen, Zufriedenheit und Sicherheit (*ease, comfort, security*).

Nach solchem Glück also durfte der Bürger der jungen Vereinigten Staaten streben. Unklar war daran ziemlich alles, und zwei Schwierigkeiten stechen ins Auge. Zum einen: Das Glück für alle, undefiniert, könnte ja seinem Wesen nach undefinierbar sein – so hatte es schon John Locke 1689 geschrieben: «Es wäre ein ebenso vergebliches Bemühen, alle Menschen mit Reichtum oder Ruhm erfreuen wie den Hunger aller Menschen durch Käse oder Hummer stillen zu wollen.»

Zum andern: Was ist dem Strebenden geholfen, wenn *zehn* andere mit ihm ein Glück anstreben, das nur *einer* erreichen kann, zum Beispiel das Glück der Wahl oder Beförderung in ein hohes Amt? Wird damit nicht unvermeidlich ein Überschuss an Unzufriedenheit erzeugt? Ist nicht das größte Glück der *kleinsten* Zahl – weit entfernt, auf rücksichtslose Motorradfahrer beschränkt zu sein – eine der typischsten Erscheinungsformen irdischer Glückseligkeit?

Wollen wir denn Wirtschaft und Gesellschaft umkrempeln, sportliche Wettkämpfe verbieten, dazu alle Kartenspiele außer den Patiencen, die Zensuren und die Ersten Preise? Ja man müsste, wenn zwei Männer sich um eine schöne Frau streiten, die Dame mit beiden oder mit keinem vermählen. Eine Gesellschaft, in der nicht Erfolgreiche auf Unterlegene, Gewinner auf Verlierer treffen, ist nicht vorstellbar. «Jeder Mensch ist in jedem Augenblick Opfer und Quäler jedes anderen Menschen» (*victime et bourreau d'autrui*), sagt der französische Soziologe Raymond Aron in seinem großen Werk vom Krieg.

Kriege sind weder die großen Ausnahmen in der Weltgeschichte, noch werden sie durchweg als Unglück empfunden. Im Gegenteil: Versucht man ein historisches Datum zu bestimmen, an dem das bisher größte Glück der größten Menschenzahl verwirklicht war – in die engere Wahl müsste man unbedingt den 1. August 1914 ziehen, als der Erste Weltkrieg losbrach. Viele Millionen Europäer befanden sich im Zustand rauschhaften Glücks, und die Bischöfe aller Konfessionen teilten ihnen mit, dass die Moral auf ihrer Seite sei.

Berlin erlebte am 1. August 1914 «einen Jubel, wie er wohl

noch niemals erklungen ist», berichtete die *Frankfurter Zeitung*. Das englische Volk «stürmte voran in seiner altbewährten Tapferkeit ... mit dem Blut eines unbesiegten Volkes in den Adern», schrieb Winston Churchill, der Erste Lord der Admiralität. Der Schriftsteller Romain Rolland (Nobelpreis 1915) notierte am 5. August 1914 in Paris: «Der charakteristische Zug dieser europäischen Konvulsion ist ... die Einstimmigkeit für den Krieg und seine einstimmige Bejahung selbst durch diejenigen Parteien, die am heftigsten gegen den nationalen Krieg opponieren.» Golo Mann resümierte: «Jubel herrscht in Europa in den ersten Augusttagen des Jahres 1914, Jubel, Kriegswut und Kriegsfreude ... Der Krieg würde kurz sein und schön; ein erregendes, befreiendes Abenteuer. Und Gott würde auf allen Seiten sein; und alle würden siegen!»

Wahrscheinlich also bedürfen Hutcheson und Jefferson – und unsere Parteiprogramme mit ihnen – nicht nur der Einschränkung durch die Moral, sondern auch der Beschränkung auf friedliche Zustände: Da bei Kriegen und Naturkatastrophen sogar unsere Gesetze versagen, darf man von politischen Prinzipien desto weniger fordern, dass sie sich im Donnern von Kanonen und Vulkanen noch bewähren müssten. Das ist einleuchtend – und doch der zweite gewaltige Abstrich von einer Forderung, die sich immer deutlicher als halsbrecherisch erweist. Die Formel vom Streben nach Glück, schreibt der Philosoph Carl-Friedrich von Weizsäcker, «lässt Deutungen zu, in denen sie schlicht die Wahrheit ist, und Deutungen, in denen sie den Ursprung des menschlichen Elends enthält».

Nehmen wir nur den Werbespruch des Sportartikel-Riesen *Nike*: «If it feels good, do it» – tu's, wenn's dir Spaß macht. Um Gottes willen, nein! Die Hälfte dessen, was dir Spaß machen könnte, unterlässt du am besten dein Leben lang.

32
Unsere lieben Utopisten

Wenn zwei Menschen sich zusammensetzen, um etwas zu planen, wovon sie meinen, dass es ihr Glück sein werde – eine Ehe also: wie verhält sich ihrer beider Schicksal in den nächsten fünfzig Jahren zu ihren schönen Plänen? Weder muss die Ehe in Scheidung münden noch überwiegend Unglück produzieren, damit dennoch in den meisten Fällen das Fazit gezogen werden kann: An den *Plan* vom Glück, den die Verlobten schmiedeten, hat das Leben sich zum kleinsten Teil gehalten.

Bei genau zwei Menschen. Nur das Glück für alle sieben Milliarden: das haben unsere Utopisten fest im Griff. Unser heutiger Grad von Wohlbefinden auf Erden ist das Produkt von Jahrmillionen des Zufalls und der Zuchtwahl, des Strebens und der Rückschläge, der Selbstregulierung, des Selbstbetrugs und der List – was also liegt näher, als dass ein heller Kopf an einem Donnerstag beschließt, die gesamte Menschheit zur totalen und unwiderruflichen Glückseligkeit zu zwingen, und zwar von Freitag an?

Utopien zu ersinnen ist ein uraltes Vergnügen. Da gibt es zunächst die *rückwärtsgewandte* Utopie, die Unterstellung also, die Gegenwart sei der Verfall einer ungleich besseren Vergangenheit: eines Gartens Eden, aus dem die Menschheit durch den Sündenfall vertrieben wurde; des Goldenen Zeitalters, von dem die späten Griechen träumten; eines Edelmuts, wie bei Montaigne ihn nur die Wilden noch besessen hatten.

Mehr beschäftigen uns heute die *vorwärts gewandten* Utopien, die die Gegenwart als traurige Vorform einer besseren Zukunft begreifen. Und da ist den Utopisten bis heute kaum eine Scheußlichkeit eingefallen, die nicht schon vor *2400* Jahren in *Platons* «Staat» gestanden hätte. Die Philosophen sollen bei ihm die Herrschaft übernehmen, über den «Wächtern», die ihrerseits den «Nährstand» zu bewachen und zu lenken haben. Der Nährstand, das sind die Bauern und Handwerker, versorgt mit Datteln, Dirnen und einem gerechten Anteil an der allgemeinen Glückseligkeit.

Privateigentum ist in dem Idealstaat unbekannt – womit Platon eines der Grundmuster der meisten Utopien entworfen hat: Denn «Eigentum ist Diebstahl», rief der französische Sozialist Pierre Joseph Proudhon 1840, acht Jahre bevor das «Kommunistische Manifest» die Aufhebung des Privateigentums verkündete. Platon ging noch weiter: kein Eigentum eines Mannes an einer Frau noch einer Mutter an ihrem Kind. Kinder müssen gesäugt werden, richtig, aber doch nicht von der *eigenen* Mutter! «Damit keine Mutter ihr Kind erkennt.» Der Allerglücklichste ist der Gerechteste, die reinste Lust ist die des Erkennenden, und der königliche Mensch ist – man reibt sich die Augen – genau 729-mal so glücklich wie der Tyrann. Ja, bei Platon ist das Glück in guten Händen.

Die Insel «Utopia» des *Thomas More* (1516), die der ganzen Gattung den Namen gab, lässt sich mit geringerem Abscheu lesen, weil der Autor immerhin ein Minimum an Arbeit und Staat und ein Maximum an Freude vorsieht; vollends weil er, weitab von Platons erhabener Pose, uns augenzwinkernd zu versichern scheint, dass er für so vorbildlich den erfundenen Inselstaat nicht halte.

Nichts Geringeres als das Glück *aller* Menschen herzustellen hatte wiederum der französische Kolonialwarenhändler *Charles Fourier* im Sinn, der zwischen 1808 und 1836 etliche Grundlagen jener Lehre schuf, die wir heute *Marxismus* nennen. Was ist Glück? fragte Fourier. Dass jeder ungehindert seinen Trieben folgen kann. Wie viele Triebe hat der Mensch? Zwölf. Wie lässt sich die Harmonie dieser Triebe sichern? Durch eine neue Gesellschaftsordnung: Die quälende Arbeitsteilung wird beseitigt, das Sozialprodukt unter den Arbeitern gerecht verteilt, und zwar so, dass jeder ein behagliches Genussleben führen kann; ein beliebiger Werktag schließt einen Gang zur Jagd, in eine Kunstausstellung und ins Theater ein, nicht gerechnet die vielen Bälle und Empfänge, zu denen jeder Zutritt hat.

Bitte – wenn sich's finanzieren lässt! Mit tollkühner Selbstverständlichkeit herrscht ja in jeder besseren Utopie der Überfluss, natürlich bei drastisch verkürzter Arbeitszeit. Je 300 bis 400 Familien schließen sich bei Fourier zu *Phalangen* zusammen; im Endzustand wird die Welt von einem *Omniarchen* in Konstantinopel regiert, Schiffe werden von Fischen gezogen, alle Menschen werden 144 Jahre alt, und unter ihnen werden nicht weniger als 37 Millionen Dichter vom Rang Homers und 37 Millionen Wissenschaftler vom Schlage Newtons leben. Kurz: eine bombastische Eselei, wiewohl mit dem Vorzug, dass sie jedermann als solche erkennbar – und damit weniger verführerisch ist als die Visionen anderer Utopisten, die klug genug waren, ganz ähnliche Grundgedanken *nicht* mit dienstbaren Fischen zu garnieren.

Eines scheint klar: Die ernst gemeinten Utopien, die sich als Verheißung einer besseren Zukunft verstehen, sind so voll von grässlichen Entwürfen und bizarren Details, dass es schier unmöglich ist, sie in Parodie und Karikatur noch zu übersteigern. Wer sie ad absurdum führen will, muss den von den Utopisten gelobten Zustand der Menschheit in Handlung umsetzen. Die Russen – das Volk, das einer Utopie am längsten schmerzlichen Tribut entrichtete – haben auch mit der Anti-Utopie den Anfang gemacht.

Jewgenij Samjatin entwarf drei Jahre nach der Oktoberrevolution seine Zukunftsvision «Wir», die das Vorbild für die berühmter gewordenen Romane «Schöne neue Welt» (Aldous Huxley 1932) und «1984» (George Orwell 1949) geliefert hat: Der «Wohltäter» (bei Orwell: der Große Bruder) herrscht unumschränkt über die Körper und Seelen seiner Untertanen. Ihr mathematisch fehlerfreies Glück ist garantiert, der Alltag reglementiert, die Eigennamen sind abgeschafft. Der Raketentechniker D-503 fasst unter dem Einfluss seiner Liebe zu 1–330 den Entschluss, den «Wohltäter» zu stürzen; er wird verraten und durch Gehirnchirurgie «geheilt», mit dem Ergebnis, dass er der Folterung und Hinrichtung seiner Liebsten in wohligem Gleichmut zuzusehen vermag.

Wenn man all die Omniarchen, Wächter und Wohltäter Revue passieren lässt, wird offenkundig: Die klassischen Utopien versprechen, die Menschen glücklich zu machen, aber sie schlagen dafür Wege vor, an deren Ende nur das größte Unglück der größten Zahl stehen könnte. Wo eine Utopie Gelegenheit bekam, sich in der Wirklichkeit zu beweisen, hat sie das Unglück auf Erden vermehrt.

Womit trat *Robespierre* seine Schreckensherrschaft an? Mit der Versicherung, auf den Trümmern des Thrones *die heilige Gleichheit* zu errichten; das Glück gleichmäßig auf alle Bürger zu verteilen; der Moral und der Rechtschaffenheit, der Pflicht und der Vernunft, der Wahrheit und der Seelengröße zum Sieg zu verhelfen: «Während wir unser Werk mit unserm Blut besiegeln, können wir zumindest die Morgenröte des universellen Glücks erstrahlen sehen.» 1794, in den letzten sieben Wochen seines Regiments, ließ Robespierre 1285 «Feinde des Volkes» köpfen.

Einer ganzen Nation über Nacht das Glück zu bringen, das konnte ohnehin nicht funktionieren. Doch wie wäre es mit einem Test – einer Mustersiedlung, die allein dem Glück ihrer Bewohner dienen will? Es hat sie gegeben, sie hieß *New Harmony*. Ihr Begründer war der Baumwollspinnereibesitzer *Robert Owen*. Er hatte in seiner schottischen Fabrik die Arbeit für Kinder unter zehn Jahren abgeschafft, eine Krankenversicherung eingeführt und seinen Arbeitern Wohnungen gebaut, die er ihnen zu Selbstkosten vermietete.

Da dabei auch sein Geschäftserfolg noch zunahm, wurde er ein berühmter Mann – und fühlte sich 1813 berufen, seine Ideen für ein glückliches Gemeinwesen überall auf Erden zu verwirklichen. *Das größtmögliche Glück der größten Zahl* werde sich erreichen lassen durch eine vernunftgemäße, maßvolle Lebensführung, besonders durch Abschaffung der Arbeitslosigkeit, Bekämpfung der religiösen Intoleranz sowie eine grundlegende Justizreform. Die war für Owen ein Angelpunkt. Er vertrat eine These, die später von Marx aufgegriffen wurde und noch heute lebendig ist in allen Diskussionen über Chancengleichheit und nicht anders in den Debatten über die Ursachen des Terrorismus: dass der Mensch allein das Produkt seiner Umwelt sei, also *für nichts verantwortlich*; nicht einmal dem Zuchthäusler dürfe mit Verachtung begegnet werden, da das Verbrechen nur eine besondere Form von sozialer Krankheit sei.

Das war starker Tobak, jedenfalls nach Ansicht der anglikanischen Kirche, die sich durch die Lehre von der Nichtverantwortlichkeit des Menschen herausgefordert fühlte. Die Anfeindungen, die ihm dies eintrug, veranlassten Owen 1824, sich nach Amerika zu wenden. Dort nun wollte er der Menschheit demonstrieren, wie sie mit Hilfe seiner Ideen glücklich werden könnte. Sie sollte sich in *absolute Gemeinden* von 500 bis 3000 Menschen gliedern, ohne Arbeitsteilung und mit gleichem Einkommen (wie bei den meisten Utopisten); die Kinder dürften nur bis zum dritten Lebensjahr in der Familie bleiben (länger als bei Platon, immerhin). Solche Gemeinden würden eines Tages die ganze Erde umspannen – wie die *Phalangen* bei Fourier und die Proletarier *aller* Länder bei Marx; darunter macht's kein Utopist.

Zur Demonstration wählte Owen *Harmony*, die Siedlung einer deutschen Sekte im US-Staat Indiana. Er kaufte sie auf, taufte sie *New Harmony* und rief alle Menschen guten Willens auf, dorthin zu ziehen und nach seinen Grundsätzen zu leben – auch auf seine Kosten, bis sie genügend erwirtschaftet haben würden. Es kamen tausend: eine Minderheit von Schwarmgeistern, eine Mehrheit von Abenteurern, Tagedieben und verkrachten Existenzen. Whisky ließen sie zu – Schwarze nicht. Beim Anblick seiner ersten Gemeinde erklärte Owen betreten, es könne sich hier nur um einen Versuch handeln, um eine Einübung in das künftige Modell.

Ja, sie ließen sich's gut gehen, die tausend Erwählten: Sie hatten schöne Zimmer, trugen antike Gewänder, veranstalteten Bälle und Gelage, debattierten endlos über die Vorzüge von Owens System und entzweiten sich rasch nach Konfessionen und Nationalitäten. 1827, kurz vor dem Bankrott, trat Owen erschüttert vor seine Jünger hin und erklärte das Experiment für beendet.

Hier war ein Utopist, der unter dem Anprall der Wahrheit *aufgegeben* hat. Das ist mehr, als andere Utopisten von sich sagen können.

33
Marx und das Himmelreich auf Erden

Als der millionenschwere Graf von Saint-Simon unter George Washington für die Unabhängigkeit der Vereinigten Staaten gekämpft hatte, in Mexiko mit dem Plan eines Kanals zwischen den Ozeanen gescheitert war, ebenso in Spanien mit dem Plan eines Kanals von Madrid zum Meer, und als er dann noch in der Französischen Revolution sein gesamtes Vermögen verlor – da fühlte er sich aufgerufen zu seinem größten Projekt: allen Völkern das Glück zu bringen. Und so, von 1808 an, entwickelte der Graf sein Programm: eine neue Gesellschaft, in der die herrschende Klasse die *Arbeiter* sind, allen Menschen die *freieste Entfaltung* ihrer Fähigkeiten gesichert wird, die bloße *Verwaltung von Sachen* an die Stelle der Herrschaft über Personen tritt und *jeder nach seinen Bedürfnissen* an allen Gütern teilhat.

Das waren auch die vier Stangen des Traghimmels, den Karl Marx über der Menschheit aufzuspannen suchte. Originell war er nicht, und sehr viel Konkreteres haben wir über dieses Himmelreich auf Erden nie erfahren. Da der junge und der ältere Marx nicht durchweg derselben Meinung waren, da Friedrich Engels und Karl Kautsky den Marxismus deuteten und ergänzten, während Lenin ihn in einem Kernpunkt auf den Kopf stellte (indem er die Diktatur *des Proletariats* gegen die Diktatur einer Kaderpartei *im Namen des Proletariats* vertauschte) – aus diesen Gründen liegt es nahe, das kommunistische Paradies in derjenigen Form zu beleuchten, in der es anderthalb Milliarden Menschen verheißen wurde: der des Marxismus-Leninismus. Die Entwicklung sollte in vier Stufen vor sich gehen: drei Etappen, ein Ziel.

Etappe 1: Aufbau der sozialistischen Gesellschaft. Die Gesellschaft ist noch «behaftet mit den Muttermalen der alten, aus deren Schoß sie kommt». Die Folge: Es gibt noch Klassenunterschiede, noch keine völlige soziale Gleichheit und noch keinen Überfluss an materiellen Gütern; die vorhandenen Güter werden *nach der Leistung* verteilt. In seiner eigenen Definition hat kein kommunistischer Staat diese Etappe je überwunden. Umgekehrt: «Keine herrschende Klasse Deutschlands hat jemals so schmarotzt wie jene zwei Dutzend Familien, die unser Land als einen Selbstbedienungsladen handhaben», hieß es im Manifest des «Bundes demokratischer Kommunisten Deutschlands», das 1978 vom *Spiegel* veröffentlicht wurde (ob es von einer Oppositionsgruppe innerhalb der DDR oder von dem ausgebürgerten Wolf Biermann war – jedenfalls stammte es von Kennern, die sich Kommunisten nannten). «Keine Klasse hat sich derart schamlos in Sonderläden und Privatimporten aus dem Westen, durch Ordensblech, Prämien und Sonderkliniken, Renten und Geschenke so korrumpiert und bereichert wie diese Kaste.»

Etappe 2: Vollendung der sozialistischen Gesellschaft. Die letzten Überreste der Ausbeutung werden beseitigt, der Wohlstand wird erhöht und «die allseitige Überlegenheit des Sozialismus über den Kapitalismus wird erreicht. Die Volkswirtschaft der DDR ist innerhalb weniger Jahre so zu entwickeln, dass die Überlegenheit der sozialistischen Gesellschaftsordnung der DDR gegenüber der Herrschaft der imperialistischen Kräfte im Bonner Staat eindeutig wird», verkündete Walter Ulbricht 1958 auf dem V. Parteitag der SED.

Etappe 3: Übergang zum Kommunismus. Die Muttermale der alten Gesellschaft sind beseitigt, zwischen Klassen und Schichten verschwinden die letzten Unterschiede, die Reste der Arbeitsteilung werden aufgehoben, «ein mächtiges Produktionspotential» ist aufgebaut, *der neue kommunistische Mensch wird erzogen*. Herrlich! Wann? «Die heutige Generation der Sowjetmenschen wird im Kommunismus leben!», proklamierte 1961 die KPdSU. «Manchmal packt mich die Angst, ich wäre bereits im Paradies», schrieb 1966 der polnische Satiriker Stanisław Jerzy Lec.

Das Ziel: Sieg des Kommunismus. Die Arbeiterklasse hat ihre welthistorische Mission erfüllt und hebt sich selbst als Klasse auf. Der Staat stirbt ab. «Das Verteilungsprinzip lautet: Jeder nach seinen Fähigkeiten, jedem nach seinen Bedürfnissen. Der Kommunismus ist die Gesellschaft der schöpferischen Arbeit und des Überflusses für alle.»

Vom «Überfluss» entwarf zuerst der großartig-wahnwitzige Agitator Wladimir Majakowski ein leuchtendes Bild in seinem Theaterstück «Mysterium buffo», das 1918, zum ersten Geburtstag der Oktoberrevolution, in Petrograd Premiere hatte: ein total elektrifiziertes Schlaraffenland, mit Blumen geschmückt und voll der herrlichsten Waren, die jedermann kostenlos an sich nehmen darf; die Technik quält den Menschen nicht mehr, sie bedient ihn: «Ich bin eine Sowjetmaschine – erbaut, Glück zu produzieren!»

Elf Jahre danach, kurz vor seinem Selbstmord, war Majakowski gründlich desillusioniert: In seinem satirischen Drama «Die Wanze» wird ein Sowjetbürger, zufällig in einem Eisblock konserviert, fünfzig Jahre später aufgetaut und findet nun – also 1979! – zwar eine sozialistische Weltföderation vor, jedoch ein Reich der perfekten Technik und der sterilen Bürokratie, in dem es keine Blumen, keine Musik und keine Träume gibt.

Und wie überhaupt soll man das Wort «Bedürfnis» definieren? Ein durstiger Mensch kann ein Bedürfnis nach Wasser haben, aber auch nach Bier, und warum nicht nach Champagner – womit, auf welcher Ebene gedachte die künftige Gesellschaft sein Bedürfnis zu befriedigen? Wo liegt die Grenze, und wer legt sie fest? Ganz einfach: «Mit der Herausbildung der sozialistischen

Lebensweise erfolgt eine immer stärkere *Umgestaltung der Bedürfnisse.*» Damit war die Katze aus dem Sack: Der Kommunismus wünschte allein diejenigen Bedürfnisse zu befriedigen, die zuvor, bei der Erziehung des «neuen, kommunistischen Menschen» (Etappe 3), in der vorgeschriebenen Richtung umgestaltet worden waren.

Was ist aus dem Sozialismus geworden! «Frei wollen wir werden wie die Vögel des Himmels, sorglos in heiteren Zügen durchs Leben ziehen wie sie!» Das schrieb der ehemalige Schneidergeselle Wilhelm Weitling, ein Vorbild für Marx, 1842 als Motto in sein Buch «Garantien der Harmonie und Freiheit». Welche Hoffnung gab der Sozialismus einst den Elenden dieser Welt! «Doch erhob sich angesichts der schrecklichen Tage, die nun begannen, nirgends eine Klage», heißt es in Emile Zolas «Germinal» (1885). «Da man ihnen das Zeitalter der Gerechtigkeit verheißen hatte, waren sie bereit, zur Erringung des allgemeinen Glücks Leiden auf sich zu nehmen. Der Hunger erhitzte die Köpfe. Niemals hatte der verschlossene Horizont ein herrlicheres Jenseits eröffnet als in den Vorstellungen, die das Elend diesen Leuten vorgaukelte.»

Das war einmal. Wo das kommunistische Paradies herbeigezwungen werden sollte, wütete das Fegefeuer; und wäre es gekommen: Es wäre die Hölle gewesen. Er behält nun einmal recht, der englische Historiker Thomas Carlyle, der Friedrich den Großen bewunderte und mit Goethe korrespondierte: «Werden wohl sämtliche Finanzminister Europas gemeinschaftlich imstande sein, auch nur einen einzigen Schuhputzer glücklich zu machen? Sie können es nicht oder höchstens ein paar Stunden lang. Denn der Schuhputzer hat auch eine Seele und würde zu seiner dauernden Befriedigung nicht mehr und nicht weniger verlangen als Gottes unendliches Weltall ganz allein für sich selbst.»

34
Die so genannte Lebensqualität

Also keine Utopien, nie und nirgends, weil sie teils schon als Ideale abscheulich sind, spätestens aber bei dem Versuch, die Realität dem Ideal entgegenzutreiben – gibt es nicht auch realisierte Utopien, die uns Respekt abnötigen, wie das Kibbuz-System in Israel? Könnten wir überhaupt leben ohne Idealvorstellungen? Wie fänden wir eine *Richtung* für unsere Reformen? Geht nicht sogar die Landung von Menschen auf dem Mond zuletzt darauf zurück, dass Wernher von Braun als Siebzehnjähriger von dem Science-Fiction-Film «Frau im Mond» begeistert war?

Ja, Utopien müssen sein. Nur ist eine Utopie nicht schon deshalb gut, weil sie eine ist. Wenn sie aber für gut befunden und zum Richtpunkt genommen wird, dann verlangen die Lebenserfahrung und die politische Vernunft, dass man ihr zögernd, ohne Umsturz und Zerstörung und mit ständigen Zweifeln entgegengeht. Das klingt zwar mehr nach einer Sonntagspredigt als nach einem politischen Konzept, doch es ist längst verwirklicht worden: seit 1884 in England von der *Fabian Society,* deren bekanntestes Mitglied der junge George Bernard Shaw war und aus der später die Labour Party hervorging; um 1900 auch in Deutschland von *Eduard Bernstein,* der in der deutschen Sozialdemokratie den *Revisionismus* durchsetzte.

Eine Revision ist eine prüfende Wiederbesichtigung und Revisionismus die Bereitschaft, eine Theorie im Licht der Wirklichkeit zu revidieren; also etwas eminent Vernünftiges; also für Kommunisten ein Verrat an Marx und an der «wissenschaftlichen Weltanschauung der Arbeiterklasse» – eine Todsünde.

Das Proletariat wird nicht verelenden und der Kapitalismus

wird nicht zusammenbrechen, lehrte Bernstein; die Geschichte nimmt keine vorgeschriebene Richtung, es gibt keinen idealen Endzustand der Gesellschaft, und der Sozialismus ist nicht so sehr eine Wissenschaft als vielmehr ein moralischer Impuls, der nicht zur Revolution treibt, sondern zu einer Abfolge von Reformen, mit deren Hilfe das Leid auf Erden vermindert werden kann. Kurz: «Aus dem stolzen, symmetrischen, wunderbaren Bau des Marxschen Systems», empörte sich Rosa Luxemburg, habe Bernstein einen großen Schutthaufen gemacht. Ja: Das arrogante Spiel, die liederliche Wirklichkeit durch einen erhabenen Plan zu disziplinieren, hat er verdorben.

Das Undemagogische, Lernbereite am Revisionisten kommt in mutwilliger Zuspitzung in der Wahl des Namenspatrons zum Ausdruck, den sich die englischen Fabier gegeben haben: den römischen Feldherrn Fabius, der den Beinamen *cunctator* – der Zauderer – trägt, weil er einer Schlacht mit Hannibal jahrelang auswich; gegen die überlegene karthagische Armee wandte er mit Erfolg eine Strategie des Ausweichens und der Ermattung an. Zögern, prüfen, revidieren!

Diese vorbildliche Gesinnung Bernsteins und der Fabian Society rundete *Karl Popper* 1945 philosophisch ab: Platon wie Marx machte der nach England emigrierte Wiener Philosoph «die giftgeschwängerte Geisteskrankheit der orakelnden Philosophie» zum Vorwurf; an Stelle einer Utopie der totalen Planung brauche die Gesellschaft eine Sozialtechnik, die *schrittweise* vorgehe, sodass ihre Resultate ebenso schrittweise überprüft werden könnten – *piecemeal*, stückweise, schreibt Popper im englischen Original, was den Beigeschmack von «Stückwerk» hat und, in Anlehnung an Fabius den Zauderer, wohl auch haben soll.

Natürlich, auch Reformer können überziehen, die schwedischen Sozialdemokraten neigten dazu: Die Bürger sollten in eine fast totale Gleichheit getrieben werden, über die Gleichheit der Chancen beim Start hinaus strebten sie die Gleichheit am Ziel an – «die Ungerechtigkeit der Natur korrigieren!» Da hatten sie sich überhoben, und 2006 wurden sie abgewählt.

Nichts kann die uralte Lebenserfahrung umstoßen, dass politische Prinzipien in der Praxis nur funktionieren, wenn sie *nicht* bis zur letzten Konsequenz verfolgt werden. Der polnische Marxismus-Forscher Leszek Kolakowski sagte es so: «Ich bin der Ansicht, dass wir *entweder* an eine vollkommene Gesellschaft denken können *oder* an eine Gesellschaft, in der das Leben erträglich ist – nicht aber an beides zugleich.»

Dem kommt eine vergleichsweise milde Zielvorstellung entgegen, auf die sich in den letzten Jahrzehnten viele westliche Staaten mehr oder weniger geeinigt haben: die Steigerung der *Qualität des Lebens* – so zuerst 1963 von dem amerikanischen Wirtschaftswissenschaftler John Kenneth Galbraith beschrieben und seit 1971 auch in Deutschland als Schlagwort im politischen Gespräch. Was ist Lebensqualität? Die Übereinstimmung von objektiv günstigen Lebensverhältnissen mit dem subjektiven Wohlbefinden, das aus ihnen hervorgehen sollte. Das klingt ganz hübsch – und mündet doch erschreckend rasch in vier Rätselfragen:

1. Wie definieren wir günstige Lebensverhältnisse – dieselben für alle?
2. Wie ermitteln wir subjektives Wohlbefinden – da doch alles dafür spricht, dass die meisten Menschen kaum fähig und selten willens sind, darüber halbwegs plausibel Auskunft zu geben? (Kapitel 3 hat das ausführlich dargestellt.)
3. Und was machen wir mit dem *Unzufriedenheits-Dilemma*? So das Fachwort der Sozialwissenschaftler für Menschen oder Gesellschaften, die sich schlecht fühlen, obwohl es ihnen «objektiv» gut geht – Deutschland im 21. Jahrhundert zum Beispiel. Im schönsten Komfort, mit unbeschränktem Zugang zu allen Kulturgütern und mit einem Grad von Freiheit, wie er auf Erden selten war und ist, finden viele ihr Leben dennoch zum Gähnen oder zum Kotzen.

4. Und was machen wir gar mit dem Gegenteil davon: dem *Zufriedenheits-Paradox* – große Fröhlichkeit bei elenden Lebensumständen? Dafür bietet das erstaunlichste Beispiel einer der ärmsten Staaten der Erde: *Bangladesh*, 140 Millionen Menschen auf etwas mehr als der Fläche Griechenlands (mit 11 Millionen Bewohnern), von Überschwemmungen und Seuchen regelmäßig heimgesucht, 60 Prozent Analphabeten, Durchschnittseinkommen etwas mehr als ein Dollar pro Tag.

Die Deutschen verdienen das 70-fache und neigen dazu, Missmut, Sorge und Weltschmerz zu pflegen. Wie schaffen es die armen Teufel im überfüllten Ganges-Delta, fröhlich zu sein? «Sie haben wenige Bedürfnisse, sie sind nicht ehrgeizig, ihre einzige Sorge gilt der Religion», sagt der indischstämmige Schriftsteller V. S. Naipaul (Nobelpreis 2001). «Wenn das Hochwasser kommt und ihre Häuser wegschwemmt, klettern sie auf die Bäume; wenn das Hochwasser geht, klettern sie runter und bauen ihre kleinen Hütten wieder auf. Es ist ein Drama, es gliedert den Jahreslauf. Ich habe nie glücklichere Menschen gesehen.»

Vor diesem Hintergrund ermitteln wir sie nun also, die Lebensqualität. Wie lassen *objektiv günstige* Lebensverhältnisse sich definieren? Durch unerschrockenes Messen und Vergleichen – auch wenn die Lust am Messen erkennbar größer ist als die Eignung des Gemessenen, sich messen zu lassen. *Wen* man fragt, *was* man fragt und *wie* man misst: Darauf kommt alles an.

Hätte man sich zum Beispiel um 1900 bei holländischen Kolonialoffizieren in Niederländisch-Indien erkundigt: Sie hätten geschwärmt von ihrer Lebensqualität. Oder bei englischen Lords mit ihren drei Schlössern, dreißig edlen Pferden und dreihundert billigen, willigen Lakaien! Eine Gruppe kann man immer fragen, eine privilegierte zumal. Der Unfug beginnt erst dort, wo man aus *allen* Bewohnern eines Landes den Durchschnitt ziehen und dann die Völker der Welt miteinander vergleichen will.

Das Fragen bringt die Statistiker nicht weit genug, das haben immerhin viele eingesehen; deshalb messen sie lieber. Da haben sich seit 1963 etliche UNO-Organisationen und Dutzende von sozialwissenschaftlichen Instituten eine Liste von so genannten Sozial-Indikatoren ausgedacht, mal 30, mal 500 – und das geht so: Positiv bewerten sie die Zahl der Badezimmer, der Studenten, der Waschmaschinen, der Altersheime, der Krankenhausbetten, ja der Hallenbäder auf 1000 Einwohner, auch die Länge des Jahresurlaubs und die anteilige Fläche an Grünanlagen. Davon abgezogen wird die Anzahl der Morde, der Selbstmorde, der Analphabeten, die Scheidungsrate, die Säuglingssterblichkeit – mit dem Ergebnis, dass mal Kanada, mal Holland oder Schweden aufs Podest gehoben wurden.

Gut, gut, nur: Wie gewichtet man die Studenten im Verhältnis zu den Waschmaschinen und die Grünanlagen zu den Kapitalverbrechen? Und welchen Wert haben jene Indikatoren, die einander ohrfeigen – wie die schöne Zahl vieler Autos und die traurige Zahl vieler Verkehrstoter? Und sprechen viele Altersheime eigentlich für hohe Kultur – oder für den Zerfall der Familie, die für die Alten nicht mehr sorgen will? Und sind viele Kindergärten ein Signal für Kinderfreundlichkeit – oder dafür, dass viele Mütter keine Zeit oder keine Lust mehr haben, sich um ihre Kinder zu kümmern? Ja, wenn ich nachts um drei einen Handwerker finde, der mir unverzüglich einen Wasserrohrbruch repariert – wird seine Lebensqualität nicht um ebenso viel gesunken sein, wie die meine steigt? «Die Leistung des einen ist die Lebensqualität des anderen», sagte 1973 Erhard Eppler, langjähriger Vordenker der deutschen Sozialdemokraten, in selbstquälerischer Ehrlichkeit – denn es war seine SPD, die aus dem Schlagwort einen Wahlkampf-Slogan gemacht hatte.

Politisch könnte man sich vielleicht darauf einigen, dass es für alle Menschen ein paar schlechthin erstrebenswerte Dinge gibt: Freiheit von Angst und Not vor allem, Freiheit von Unterdrückung, Staatsallmacht und Behördenwillkür. Freilich gleich wieder mit ein paar Problemen: Die Angst vor Gefahren ist meistens größer als die Gefahren selbst (siehe Karl Valentin in Kapitel 26) und Freiheit von materieller Not noch lange nichts, was die Befreiten als Glück empfinden; ja, die Freiheit selbst kann zum Problem werden: Sie öffnet ja der Ungleichheit die Türen, und so entschieden sich die Ostdeutschen 2002 auf die Frage, ob ihnen im Konfliktfall die Freiheit oder die Gleichheit wichtiger wäre, zu zwei Dritteln für die Gleichheit.

Schließlich gerät die Freiheit von Angst rasch in Widerspruch zur Freiheit von staatlicher Übermacht; die Amerikaner haben das seit dem 11. September 2001 erlebt. Ja, die Welt ist voller Widersprüche, und schrecklich oft kommen unsere Wünsche einander ins Gehege: Viele, große, schnelle Autos wollen wir – aber selbstverständlich saubere Luft, freie Autobahnen und keine Verkehrstoten. Von der «sozialen Gerechtigkeit» schweigen wir am besten gleich: 66 Prozent der Deutschen antworteten 2006 der ARD auf die Frage «Geht es in Deutschland alles in allem eher gerecht zu?» mit Nein.

Was also könnte, dürfte, sollte der Staat allenfalls tun, wenn er das Recht seiner Bürger, nach Glück zu streben, ernst nimmt und das größte Glück der größten Zahl recht und schlecht zu ermöglichen versucht? Erstens: dieses Ziel immer vor Augen haben – und zweitens: sich ihm *piecemeal* nähern, stückweise, in kleinen Schritten, stets zur Revision im Licht der Erfahrung bereit. Willy Brandt, deutscher Bundeskanzler von 1969 bis 1974, fasste das damals in die Worte: «Glück ist nicht machbar. Aber staatliche Institutionen und Regierungen können den Bürgern helfen, die Fundamente zu schaffen, auf die sie das bauen können, was sie als ihr Glück betrachten wollen.» Wollen – das ist es.

ZWISCHENFRAGE:

Wo sind die Deutschen am zufriedensten?

In München und am Bodensee. Für die Zeitschrift *Men's Health* errechnete das Stuttgarter «Institut für rationelle Psychologie» einen Glücksquotienten aus den objektiven Lebensumständen und der persönlichen Auskunft, diese abgesichert durch die Messung von Herzschlag, Atemfrequenz und Hirnaktivität. Unter den *Großstädten* des deutschen Sprachraums entstand dabei die Reihenfolge

1. München	50. Herne (Westf.)
2. Stuttgart	51. Erfurt
3. Basel	52. Halle/Saale
4. Wiesbaden	53. Leipzig
5. Graz	54. Magdeburg
6. Zürich	55. Chemnitz

Der *Stern* und das *ZDF* suchten 2006 in der Großbefragung «Perspektive Deutschland» eine Antwort auf die Frage: Kann man in Ihrer *Region* alles in allem sehr gut leben? Die Reihenfolge:

1. Bodensee-Oberschwaben	104. Chemnitz
2. Südlicher Schwarzwald	111. Magdeburg
3. Region Garmisch-Tegernsee	115. Dessau
4. Stuttgart	116. Halle/Saale

In der Bodensee-Region liegen die Städte Friedrichshafen, Ravensburg und Sigmaringen. München steht hier auf Platz 7 (hinter Münster!).

Eine Umfrage nur unter Geschäftsleuten und Diplomaten nach den Städten mit der höchsten Lebensqualität in aller Welt ergab 2003 die Rangordnung: Zürich – Genf – Wien – Vancouver (Kanada).

Ausblick

35
Nimmt das Glück auf Erden zu oder ab?

Zweierlei ist überaus klar: erstens, dass die Summe des Glücks auf Erden stetig steigt; zweitens, dass die Summe des Glücks auf Erden stetig sinkt. Für beide Standpunkte stehen Gründe und Indizien zu Hunderten bereit. Die Anwälte des sinkenden Glücks sind allerdings die beredteren – und dies schon seit der Behauptung des Jean-Jacques Rousseau, die Menschheit sei durch Vergesellschaftung und Wissenschaft aus ihrem glücklichen Urzustand herausgerissen worden.

Vergessen wir zunächst einmal alles, was wir an romantischem Unsinn über das angeblich glückliche Leben der Naturvölker gelesen haben. Die meisten vegetierten dahin zwischen Angst und Not, von Raubtieren gejagt, von Ungeziefer angefressen, mit Würmern im Darm und Fliegenlarven in den Augen; und was die Natur ihnen nicht an Leid zufügte, das verschafften sie sich selbst: Sie führten ewigen Krieg mit ihren Nachbarstämmen, versklavten ihre Frauen (wie diese törichterweise hochgejubelten Indianer Nordamerikas), sie verstümmelten einander durch grauenvolle Beschneidungsrituale, zogen sich Ringe durch die Nase, klemmten sich Holzteller in die Lippen und wateten durch einen Sumpf des Aberglaubens, der ihnen für übermorgen noch schrecklicheres Unheil androhte.

Das alles begann sich zu bessern vor 8000 Jahren, als der Ackerbau erfunden wurde. Doch welche neuen Plagen zog er nach sich! Ein Leben mit krummem Rücken, die Hungerkatastrophe bei verhagelter Ernte, die Ballung der Menschen, die viel größeren Kriege, die daraus folgten, die Seuchen, die sich nun rasch und bequem verbreiten konnten: Aussatz, Pocken, Cholera und Pest! In den Jahren 1348/49 brachte die Pest mehr als ein Drittel aller Europäer um, zwei Drittel der Bewohner waren es in Hamburg und Florenz.

Und nur selten noch muss ein Mann seine Frau im Kindbett oder eine Mutter ihr Kind an Diphtherie oder Tuberkulose sterben sehen. Die Heilkunst und das Feuer und all das andere, was, nach dem griechischen Mythos, Prometheus den Menschen brachte, um sie vom Leiden zu befreien: die Vernunft, die Zahl, die Schrift, den Bau von Häusern, die Zähmung von Tieren, die Seefahrt, den Bergbau und die Kunst der Wahrsagerei – hat es uns nicht aus der Dumpfheit unserer halb tierischen Ahnen zu den Höhen unserer heutigen Kultur geführt? Mögen wir auch stutzen, wenn wir *das Wahrsagen* als Bestandteil von Fortschritt und Glück betrachten sollen wie die Griechen – wir haben es weit gebracht.

Am schnellsten im 19. Jahrhundert. Da wurde endlich mit drei Übeln aufgeräumt, denen selbst die reichsten Römer nicht hatten entrinnen können: den Seuchen, dem Plumpsklo und der fehlenden Narkose. Das Wasserklosett kam in England um 1800 auf, war jedoch noch 1871 in Berlin nur in neun Prozent der Häuser vorhanden. Und dann Operation und Amputation ohne Betäubung! Der Patient wurde betrunken gemacht, so gut es ging, aber im Übrigen umklammerten starke Männer seine Arme und Beine, und ein Lederkissen wurde ihm zwischen die Zähne geschoben. Zwischen 1846 und 1863 setzte sich die Vollnarkose durch – ein Kulturfortschritt, der viel zu wenig gewürdigt wird, verglichen mit dem Brimborium, das wir mit der Erfindung des Telefons oder des Computers machen.

Eine ganz andere Frage ist, ob die jeweiligen Zeitgenossen den Fortschritt eigentlich herbeigesehnt und dann als solchen empfunden haben. Hat denn vor der Motorisierung des Verkehrs je ein Mensch die Eisenbahn, das Auto *vermisst*, sich das Telefon gewünscht, der Konservendose oder gar ihrem elektrischen Öffner entgegengefiebert? Und noch schwieriger: Ist die Erleichterung, die der technische Fortschritt versprach, wirklich eingetreten? Schon die Waschmaschine kann einen da ins Grübeln bringen.

Wäsche waschen, das hieß einst: Alle vier Wochen einen Waschtag einlegen, meist am Fluss, oft mit klammen Fingern, aber doch in fröhlichem Werken mit Dorfklatsch und Gesang. Vor Omas dampfender Waschküche graust es uns heute noch. Ja, die Waschmaschine hat das Leben bequemer gemacht. Aber hat sie eigentlich den Arbeitsaufwand vermindert? Nicht unbedingt – denn mit der Maschine zusammen haben sich unsere Gewohnheiten verändert.

Frische Wäsche legten unsere bäuerlichen Ahnen ein- oder zweimal im Monat an. Sie allwöchentlich zu erneuern, galt noch 1914 als ein Luxus, den bei Remarque («Im Westen nichts Neues») ein Bauernknecht zu den Wunderlichkeiten des Militärdiensts rechnete («Hast alle acht Tage deine Wäsche wie ein Kavalier»). Der heutige Maßstab, dass solche Wäsche übel gerochen haben muss, war den Leuten fremd. Es gab daran nichts, worunter sie gelitten hätten – so wenig wie unser täglicher Austausch für uns eine Quelle bewussten Vergnügens ist.

Was also hat der technische Fortschritt uns auf diesem Feld gebracht? Hygiene. Das ist ja was. Nur mit Glück hat es nichts zu tun. Ja, wenn Mutter noch am Waschbrett stehen müsste, während ihre halbwüchsigen Söhne bereits auf täglichem Wäschetausch bestehen! Doch diese Kombination kommt ja nicht vor. Nicht zufällig geht in der kulturgeschichtlichen Entwicklung die Ungeduld des Wäschewechselns mit der Motorisierung des Waschens Hand in Hand. Was die Maschine an Zeit einsparen könnte, verschleudert sie wieder durch die Gewohnheiten, die ihr Vorhandensein nach sich zieht.

Doch wir sollten nicht zögern, den Fortschritt zu rühmen, wo es ihm gebührt. Unter dem zugigen Abtritt auf dem Hof, der noch zur Goethezeit den Tiefpunkt aller Lebensqualität darstellte, haben die Benutzer wirklich gelitten, jedenfalls im Winter. Dass man den Docht der Kerzen immer wieder beschneiden («schnäuzen») musste, um Licht zu haben, darüber klagte Jean Paul 1796 im «Siebenkäs» drei Seiten lang. Auch manche Erfindung, auf die *keiner* gewartet hatte, ist zu loben: Das Fernsehen, was immer es sonst bewirken mag, gewährt den Alten, Kranken und Einsamen unendlichen Trost, und der Computer ermöglicht es auch dem Einsiedler, dem Schüchternen und dem Gelähmten, sich in die Weltgemeinschaft einzustöpseln.

Wer nach alldem eine historische Glücksbilanz ziehen will, sollte mindestens zwei Unterscheidungen treffen: die eine zwischen dem Abendland und der Dritten Welt – die andere zwischen den Wohlhabenden im Abendland und den zwei Dritteln darunter. Die haben bei uns im letzten halben Jahrhundert ihre Lage so drastisch verbessert, dass sich vermutlich dann und wann bei ihnen sogar Genugtuung einstellt: Not leidet keiner mehr, zum Fernseher reicht es für alle, zum Auto und einem Urlaub am Mittelmeer für die meisten.

Damit geht indessen beim oberen Drittel eine Einbuße an Annehmlichkeiten einher: Stau, Gedränge, Überfüllung allerorten, wo früher die Reichen unter sich waren, ob auf Sylt, im Louvre oder auf der Autobahn. Die Zahl der Menschen, die sich einen gewissen Luxus leisten können, hat sich im Abendland dramatisch vergrößert, Hutcheson kann zufrieden sein; das Wohlleben des oberen Drittels hat ein wenig gelitten.

In der Dritten Welt und zumal in den so genannten Schwellenländern prallen zwei gegensätzliche Entwicklungen aufeinander: Der Reichtum der Reichen explodiert – und eine Milliardenschar von Armen hat die Kargheit, aber auch die Geborgenheit des Landlebens eingetauscht gegen das Elend der Slums, der Favelas, der Wellblechsiedlungen am Rand der Riesenstädte, und die Bauern in Afrika, China und Indien sind ärmer denn je. Hutcheson kann *nicht* zufrieden sein.

Die größte Glücksverlagerung aber findet zu Lasten der reichen Länder statt: in der Westhälfte Europas, in Nordamerika, Japan und Australien. Die hatten mit ihrem Wohlstand schon vorher Probleme genug: «Reicht das kapitalistische Paradies für uns aus?», fragte 2006 der amerikanische Schriftsteller John Updike. «Ob das am Ende nicht nur bedeutet, zu viel zu essen, zu viele Fernsehkanäle, überhaupt von allem zu viel zu haben?»

Von allem zu viel, zu wenig von der Freiheit und der Liebe? In der Tat, einiges ist weniger geworden. Die *Nestwärme* zum Beispiel. Verstädterung, Zerfall der Großfamilie, immer geräumigere Wohnungen für immer weniger Bewohner – das senkt die Temperatur unseres Zusammenlebens. Von Greisen wie von Kindern lässt sich sagen: Je wohlhabender die Familie ist, desto einsamer sind sie. Ein Einzelkind in einem schönen Garten mag einen *Eltern*traum von Kinderglück erfüllen; das Kind ist wahrscheinlich weniger glücklich als sein Urgroßvater, der in einer Atmosphäre von fröhlichem Kuhstall aufwuchs.

Gesunken ist auch unsere *Unlustbereitschaft*. Körperliche und seelische Widrigkeiten, die unsere Großväter zehn Jahre lang schweigend hinnahmen, treiben uns binnen zehn Minuten zur Tablette oder auf die Barrikade. Die Allgegenwart von Tasten, Knöpfen, Hebeln und Sensoren, mit deren Hilfe wir die erwünschte Reaktion (des Autos, der Waschmaschine, des Fernsehapparats) in Sekundenschnelle erzwingen können, züchtet Ungeduld in allen Lebenslagen und drängt uns zur Sofortlösung aller Weltprobleme. So sehr die Technik einerseits Bedürfnisse befriedigt, die wir gar nicht hatten – so sehr sind wir andrerseits imstande, mit unseren Ansprüchen den Möglichkeiten der Technik vorauszueilen. Die halbe Milliarde der Reichen verhält sich immer mehr wie jene verzogenen Kinder, die in Wut oder Verzweiflung geraten, wenn ihnen auch nur der winzigste Wunsch abgeschlagen wird.

Vermindert hat sich auch die Summe des Glaubens, des Aberglaubens und der *Illusionen*. Damit haben wir zwar manche Angst einflößende Verstrickung abgestreift; doch die Prometheus-Gabe der Vernunft hat unser Leben auch transparenter, langweiliger, einsamer und wiederum kühler gemacht. Obendrein ist es nur ein Schritt vom Reflektierenkönnen zum Grübelnmüssen, und das pflegt das Glück zu mindern. Wer die Frage nach dem Sinn des Lebens stellt und sie frei von Glauben beantworten will, findet sich in der «Sinnkrise» wieder und schließlich in der Weltsicht des Gelehrten bei Voltaire: «Zu welchem Behufe ist denn diese Welt geschaffen worden?», fragt Candide. «Um uns zur Raserei zu bringen», erwidert der gelehrte Mann.

So war das schon, bevor die *Globalisierung* um sich griff in den siebziger Jahren des 20. Jahrhunderts: die Vernetzung der Weltwirtschaft, die Verbindung aller Börsen auf Erden in Lichtgeschwindigkeit; dazu auch das Kommunizieren über Ozeane hin, die Berieselung der halben Menschheit aus Hollywood, das milliardenfache Aufstöhnen in derselben Sekunde der Fußballweltmeisterschaft – und die Arbeitsteilung eben, die Verlagerung der Arbeit dorthin, wo sie am billigsten ist.

Mit der Arbeit stand es schon vorher schlimm genug – da doch gut zwei Prozent aller Berufstätigen uns ernähren können und zwanzig Prozent genügen würden, uns mit allen Gütern opulent zu versorgen (wie in Kapitel 23 dargetan). Nun aber wandert hochqualifizierte Arbeit nach Osteuropa ab, weil sie dort ein Drittel, oder nach Indien, weil sie ein Zehntel kostet – und wir erleiden die *Anomie*.

Das heißt auf Griechisch «Gesetzlosigkeit» und ist das Wort, das der bis heute einflussreiche französische Soziologe Emile Durkheim (1858–1917) für einen Zustand des sozialen Umbruchs gewählt hat, zumal wenn eine Gesellschaft es nicht versteht, sich dem Zusammenbruch alter Normen und Werte anzupassen. Das führt nach Durkheim zu einem Zustand allgemeiner Orientierungslosigkeit, die man wohl als Unglück einstufen kann.

Eben dies passiert gegenwärtig in Deutschland und anderen klassischen Industrienationen. Die Deutschen zumal sind seit Konrad Adenauer mit Versorgungsansprüchen und Glücksverheißungen verwöhnt worden, wie es sie noch nie gegeben hatte; und offenbar lassen die sich nicht mehr einlösen: Der sichere, gar der lebenslange Arbeitsplatz ist selbst für qualifizierte Arbeitskräfte zur Ausnahme geworden, und vor gut zwanzig Jahren kam das Schlagwort von der *Zwei-Drittel-Gesellschaft* auf: Es besagt, dass der Wandel der Arbeitswelt – weg von Landwirtschaft und Industrie, hin zu Dienstleistung, Information und Wissen – ein unteres Drittel von Minderqualifizierten, Langzeitarbeitslosen, Alten und Behinderten übrig lässt, die von der Teilhabe am Wohlstand ausgeschlossen sind, und zwar auch dann, wenn sie den Ehrgeiz haben, dazuzugehören.

Nun hat aber im Herbst 2006 die SPD-nahe Friedrich-Ebert-Stiftung innerhalb des unteren Drittels einen Bodensatz von 8 Prozent der Deutschen ausgemacht, die nicht nur keiner mehr haben will, sondern die sich damit auch arrangiert haben: Sie hoffen auf nichts, sie begehren nicht auf, sie gehen nicht wählen, sie kapseln sich ab. Gebettet auf eines der dichtesten Sozialnetze der Welt, brauchen sie nicht zu hungern, sogar auf ein Badezimmer haben sie einen Rechtsanspruch, fürs Bier reicht's immer, oft für die Zigarette vor dem Frühstück und selbstverständlich für den pausenlos flimmernden Fernsehapparat; bei den Jüngeren auch für Handys, Piercings, Tätowierungen und den Fußballverein. Viele sind arbeitslos in der zweiten, manche in der dritten Generation.

Deutschland habe «ein Unterschichtproblem» bekommen, sagte der SPD-Vorsitzende Kurt Beck dazu. Andere Sozialdemokraten verbaten sich sogleich diese Wortwahl; eine Idee, wie man dem Problem beikommen könnte, war nicht in Sicht. Ist nun einer, der sich resigniert in seiner Lage eingerichtet hat, ein unglücklicher Mensch? Was machen wir, wenn er sagt, er sei mit seinem Leben halbwegs zufrieden (wie geschehen)?

Nicht zu schnell jedenfalls sollte man folgern, dass damit eine nachhaltige Minderung der Lebenszufriedenheit einhergehen müsste. Mit all unseren historischen Vergleichen und kritischen Bestandsaufnahmen sind wir ja Kinder unserer Zeit: Vielleicht wird all das, was uns heute Sorgen macht, in hundert Jahren der Gegenstand wehmütigen Erinnerns sein, und vielleicht sprechen unsere Sorgen sogar mehr für eine modische Lust an der Sorge als für die Triftigkeit unserer Gründe, Sorgen zu haben. Gut tut uns jedenfalls ein Blick in Jacob Burckhardts Aufsatz «Über Glück und Unglück in der Weltgeschichte», worin der Schweizer Historiker jeglichem bilanzierenden Rückblick eine vernichtende Abfuhr erteilt.

Unser Urteil über das Glück vergangener Zeiten, schreibt Burckhardt, sei etwa so viel wert, als wenn abendlicher Rauch aus einer fernen Hütte in uns die Vorstellung «von der Innigkeit zwischen den dort Wohnenden» wecke. Unser Urteil werde von der *Kultur* gelenkt: Glück und Moral eines vergangenen Volkes nach Schulbildung und neuzeitlichem Komfort zu beurteilen, «wobei dann alle vergangenen Zeitalter nur mit einem größeren oder geringeren Grade des Mitleids abgefertigt werden». Und vom *Geschmack* gesteuert (glücklich die Ära, in der jenes Element besonders mächtig war, das uns am Herzen liegt); auch von der *Sicherheit der Lebensumstände;* schließlich vom *Egoismus:* «Unsere tiefe und höchst lächerliche Selbstsucht hält zunächst diejenigen Zeiten für glücklich, welche irgendeine Ähnlichkeit mit unserem Wesen haben, sie hält ferner diejenigen vergangenen Kräfte und Menschen für löblich, auf deren Tun unser jetziges Dasein und relatives Wohlbefinden gegründet scheint.»

An die Stelle der eher düsteren Prognose für das Glück der folgenden Generationen tritt im Licht dieses überzeugenden Relativismus die Einsicht, dass Prognosen über das Glück nicht möglich sind. Nicht möglich – das heißt aber: Wahlversprechungen sollten wir so wenig ernst nehmen wie irdische Utopien.

Was bleibt, ist höchstens dies: Es wird eng auf der Erde, und ihre Anziehungskraft lässt allmählich nach.

36
Glück – ein heikles Ideal

Glück *kann* nicht das höchste Ziel auf Erden sein; schmerzlich zu sagen. Wenn oder wo es das wäre, würde es unvermeidlich eine Menge Unheil stiften.

Was geschähe denn, wenn der Notarzt lieber schliefe, als zu helfen, wenn die Tochter lieber auf Reisen ginge, als ihre dahinsiechende Mutter zu pflegen, wenn die Eltern lieber an ihre Ruhe dächten als an das Wohl ihrer Kinder, wenn gar die Ellbogen der Ehrgeizlinge vollends die Welt regieren würden? Kapitel 13 (über die Selbstverwirklichung) und Kapitel 31 (über die Fallstricke des Hutcheson-Prinzips) haben demonstriert: Niemals kann die Addition von tausendfachem Glücksstreben tausend Menschen glücklich machen.

Auch sollte es uns stutzen lassen, dass die meisten Werke, die wir bewundern, eher dem Leid als dem Glück entsprungen sind – grau wäre eine Welt, aus der wir uns die große Literatur, die große Musik, die herrlichen Künste wegdenken müssten. «Ich begreife gar nicht», schrieb Richard Wagner, «wie ein wahrhaft glücklicher Mensch auf den Gedanken kommen soll, Kunst zu machen.» Ernest Hemingway verkündete: «Das wichtigste Kapital eines Schriftstellers ist eine unglückliche Kindheit.» Wer Großes leisten will, der trachtet nicht nach seinem Glück, sondern nach seinem Werk – Nietzsche lässt das den Zarathustra sagen, und recht hat er doch.

Die einen wurden vom Schicksal geprügelt wie Dante, den seine Heimatstadt Florenz verjagte und für vogelfrei erklärte; wie Cervantes, der fünf Jahre lang der Gefangene algerischer Piraten war und nochmal fünf Jahre im Gefängnis verbrachte; wie Dostojewski, der für zehn Jahre nach Sibirien Verbannte, der Epileptiker, der Spieler, der sein Leben lang wie ein Rasender – und dennoch vergeblich – anschrieb gegen seine Schulden. Und unmöglich kann Michelangelo vom Streben nach Glück geleitet worden sein, als er sechs Jahre lang auf neunzehn Meter hohem Gerüst das Jüngste Gericht an die Altarwand der Sixtinischen Kapelle pinselte (Kapitel 13).

Ja gäbe es überhaupt die «Schöne blaue Donau» und die «Fledermaus», wenn ein Psychotherapeut den notorischen Nichttänzer Johann Strauß befreit hätte von seinen schwarzen Depressionen? Zu seinen Walzern haben vermutlich mehr Menschen gejubelt als zu irgendeinem anderen Menschenwerk, bis heute ist Johann Strauß der König der Hotelfoyer-, der Fahrstuhl- und der Flugzeug-Lande-Musik, ja der meistgespielte, meistausgeschlachtete Komponist der Geschichte.

Was war das für ein Mensch? Er hatte Angst, allein zu sein, Angst, seine Einfälle könnten ihm gestohlen werden (sodass er sich ein extra gedämpftes Klavier anfertigen ließ zum Schutz gegen Spione), und Angst vor allem, Eisenbahn zu fahren – in jedem Tunnel warf er sich zu Boden. Der Weltmeister im Ausstreuen von Lebenslust war ein Griesgram, ein Sonderling am Rande des Verfolgungswahns. Der unglückliche Strauß hat Glück gestiftet – ein glücklicher Johann Strauß wäre vielleicht nie aufgeblüht oder längst vergessen.

Der dritte, der politische, der eigentlich schreckliche Einwand gegen das Glück als absolutes Ideal ist dieser: Stämme, Völker und Nationen von fanatischen, militanten Verächtern des größten Glücks der größten Zahl hatten immer in der Weltgeschichte einen Machtvorsprung gegenüber den Reichen und Zufriedenen – die germanischen Horden, die in der Völkerwanderung das träge, üppige Römische Reich überrannten, die Hunnen, die Wikinger, die Mongolen. Sollten wir noch einen Endkampf um die Macht auf Erden erleben, so hätte wieder diejenige Seite die schlechteren Chancen, die dem Streben nach individuellem Glück Verfassungsrang gegeben hat.

Sie haben eben leider recht: der alte Darwin, wenn er das Überleben der Stärksten zum Naturprinzip erklärt, nicht das Glücklichwerden, und der alte Freud nicht minder mit seinem schlimmen Satz: «Die Absicht, dass der Mensch glücklich sei, ist im Plan der Schöpfung nicht enthalten.»

Nur hat da die Evolution, vermutlich aus Versehen, ein Lebewesen hervorgebracht, dem es immer wieder – mal für Minuten, mal für Wochen, mal ein halbes Leben lang – gelingt, den Plan der Schöpfung fröhlich zu durchkreuzen. Einsam und ziemlich sinnlos rast unser Planet durchs All, aber wir haben ihm etwas abgeluchst, was die Saurier nicht kannten und die Lurche nicht kennen: ein Lachen, ein Küssen, ein Jubeln, ein Ja.

Literaturverzeichnis

Abele/Becker: Wohlbefinden. Theorie – Empirie – Diagnostik (Weinheim 1992)
Alain: Propos sur le bonheur (Paris 1925); deutsch: Die Pflicht, glücklich zu sein (Frankfurt 1975)
Andrews/Whitey: Social Indicators of Well-Being (New York 1976)
Argyle, Michael: The Psychology of Happiness (London 1987)
Bacon, Francis: Über das Glück, über das Unglück. In: Essays (London 1625); deutsch: Essays (München 1927)
Bandelow, Borwin: Celebrities. Vom schwierigen Glück, berühmt zu sein (Reinbek 2006)
Beck, Martha: Enjoy your life. 10 kleine Schritte zum Glück (Frankfurt 2006)
Beck, Ulrich: Risikogesellschaft (Frankfurt 1986)
Bellebaum, Alfred (Hrsg.): Glücksforschung. Eine Bestandsaufnahme (Konstanz 2002)
Bentham, Jeremy: An Introduction to the Principles of Morals and Legislation (London 1789)
Bilgri/Stadler: Finde das rechte Maß. Benediktinische Ordensregeln heute (München 2004)
Binswanger, Mathias: Die Tretmühlen des Glücks (Freiburg 2006)
Birkenbihl, Vera: Erfolgstraining (Landsberg 1999)
Bloch, Ernst: Das Prinzip Hoffnung (1938–1947), 3 Bände (Frankfurt 1974)
Bohrer, Karl Heinz: Der Abschied. Theorie der Trauer (Frankfurt 1996)
Bollnow, O. F.: Das Wesen der Stimmungen (Frankfurt 1956)
Bradbury, Norman: The Structure of Psychological Well-Being (Chicago 1969)
Burckhardt, Jacob: Über Glück und Unglück in der Weltgeschichte (1871). In: Weltgeschichtliche Betrachtungen (Berlin 1905)
Campbell, A.: The Sense of Well-Being in America (New York 1981)
Carnegie, Dale: Sorge dich nicht – lebe! (München 1991)

Châtelet, Marquise du: Discours sur le bonheur; deutsch: Rede vom Glück (Berlin 1999)

Chopra, Deepak: Lerne lieben, lebe glücklich (Bergisch Gladbach 1998)

Christie/Nash (Hrsg.): The Good Life (London 1998)

Condorcet, Antoine: Entwurf einer historischen Darstellung der Fortschritte des Menschengeistes (1794; Frankfurt 1976)

Czikszentmihalyi, Mihaly: Flow. The Psychology of Optimal Experience. (New York 1990): deutsch: Flow. Das Geheimnis des Glücks (Stuttgart 1992)

Dalai Lama: Die Regeln des Glücks (Bergisch Gladbach 1999)

David, F. N.: Games, Gods, and Gambling (New York 1962)

Diamond, Jared: Arm und Reich. Die Schicksale menschlicher Gesellschaften (Frankfurt 1998)

Diener/Suh (Hrsg.): Culture and Subjective Well-Being (Cambridge/Mass. 2000)

Doell/Nuding: Leben braucht Sinn! Sinnlify your Life (Overath 2006)

Durkheim, Emile: De la division du travail social; deutsch: Über die Teilung der sozialen Arbeit(1893)

Ehrenberg, Alain: Das erschöpfte Selbst (Frankfurt 2004)

Ernst, Heiko: Das gute Leben. Der ehrliche Weg zum Glück (Berlin 2003)

Foucault, Michel: L'usage des plaisirs (Paris 1984)

Francia, Luisa: Die magische Kunst, das Glück zu locken (München 2004)

Franckh, Pierre: Glücksregeln für die Liebe (Burgrain 2004)

Frankl, Viktor: Paradoxien des Glück, in: Was ist Glück? (München 1976)

Freud, Sigmund: Beiträge zur Psychologie des Liebeslebens (London 1912). – Die Verdrängung (London 1915). – Trauer und Melancholie (Frankfurt 1916). – Jenseits des Lustprinzips (Leipzig 1920). – Das Unbehagen in der Kultur (Leipzig 1930)

Frey/Stutzer: Happiness and Economics. How the Economy and Institutions Affect Human Well-Being (Princeton 2002); deutsch: Glück und Nationalökonomie (St. Gallen 2001)

Friday, Nancy: Forbidden Flowers (New York 1975)

Fromm, Erich: Die Kunst des Liebens (Frankfurt 2005)
Galbraith, John Kenneth: The Affluent Society (Cambridge/Mass. 1958); deutsch: Gesellschaft im Überfluss (München 1959)
Gilbert, Daniel: Stumbling on Happiness (New York 2006); deutsch: Ins Glück stolpern. Über die Unvorhersehbarkeit dessen, was wir uns am meisten wünschen (München 2006)
Glatzer/Zapf: Lebensqualität in der Bundesrepublik (Frankfurt 1984)
Graf, Friedrich Wilhelm: Die Wiederkehr der Götter. Religion in der modernen Kultur (München 2004)
Grönemeyer, Dietrich: Lebe mit Herz und Seele. Sieben Haltungen zur Lebenskunst (Freiburg 2006)
Hammacher, Klaus: Glück; in: Handbuch philosophischer Grundbegriffe (München 1973)
Haubl, Rolf: Neidisch sind immer nur die anderen. Über die Unfähigkeit, zufrieden zu sein (München 2001)
Herder, Johann Gottfried: Die Glückseligkeit der Menschen; in: Ideen zur Philosophie der Geschichte der Menschheit, II, 8, 5 (Riga 1785)
Hesse, Hermann: Die Kunst des Müßiggangs (Wien 1904)
Hiller, Kurt: Der Aufbruch zum Paradies (München 1952)
Hilty, Carl: Glück, 3 Bände (Leipzig 1891/99)
Hippler/Schwarz u. a.: Social Information Processing and Survey Methodology (New York 1987)
Höhler, Gertrud: Das Glück. Analyse einer Sehnsucht (Berlin 1981)
Höller, Jürgen: Alles ist möglich. Strategien zum Erfolg (München 2000)
Huizinga, Johan: Homo Ludens. Vom Ursprung der Kultur im Spiel (Hamburg 1956)
Hutcheson, Francis: Inquiry Concerning Moral Good and Evil (London 1726). – An Essay on the Nature and Conduct of the Passions and Affections (London 1728)
Huxley, Aldous: Brave New World (London 1932); deutsch: Wackere neue Welt oder Schöne neue Welt (Zürich 1950). – The Doors of Perception (London 1954), deutsch: Die Pforten der Wahrnehmung (München 1954)
Jackson, Adam J.: Die zehn Geheimnisse des Glücks (München 1997)
Jänike, Julika (Hrsg.): Denkanstöße für Glückssucher (München 2006)

Jones, Howard M.: The Pursuit of Happiness (Cambridge/Mass. 1953)
Kahnemann/Diener u. a.: Well-Being. The Foundations of Hedonic Psychology (New York 1999)
Kant, Immanuel: Versuch einiger Betrachtungen über den Optimismus (1759). – Das Gefühl der Lust und Unlust, in: Anthropologie in pragmatischer Hinsicht abgefasst, I, 2 (Königsberg 1798). – Über den Gemeinspruch: Das mag in der Theorie richtig sein, taugt aber nicht für die Praxis (Berlin 1793)
Kirschner, Josef: Die Kunst, ein Egoist zu sein (München 1998)
Klein, Stefan: Die Glücksformel – oder wie die guten Gefühle entstehen (Reinbek 2002)
Kleist, Heinrich v.: Aufsatz, den sichren Weg des Glücks zu finden (1799)
Krockow, Christian Graf v.: Die Heimkehr zum Luxus. Von der Notwendigkeit des Überflüssigen (Stuttgart 1980)
Krüger, Wolfgang: Die Faszination des Geldes. Begierde, Sehnsucht, Leidenschaft (München 1998).
Küstenmacher, Werner Tiki: Simplify your Life. Einfacher und glücklicher leben (Frankfurt 2001)
Küstenmacher, Marion und Werner: Simplify your Love. Gemeinsam einfacher und glücklicher leben (Frankfurt 2006)
Lane, Robert E.: The Loss of Happiness in Market Democracies (New Haven 2000)
Lang, Bernhard: Himmel und Hölle. Jenseitsglaube von der Antike bis heute (München 2003)
Lau/Kramer: Die Relativitätstheorie des Glücks. Über das Leben von Lottomillionären (Herbolzheim 2005)
Lejeune, Erich: Lebe ehrlich – werde reich! (Landsberg 1997)
Lermer, Stephan: Die neue Psychologie des Glücks (Landsberg 1998)
Lichtenauer, Anton (Hrsg.): Das kleine Buch vom wahren Glück (Freiburg 2001)
Lykken, David: Happiness. What Studies on Twins Show Us (New York 1999)
Marcuse, Herbert: Zur Kritik des Hedonismus (1938 in: Kultur und Gesellschaft (Frankfurt 1965). – One-Dimensional Man (Boston 1964)
Marcuse, Ludwig: Philosophie des Glücks von Hiob bis Freud (Zürich 1972)

Marquard, Odo: Glück im Unglück (München 1995)
Marten, Rainer: Lebenskunst (München 1993)
Mary, Michael: Die Glückslüge. Vom Glauben an die Machbarkeit des Lebens (Bergisch Gladbach 2003)
Mill, John Stuart: Utilitarianism (London 1861)
Mitscherlich/Kalow (Hrsg.): Glück – Gerechtigkeit. Gespräche über zwei Hauptworte (München 1976)
Montanari, Massimo: Der Hunger und der Überfluss. Kulturgeschichte der Ernährung in Europa (München 1993)
Musil, Robert: Systeme des Glücks; in: Der Mann ohne Eigenschaften I, 109 (Hamburg 1952)
Myers, D.: The Pursuit of Happiness (New York 1992)
Noelle-Neumann/Strumpel: Macht Arbeit krank? Macht Arbeit glücklich? (München 1984)
Nozick, Robert: Vom richtigen, guten und glücklichen Leben (München 1991)
Nussbaum/Sen (Hrsg.): The Quality of Life (Oxford 1993)
Pape, Helmut: Der dramatische Reichtum der konkreten Welt (Weilerswist 2002)
Petersen/Mayer: Der Wert der Freiheit. Deutschland vor einem neuen Wertewandel? (Freiburg 2005)
Pieper, Josef: Glück und Kontemplation (München 1957)
Popper, Karl: Die offene Gesellschaft und ihre Feinde (Bern 1958)
Pünder, Klaus: Glück. Annäherung an eine vielschichtige Sehnsucht (Köln 2000)
Randow, Gero v.: Genießen (Hamburg 2001)
Roth/Bracht u. a.: BioTuning. Coaching für ein leichteres Leben (Frankfurt 2006)
Russell, Bertrand: The Conquest of Happiness (London 1930); deutsch: Eroberung des Glücks (Darmstadt 1951)
Schäfer, Bodo: Der Weg zur finanziellen Freiheit (Frankfurt 2000)
Schenk, Herrad: Glück und Schicksal. Wie planbar ist unser Leben? (München 2000)
Schivelbusch, Wolfgang: Das Paradies, der Geschmack und die Vernunft. Eine Geschichte der Genussmittel (München 1980)
Schmid, Wilhelm: Die Kunst der Balance (Frankfurt 2005)

Schmidt, Alfred: Zum Begriff des Glücks in der materialistischen Philosophie. In: Drei Studien über Materialismus (München 1977)

Schmidt/Grom: Auf der Suche nach dem Sinn des Lebens (Freiburg 1975)

Schoeck, Helmut: Der Neid. Eine Theorie der Gesellschaft (München 1966)

Schopenhauer, Arthur: Aphorismen zur Lebensweisheit. In: Parerga und Paralipomena (Berlin 1851)

Schultz, Uwe (Hrsg.): Das Fest. Eine Kulturgeschichte von der Antike bis zur Gegenwart (München 1988)

Schulze, Gerhard: Die Sünde. Das schöne Leben und seine Feinde (München 2006)

Schwartz, Barry: The Costs of Living: How Market Freedom Erodes the Best Things in Life (New York 1994)

Schwarz, N.: Stimmung als Information (Heidelberg 1987)

Scitovsky, Tibor: The Joyless Economy. The Psychology of Human Satisfaction (New York 1992)

Seel, Martin: Versuch über die Form des Glücks. Studien zur Ethik (Frankfurt 1999)

Seligman, Martin P.: Authentic Happiness. Using the New Positive Psychology to Realize your Potential for Lasting Fulfillment (New York 2002); deutsch: Der Glücksfaktor. Warum Optimisten länger leben (Bergisch Gladbach 2003)

Sen, Amartya: Der Lebensstandard (Hamburg 2000)

Sennett, Richard: The Corrosion of Character. The Personal Consequences of Work in the New Capitalism. Deutsch: Der flexible Mensch (Berlin 1998)

Smith, Adam: Theory of Moral Sentiments (London 1759); deutsch: Theorie der ethischen Gefühle (Leipzig 1926). – An Inquiry into the Nature and Causes of the Wealth of Nations (London 1776); deutsch: Eine Untersuchung über die Natur und Wesen des Volkswohlstandes (Jena 1923)

Spaemann, Robert: Glück und Wohlwollen (Stuttgart 1989)

Spinoza, Benedict de: Tractatus de Deo, de homine eiusque felicitate (London 1660); deutsch: Kurzgefasste Abhandlung von Gott, dem Menschen und dessen Glück (Leipzig 1907)

Stäblein, Ruthard: Glück und Gerechtigkeit. Moral am Ende des 20. Jahrhunderts (Frankfurt 1999)

Stein, Hannes: Enzyklopädie der Alltagsqualen. Ein Trostbuch für den geplagten Zeitgenossen (Frankfurt 2006)

Strack/Argyle u. a.: Subjective Well-Being (Oxford 1991)

Straub, Eberhard: Das zerbrechliche Glück. Liebe und Ehe im Wandel der Zeiten (Berlin 2005)

Strunz, Ulrich: Forever Young – das Erfolgsprogramm (München 1999)

Stucki, Lorenz: Lob der schöpferischen Faulheit. Chancen und Gefahren der Freizeitgesellschaft (München 1975)

Swoboda, Helmut: Der Traum vom besten Staat (München 1972). – Die Qualität des Lebens (Stuttgart 1973)

Szczesny, Gerhard: Das sogenannte Gute. Vom Unvermögen der Ideologen (Hamburg 1971)

Taylor, G. R. L.: Conditions of Happiness (London 1949). – Rethink (London 1972), deutsch: Das Experiment Glück (Frankfurt 1973)

Teilhard de Chardin, Pierre: Reflexions sur le bonheur (Peking 1943); deutsch: Gedanken über das Glück (Olten 1969)

Theunissen, Michael: Selbstverwirklichung und Allgemeinheit (Berlin 1981)

Thomä, Dieter: Vom Glück in der Moderne (Frankfurt 2003). – Analytische Philosophie der Liebe (Paderborn 2000). – Hrsg.: Lebenskunst und Lebenslust. Ein Lesebuch vom guten Leben (München 1996)

Trökes/Arkenberg: Yoga – Kraft für die Seele (München 2005)

Veenhoven, Ruut: Conditions of Happiness (Dordrecht 1984). – Happiness in Nations. Subjective Appreciation of Life in 56 Nations 1946–1992 (Rotterdam 1993)

Vincent, J. D.: Biologie des Begehrens (Reinbek 1996)

Völlger, Siegfried: Glück (Zürich 2000)

Was ist Glück? Ein Symposion (München 1976)

Winterswyl, Ricarda: Das Glück. Eine Spurensuche (München 1995)

Zurhorst, Eva-Maria: Liebe dich selbst – und es ist egal, wen du heiratest (München 2004)

# Namen- und Sachregister

Abenteuerurlaub 78, 126
Aberglaube 171, 223, 275, 280
Abwechslung s. Kontrast
acedia 199, 207
Achtundsechziger 29, 99, 184
Ackerbau s. Bauern
Adams, John 252
Adenauer, Konrad 122, 209, 214, 281
Adorno, Theodor 161
Adrenalin 212
Agoraphobie 212f
Ahlers, Conrad 204
Aischylos 235
Aktivität s. Arbeit, Tätigsein
Alain 56, 58, 61, 174
Alkohol 12, 39f, 44, 51f, 63, 65f, 104–109, 111f, 121, 125, 156, 158, 187f, 211, 222, 230, 234, 239, 251f, 260
  s. auch Rauschgift
Allen, Woody 146, 214
Alpinismus s. Bergsteigen
Alter, Greisenalter 81, 114–120, 214–218, 269, 278f, 281 s. auch Rentenalter
Ambivalenz s. Angstlust
Améry, Jean 252
Angst
 – akute Angst, Realangst, Beklemmung 90, 155f, 210–213, 285
 – Zukunftsangst s. diese
Angstlust 78, 151–156, 175, 182, 193, 212
Anomie 280f
Anspruchsdenken 17, 76, 248, 279–281
Antidepressiva 51f, 151, 153, 199
Antriebsschwäche s. *ennui*
Appius Claudius 34
Arbeit (Glück und Unglück durch die): 39, 51, 59–61, 76, 80, 93, 161, 172f, 179–186, 193, 257, 280–282
  s. auch Tätigsein
Arbeitslosigkeit 80, 172, 176, 184, 186, 194–198, 209, 220, 239, 259, 280–282
Arbeitstherapie 56
Arendt, Hannah 252
Aristippos 48

Aristoteles 28, 30, 180
Armut s. Lebensstandard
Aron, Raymond 253
Ärzte s. Gesundheit, Vorsorge
Askese 68–70, 125, 181
Astrologie 171, 223
Atta, Mohammed 226f
Auburtin, Victor 43
Augenblicksglück 38–43, 47f s. auch Glück 2
Augustinus 29, 74
Ausschweifung s. Alkohol, Fest, Rausch, Sex, Völlerei
Aussteiger 123–126
Autobiographien 89f s. auch Erinnerung
Babel, Isaak 204
Bacchus 106
Bacon, Francis 18
Bangladesh 268
Basel 271
Baudelaire, Charles 199
Bauern 27, 56, 63, 66, 118, 157f, 168, 180–186 215, 275, 278–280
Bausparer 118
Baxter, Richard 180–182
Beatniks 123
Beauvoir, Simone de 29
Beck, Kurt 281
Beck, Martha 167
Becker, Boris 147
Bedürfnisse, Bedürfnisbefriedigung 36, 38f, 50, 73, 92, 125, 181, 261, 263f, 268, 279
Befriedigung s. Wohlbefinden, Wunsch-Erfüllung, Zufriedenheit
Behagen s. Wohlbehagen
Benediktiner 55f
Benn, Gottfried 79, 109f, 159, 250
Bentham, Jeremy 243f
Bergsteigen 59, 78f, 84, 126, 151, 154–156
Bernstein, Eduard 265f
Bescheidenheit s. einfaches Leben
Beten 55f, 70, 222–224
Biermann, Wolf 262
Bilanzierung (von Glück und Unglück)
  s. Glücksbilanzen

Bismarck, Otto v. 34, 41
Blair, Tony 244
Blamage s. Demütigung, Misserfolg
Blumenberg, Hans 240
Blumenkinder 55, 83, 123
Böll, Heinrich 82
bonheur s. Glück **2**
bonne chance s. Glück **1**
Boxen s. Zweikampf
Brand Eins 140
Brandt, Rut 162
Brandt, Willy 162, 270
Braun, Wernher v. 265
Bravo 170
Brecht, Bert 135
Brooks, David 187
BSE 209
Buddha 218
Buddhismus 75f
Buffett, Warren 119
Bundeskanzler (wie werde ich?) 147
Bungee-Springen 151
Bunin, Iwan 158
Burckhardt, Jacob 28, 34, 47, 105f, 123, 282
Burn-out-Syndrom 186
Busch, Wilhelm 233
Bush, George W. 209
Calvin, Johannes 69, 180
Canetti, Elias 214
Capote, Truman 142f, 233f
Carlyle, Thomas 264
Carnegie, Dale 167
Casanova, Giacomo 44, 89, 133
Cäsar 33, 142
Céline, Louis-Ferdinand 28
Cervantes, Miguel de 233, 284
Chartier, Emile s. Alain
Chemie des Glücks 51f
Churchill, Winston 217, 254
Clausewitz, Carl v. 56
Clochards 109
Clown 86, 249
Cohn-Bendit, Daniel 99
Comenius, Johann 76f
Computer 80, 276, 278
Courths-Mahler, Hedwig 143, 165
Csikszentmihalyi, Mihaly 44f, 58
Cumberland, Richard 240
Dalai Lama 49
Dante 48, 74, 221, 284
Darmspiegelung 113

Darwin, Charles 11, 286
Dávila, Nicolás Gómez 100
Defoe, Daniel 231
De Gaulle, Charles 168, 217
Demokratie 232, 239–244
Demütigung 61, 89, 141–144, 153, 193, 199, 201–203, 230, 252 s. auch Neid, Misserfolg, Zweikampf
Depression 52, 90, 102, 160, 186, 188, 194, 196–201, 215, 285
Deutschland und die Deutschen 267f, 270f, 281f
Dickens, Charles 88
Dienstag, Joshua 248
Diogenes 123f
Dionysos 105f
dolce far niente 194, 200
Don Quijote 233
Dostojewski, Fjodor 152, 182f, 203, 284f
Drogen s. Rauschgift
Dschingis Khan 142
Duell s. Zweikampf
Durkheim, Emile 280f
Durst 47, 50, 79, 153, 156 s. auch Alkohol
Easterlin, Richard 72
Eckenga, Fritz 236
Egoismus 241f
Ego-Trip 99–102
Ehe 46, 49f, 68, 71, 92, 114, 121, 134–139, 157–167, 171, 187, 193, 203, 253, 255f
  s. auch Kinder, Liebe
Eheberater 46
Ehrenberg, Alain 102
Ehrfurcht 152, 226f
Ehrgeiz 123, 126, 140–147, 185f, 202, 268
  s. auch Konkurrenz, Machtlust
Eichendorff, Joseph v. 141
Eifersucht 136, 158, 201–203, 212, 230f
einfaches Leben 122–126
Einödbauern 19, 205
Einsamkeit 80–83, 200, 278
Ekel am Leben 197, 200
Ekstase s. Genuss
Eltern s. Kinder
Empfehlungen s. Glücksrezepte, Ratgeber-Literatur
Endorphine 51f
Engels, Friedrich 162, 181, 261
ennui 197–199
Enttäuschung s. Misserfolg
Entwicklungshilfe 225f

Namen- und Sachregister 295

Enzensberger, Hans Magnus 82
Epikur 47f, 126, 176, 243
Eppler, Erhard 269
Erbanlagen (gibt es ein angeborenes
  Talent zum Glück?) 12, 46f, 50,
  62, 67, 175, 196, 199
Erben (die) 119 s. auch Vererbung
Erbsünde 222
Eremiten 251
Erfolg s. Ehrgeiz, Konkurrenz, Leistung,
  Machtlust, Misserfolg
Erfüllungsmelancholie 173
Erinnerung 25f, 84–91, 200
  s. auch Glücksbilanzen
Erniedrigung s. Demütigung
Erziehung 86, 98, 100, 169f, 256–259,
  262–264
Essen, Esskultur 40, 62–66, 77, 104, 251
  s. auch Völlerei
Ethik s. Glück und Moral
Fabian Society 265f
Familie s. Ehe, Kinder
Fanatiker 227 s. auch Selbstmordattentäter
Fasten s. Essen
Faulheit 55–57, 59, 98f, 105, 123f, 180f,
  185, 195, 206f, 251 s. auch Freizeit
Feiertage, gesetzliche 104
Feldherren 141f
Feminismus 101
Fernsehen 92, 137, 139, 143, 185, 195,
  209, 278–281
Feste und Feiern 47, 63, 65, 83, 104–110,
  121
Field, Frank 195
Fielding, Henry 33
Flaubert, Gustave 199
Fleiß s. Arbeit, Ehrgeiz, Leistung, Strapaze
Fleming, Ian 143
Flick, Friedrich Karl 119
Flow 44f, 58
Fontane, Theodor 43f, 64, 126, 160
Forbes 72
forethought s. Zukunftsangst
Fortschritt 275–278
fortune s. luck
Fotografieren 87, 90
Foucault, Michel 28
Fourier, Charles 181, 256f
Franckh, Pierre 137
Frankfurter Allgemeine 116, 140
Frankfurter Zeitung 254

Frankl, Viktor 46
Freiheit 15f, 261, 264, 267, 270, 279
Freimaurer 82
Freizeit, Muße 57–61, 180–187, 220, 257
  s. auch Arbeit, Faulheit, Tätigsein
Frère, Albert 145
Freud, Sigmund 11, 38–40, 43, 46, 71, 86,
  90, 105, 107, 133, 151, 203, 212, 216,
  228, 286
Freude s. Vergnügen
Freudentränen s. Angstlust
Friedman, Milton 242
Friedrich-Ebert-Stiftung 281
Frisch, Max 230f
Fromm, Erich 99f
Früherkennung s. Vorsorge
fruition 39
Frust, Frustration 186, 196, 198f
Furcht 212 s. auch Angst
Fußballweltmeisterschaft 25, 81, 219, 280
Futterneid 203
Futurologie 46, 171
Gabor, Zsa Zsa 18
Galbraith, John Kenneth 205, 267
Galgenhumor 214
Gates, Bill 14, 119, 141, 145, 147f
Gauguin, Paul 100
Gebären 153f
Gebet s. Beten
Gedächtnis s. Erinnerung
Gefahr (Reiz der) s. Angstlust
Gegensatz s. Kontrast
Geiz 13f, 19, 117–119, 145, 205f
  s. auch Geld, Luxus
Gelassenheit 210 s. auch Glücksrezepte
Geld, Reichtum 12–22, 45, 49, 51, 68–70,
  92, 97, 117–120, 122, 140, 144–148
  s. auch Luxus, Lebensstandard, Geiz
Gemeinschaftsgefühl 80–83, 90, 195
Gemeinwohl 141, 232, 239–254, 258f, 278,
  284, 286
Gemütlichkeit s. Wohlbehagen
Gene s. Erbanlagen
Genf 271
Genugtuung s. Zufriedenheit
Genuss (Hochgenuss, Jubel, Überschwang,
  Ekstase) 36f, 39–44, 47f, 71f, 104–110,
  141–144
Geo 22, 52
Gesang 219
Gesinnungsethik 242

Geselligkeit 80–83, 90, 195
Gesundheit 24, 47, 52, 64f, 113–117, 174, 215–218, 275f
Getty, Paul 145
Gilbert, Daniel 17, 30, 169, 173, 245f
Giono, Jean 135
Gleichheit 20, 258, 270, 279
Globalisierung 17, 29, 280, 283
Glück 1, Luck: das Glück, das man hat (Glückszufälle, Glücksgüter) 32–35, 42
Glück 2, Happiness: das Glück, das man empfindet
- Definition: 32–45, 252
- niemals für alle definierbar: 46, 240, 253, 264, 267, 270
- moralische Differenzierung zwingend: 249–252
- historische Bilanz: 275–283
- Größtes Glück der größten Zahl: 17, 141, 241–254, 258f, 278, 284
- andere staatliche Einflüsse: 12, 17, 23, 45–48, 60, 76, 82, 240, 265f, 269f, 283
s. auch Augenblicksglück, Genuss, Lebenskunst, Lebensqualität, Liebe, Machtlust, Rausch, Vergnügen, Wohlbehagen, Zufriedenheit
Glück und Moral 28–31, 38–40, 42, 44, 47f, 65, 71–73, 100–102, 105, 134, 100–144, 147, 206f, 240–244, 249–252
Glück und Religion 28f, 37–40, 44, 46, 48, 55f, 110, 115, 125, 134, 176, 181, 186, 199, 206f, 215, 221–228, 243, 247, 251f, 280
Glücksbilanzen 23–27, 37, 39–42, 231
s. auch Zufriedenheit, Lebensqualität, Glückslügen
Glückseligkeit, Seelenfrieden 28, 31, 36f, 40, 42, 44f, 47f, 74, 122, 222, 248
s. auch Paradies
Glücksgüter s. Glück 1
Glückshormone, Glückspillen 51f, 151, 153, 199
«Glückskochbücher» 49, 147
Glückslügen
- Ratgeber belügen uns s. Ratgeber-Literatur
- Wir belügen uns 25–27, 37f, 42, 267
- Wir belügen andere 23–27, 37f, 42, 267
Glücksmessung (Versuche der) 23–27, 245f, 267–271
Glücksphilosophie 28–31, 38–41, 43f, 46–48, 50, 73, 225

Glücksratgeber s. Ratgeber-Literatur
Glücksrezepte 29, 41, 45–129, 133f, 166f, 175, 210, 218–220, 240, 255
s. auch Lebenskunst, Trost, Trotz, Ratgeber-Literatur
Glücksspiele 33 s. auch Lotto
Glückszufall s. Glück 1
Goethe, Johann Wolfgang von 41, 48, 55, 57, 65f, 71, 90, 98, 108, 110, 173, 214
Gogh, Vincent van 58
Goldmedaillen 12, 32
s. auch Sport, Konkurrenz, Zweikampf
Gontscharow, Iwan 63f
Grass, Günter 82, 99
gratification 39
Gratzik, Paul 126
Graz 271
Gregor der Große 206f
Greise s. Alter
Grimmelshausen, J. J. C. 107
Grönemeyer, Dietrich 219f
Grüne 209
Gruppe 47 82
Guevara, Che 57
Guillemain, Roger 51
Habgier s. Ehrgeiz, Geiz, Geld
Haffner, Sebastian 217
Hammer, Dean 46
Hamsterrad s. *Hedonic Treadmill*
Handwerker 55, 61, 180, 183–185
happiness (das Glück, das man empfindet)
s. Glück 2
Happy End 164f
Harris, Sam 227f
Haschisch 109
Hašek, Jaroslaw 211
Hass 212 s. auch Rache
Hassliebe s. Angstlust
Haydn, Joseph 159
Hedonic Treadmill 17, 72, 205
Hedonismus 47 f
Hegel, G. W. F. 28, 38
Heimweh 200
Heine, Heinrich 42, 126, 233
Heinse, Wilhelm 106
Heiratsgründe 157–165 s. auch Ehe
Hemingway, Ernest 284
Heroin 109
Hesse, Hermann 41, 43, 98, 198
Himmel s. Paradies
Hippies 55, 83, 123–125, 184, 198

Hitler, Adolf 101, 168
Hochgenuss s. Genuss
Hochmut 33, 97, 125, 206f, 249f
Hoffmann, E.T.A. 40
Hoffnung 20–22, 31, 172f, 175–177
  s. auch Zuversicht, Misserfolg
Hölderlin, Friedrich 214
Hölle 75, 215, 221
Homer 233, 257
Horror 151f
How-to-Bücher s. Ratgeber-Literatur
Hufeland, Christoph Wilhelm 217
Hunger s. Essen
Hutcheson, Francis 49, 241, 247, 249–251, 254, 278f, 284
Huxley, Aldous 30, 109f, 257
Huysmans, Joris-Karl 199
Hygiene 276f
Ibsen, Henrik 101
Indianer 248, 275
Industrie 181f, 185
Inquisition 221
Internet 138, 195
Irak-Krieg 211
Islam 73–76, 159f, 226–228
Isolationsfolter 81
Jackpot (im Lotto) 22
Jackson, Adam J. 67
Jahn, Friedrich 229f
Jahn, «Turnvater» 110, 135
Jahnn, Hans Henny 64
Jandl, Ernst 216
Jean Paul 74, 200, 278
Jefferson, Thomas 48, 225, 241, 244, 247f, 252, 254
Jens, Walter 82
Jenseitsglaube s. Hölle, Paradies, Unsterblichkeit
Jesenska-Pollak, Milena 136, 198
Joachim Prinz von Preußen 26
Jubel s. Genuss
Jung, C.G. 98f
Kafka, Franz 136, 198
Kahn, Herman 171
Kaléko, Mascha 67f
Kamasutra 134
Kamprad, Ingvar 145
Kannibalismus 105
Kant, Immanuel 30f, 71, 73, 77, 107, 134, 151, 240, 242f
Kapitalismus 68–70, 181, 262, 265, 278f

Karl V. 158
Karl XII. 142
Karriere s. Ehrgeiz, Konkurrenz
Kästner, Erich 252
Kathedralen 175
Kaufrausch 16f, 72, 206
Kautsky, Karl 261
Kazantzakis, Nikos 126
Kehlmann, Daniel 82
Kierkegaard, Sören 193, 198
Kinder
– sind sie glücklich? 19, 39, 42f, 80, 85–87, 89f, 168, 194, 279
– machen sie glücklich? 43, 59, 86, 117, 165, 168–170
Klaustrophobie 212f
Klein, Stefan 49, 51
Kleist, Heinrich v. 18, 30, 143, 221
Klimt, Gustav 145
Klöster 125
Kokain 109
Kolakowski, Leszek 267
Kölner Dom 175
Kölnische Zeitung 209
Komfort s. Luxus
Kommunismus 35, 99, 181, 256, 262–266
Kompensation 230f
Konkubinen 157
Konkurrenz, Rivalität 12, 32, 42, 49, 100–102, 141, 154, 186, 201–203, 252f
  s. auch Ehrgeiz, Machtlust, Misserfolg
Konsumrausch, Konsumzwang 16f, 72, 206
Kontakte pflegen 80–83, 90
Kontrast (notwendig zum Glück) 15f, 71–79, 90, 104, 124, 126, 193, 222
Koran 73–76, 159f
Krakatau 209
Kramer, Ludwig 20
Krankenversicherung 114, 197, 239, 258
Krankheit s. Gesundheit, Vorsorge, Pharma-Industrie, Psychoanalyse, Krebs
Kränkung s. Demütigung
Kraus, Karl 74
Krebs 113–117, 234f
Kreuzzüge 221
Kriege 80, 87, 107f, 120, 123, 141f, 210f, 221, 253f
Kriminalität 82, 97, 99–102, 112, 208, 224, 239, 243, 249–253, 259
  s. auch Glück und Moral
Kübler-Ross, Elisabeth 215

Kuppelei 163
Küstenmacher, Werner Tiki 49f, 55, 92f, 144
Labour Party 265
Lafargue, Paul 181f
Landwirtschaft s. Bauern
Langeweile 60f, 78, 162, 193–201, 217, 248, 280
Larochefoucauld 231
Lau, Christoph 20
Layard, Richard 244
Lebensangst s. Zukunftsangst
Lebensbilanzen s. Glücksbilanzen
Lebensgenuss s. Genuss, Wohlbehagen, Zufriedenheit, Glücksbilanzen
Lebenskunst 14, 42f, 45, 55f, 62–68, 120f, 126–129, 175, 206f, 218–220
s. auch Glücksrezepte, Optimismus
Lebensqualität 15–19, 62–68, 104f, 122–129, 267–271, 281
Lebensstandard 16f, 122, 194, 225, 239, 267f, 278–282 s. auch Geld, Wirtschaftswachstum
Lebensüberdruss s. *ennui*
Lec, Stanisław Jerzy 263
Leibesfreuden, leibliche Genüsse s. Sex, Völlerei, Alkohol
Leibniz, Gottfried Wilhelm 30, 221
Leichtsinn 66
Leid s. Schmerz, Unglück
Leistung, Leistungsdruck 123, 126, 180f, 184–186 s. auch Arbeit, Ehrgeiz, Konkurrenz
Lenin 261
Leopardi, Giacomo 199
Lepenies, Wolf 196
Lessing, Theodor 233
Leyendecker, Hans 208
Lichtenberg, Georg Christoph 124
Liebe 11, 42–44, 49–51, 83, 121, 133–141, 151f, 157, 193, 251, 279 s. auch Ehe
Liebe auf den ersten Blick 39
Liebknecht, Sophie 66
Life 171
Literaturpreise 82
Locke, John 241, 253
Lotto, Lottomillionäre 20–22, 25, 32, 35, 177
luck (das Glück, das man hat) s. Glück 1
Lügen s. Glückslügen
Lust s. Sex, Genuss, Vergnügen
Lustlosigkeit s. Depression, *acedia*, *ennui*

Lustmord 250
Lustprinzip (Freud) 38f
Luther, Martin 120, 200, 214–216
Luxemburg, Rosa 66, 266
Luxus 15, 18f, 44, 68f, 76f, 122, 181, 257, 260, 263, 268, 276–278 s. auch Geld, Milliardäre, Verjubeln, Völlerei
Lykken, David 46
Macht, Machtlust 14f, 39, 45, 140–147, 186, 252
Machtlosigkeit s. Ohnmacht
Mailänder Dom 174
Mailer, Norman 211
Maistre, Xavier de 127–129
Majakowski, Wladimir 263
Mamin-Sibirjak, Dmitri 158
Mann, Golo 218, 254
Mann, Katja 100
Mann, Thomas 100, 135, 183, 200, 217, 233
Marcuse, Herbert 29
Maria die Katholische 158
Marihuana 109
Marx, Karl 35, 49, 97–100, 181, 241, 259, 261–266
Marxismus s. Kommunismus
Mary, Michael 49, 147
Maskenbälle 105
Masochismus 153
Mätressen 157, 159
Maupassant, Guy de 42, 89, 141, 162
May, Karl 143
Meditation 226, 251
Medizin s. Gesundheit, Pharma-Industrie, Vorsorge
Meinungsforschung 23–27
Melancholie 199f s. auch Depression
Melville, Herman 59
Memoiren 89f s. auch Erinnerung
Menschenopfer 106
Menschheitsbeglücker s. Utopisten
Menuhin, Yehudi 39
Merkel, Angela 23, 202
Michelangelo 102f, 285
Mill, John Stuart 40, 243f
Miller, Henry 108
Milliardäre 13f, 19, 33, 72, 119, 140f, 144–146, 250
Minutenglück s. Augenblicksglück
Mischgefühle s. Angstlust
Misserfolg, Enttäuschung 49, 89, 172–174, 193, 199, 201, 253

Namen- und Sachregister 299

Missionare 252
Missmut s. Depression, *acedia*, *ennui*
Mittal, Lakshmi 72
Mohammed 75
Mönche 125
Montaigne, Michel de 255
Montesquieu, Charles de 43
Moral s. Glück und Moral
Moravia, Alberto 199
More, Thomas 256
Moritz, Karl Philipp 172f
Motive s. Utilitarismus
Muhammed Ali 202
Multimillionäre s. Milliardäre, Geld
München 271
Murdoch, Rupert 14, 144f
Musizieren 60f
Muße s. Freizeit
Müßiggang s. Faulheit
Mütter s. Kinder
Mutter Teresa 133
Nabokov, Wladimir 141, 153
Nachfreude s. Erinnerung
Nächstenliebe 12, 133, 224f, 227, 243, 251
  s. auch Egoismus, Utilitarismus
Naipaul, V.S. 268
Narkose 276
Nausea 200
Neid 18,50, 62, 126, 186, 201–206, 212
  s. auch Konkurrenz
Nero 97
Nestroy, Johann 88
Nestwärme 80, 279
Neurosen 90
Newton, Isaac 257
New York Times 187, 248
Niederlage s. Misserfolg, Demütigung,
  Konkurrenz
Nietzsche, Friedrich 28, 31, 34, 58, 78, 90,
  100, 152, 200, 233, 244, 284
Nikotin s. Rauchen
Novalis 34, 223
n-tv 160
Nürnberger, Christian 141
Nützlichkeitsprinzip s. Utilitarismus
Oetker, Richard 79
Ohnmacht, Machtlosigkeit 86, 197, 212
Opium 109, 158
Optimismus 26, 172, 175, 188f
  s. auch Lebenskunst, Zuversicht
Orgie s. Rausch

Orwell, George 257f
Owen, Robert 258–260
Paganini, Niccoló 98
Panik 87, 212f
Paradies 71, 73–77, 124, 160, 179, 215,
  222, 263
Paranoia 212
Partnerschaft s. Ehe, Liebe
Pascal, Blaise 177, 197
Paulus (der Apostel) 98, 107, 134, 179,
  205–207
Penisneid 203
Pessimismus 120, 172, 175, 188f, 196, 200,
  248f, 282 s. auch Zukunftsangst
Pest 276
Petrarca, Francesco 32
Pfingsten 104
Pharma-Industrie 52, 116f
Philipp II. 158
Philosophie s. Glücksphilosophie
Phobien 212f
Pindar 97f, 100
Pius XI. 168
Platon 28, 73, 123, 256, 259, 266
Platzangst 212f
Plutarch 48
Politik und Glück s. Glück 2, Sozialforschung
Popper, Karl 240, 266
Presse (schürt Ängste) 209f
Prognosen s. Aberglaube, Astrologie,
  Futurologie, Optimismus, Pessimismus,
  Vorfreude, Zukunftsangst
Prohibition 111f
Protest s. Trotz
Proudhon, Pierre Joseph 256
Psychoanalyse 90
Psychology Today 248
Psychopharmaka 52
Psychotherapeuten 46, 285
Pubertät 169f
Puritaner 68–70, 111, 180f
pursuit of happiness 247f, 286
Quäker 224
Qual s. Schmerz
Quandt (Familie) 145
Rabelais, François 63f
Rache 143, 232, 252 s. auch Schadenfreude
Ranke, Leopold v. 75
Rassenwahn 250, 260
Ratgeber-Literatur 12, 24, 46, 49–52, 67,
  133f, 136–140, 166f, 188f

Ratschläge s. Glücksrezepte, Ratgeber-Literatur
Rauchen, Nikotin 51, 109, 239f
Rausch 11, 47, 65, 105–112
Rauschgifte 51f, 65, 83, 104, 107–110, 123, 158, 184, 211, 239 s. auch Alkohol
Rawls, John 203
Rechtsanwälte 188
Reemtsma, Jan Philipp 202
Reformen 265–267
Reformhäuser 113
Reichert, Willy 214
Reichtum s. Geld, Lebensstandard, Milliardäre
Reisen und Urlaub 47, 66, 77f, 88, 126, 134, 161, 169, 172f, 183, 278
Religion s. Glück und Religion
Remarque, Erich Maria 277
Rentenalter 59–61, 176, 194, 197, 239
Rentenversicherung 114
Revisionismus 265f
Rezepte für Glück s. Glücksrezepte, Ratgeber-Literatur
Riesman, David 72
Rinderwahnsinn 209
Ringelnatz 64
Rivalität s. Konkurrenz
Robespierre, Maximilien de 258
Rock-Konzerte 83, 106
Rolland, Romain 254
Rommel, Erwin 80
Rossini, Gioachino 57
Rotarier 82
Roth, Philip 217
Rousseau, Jean-Jacques 28, 159, 275
Rubens, Peter Paul 64
Russell, Bertrand 87, 125, 177
Sacher-Masoch, Leopold v. 153
Sachs, Hans 76
Saint-Exupéry, Antoine de 43, 215
Saint-Simon, Graf v. 261
Salomo 119–121, 165, 198, 231
Samjatin, Jewgenij 257f
Sammeln (als Leidenschaft) 55, 59, 251
Sartre, Jean-Paul 200
Saturnalien 105
Schach s. Zweikampf
Schadenfreude 231–234, 250
Schäfer, Bodo 144
Schande s. Demütigung
Schäuble, Wolfgang 210

Scheidung 161–163, 166, 188, 255
Scheitern s. Misserfolg
Scheler, Max 31
Schiller, Friedrich 152, 218, 232
Schlegel, Friedrich 153
Schleich, Carl Ludwig 90
Schlemmen s. Völlerei, Luxus
Schmach s. Demütigung
Schmerz 28, 38, 47, 51, 67, 73, 84, 87, 91, 126, 151, 179, 193, 211–213, 216f
Schmerzlust s. Angstlust
Schmerztoleranz 217, 279
Schmidt, Arno 185
Schoeck, Helmut 204f
Schlaraffenland 71, 76f, 263
 s. auch Luxus, Paradies
Schopenhauer, Arthur 28f, 47, 73f, 84f, 91, 164f, 167, 193, 200, 205, 216, 231
Schröder, Gerhard 202
Schubert, Franz 57
Schulze, Gerhard 184, 206f
Schumpeter, Joseph 119
Schützenvereine 82
Schwangerschaft 153f, 163
Schwarz, Norbert 24f
Schwarzarbeit 194
Schwarzseherei s. Pessimismus, Zukunftsangst
Schweitzer, Albert 11, 226f
Schwermut s. Depression
Seelenfrieden s. Glückseligkeit, Zufriedenheit
Seiwert, Lothar 92
Sekten 82
Selbstentfaltung, Selbstfindung s. Selbstverwirklichung
Selbstinszenierung 25f
Selbstmitleid 199f
Selbstmord 52, 199
Selbstmordattentäter 75, 208–210, 226f
Selbstverwirklichung 42, 83, 97–103, 125, 241, 251, 284
Seligkeit s. Glückseligkeit
Seligman, Martin P. 50, 90, 188f
Seneca 97f
Seuchen 249, 268, 275f
Sex 12, 29, 43f, 47, 49, 68f, 71f, 93, 106, 110, 134f, 137, 153, 161, 163, 166, 181, 206f, 222, 251
Shackleton, Ernest 57
Shaw, George Bernard 71, 265

Siamesische Zwillinge 245f
Sieger s. Zweikampf, Konkurrenz
Simmel, Johannes Mario 218
Singles 81
Sinn des Lebens 49, 92, 186, 223f, 280, 286
  s. auch Glück und Religiion
Sklaven 97, 105, 180, 182, 248, 250
Smith, Adam 241–244, 252
Soldaten s. Kriege
Solschenizyn, Alexander 43
Sonntagskinder 33
Sorge s. Angst, Pessimismus, Vorsorge
Soros, George 14, 119
soziale Gerechtigkeit 205, 257, 270
  s. auch Wohlfahrtsstaat
Sozialforschung 17, 23–27, 44, 46f, 171, 267
Sozial-Indikatoren 23, 244, 269f
Sozialismus s. Kommunismus
Sozialneid 204f s. auch Geld, Konkurrenz, Demütigung
Sparsamkeit s. Geiz, Vererben
Spaß s. Vergnügen
Spengler, Oswald 28, 200
Spiegel 72, 93, 99f, 116, 194, 200, 209, 262
spielen 55, 66
Spielsucht s. Lotto
Sport 12, 32, 42, 56, 201f s. auch Konkurrenz, Strapaze, Zweikampf
Staat und Glück s. Glück 2
Stachanow, Aleksej 181
Stalin, Jossif 179
Stammtische 82
Steere, Douglas 224
Stefansson, Vilhjalmur 57
Stendhal 71, 78, 138, 144, 193
Sterben s. Tod
Stern 170
Stolz 42, 125, 153, 156, 170, 206
Storm, Theodor 64
Strack, Fritz 24f
Strapazen 51, 56–59, 78, 153–156
Straßburger Münster 175
Straßenfeste 83
Strauß, Johann 86, 285
Stress 186, 212f
Strindberg, August 63
Stuttgart 271
Süddeutsche Zeitung 79, 116f, 194, 208
Sünde (Reiz der) 71f s. auch Todsünden

Swift, Jonathan 214f
Tagebücher 87, 90
Tanz 105
Tätigsein (als Glücksrezept) 50f, 55–61, 90, 230 s. auch Arbeit, Freizeit
Teilhard de Chardin 29
Tennis 47, 147
Terrorismus 87, 208–210, 259
Testament s. Vererben
Theokrit 122
Thierse, Wolfgang 173
Thoma, Ludwig 74
Thomä, Dieter 99
Thomas von Aquin 55, 186, 222
Thoreau, Henry David 124
Till Eulenspiegel 233
Time 202
titillatio s. Sex
Tito, Josip 142
Tod 113–117, 120, 170, 193, 214–219, 230
Todsünden, die sieben 206f, 222, 224
Tolstoi, Leo 28, 159
Tourismus s. Reisen und Urlaub
Trägheit s. Faulheit
Trauer 197, 212, 230
Trinken s. Alkohol
tristitia 207
Triumph s. Genuss, Goldmedaille, Machtlust, Zweikampf
Trost 112, 173, 175, 193, 222–224, 229–231, 234, 236
Trotz 86, 234–236
Trübsinn s. Depression
Tsunami (2004) 209
Tucholsky, Kurt 27, 214, 228
Tugend s. Glück und Moral
Überarbeitung s. *workaholics*
Überfluss s. Geld, Wirtschaftswachstum, Utopien
Uhland, Ludwig 33
Ulbricht, Walter 262
Umweltkatastrophen 209
Unglück 15, 29f, 34, 73, 125, 134, 149–235 s. auch Demütigung, Depression, Eifersucht, Langeweile, Misserfolg, Neid, Schmerz, Tod
«Unsichtbare Hand» 242, 244
Unsterblichkeit 74
Unterschicht 281f s. auch Lebensstandard, Wohlfahrtsstaat

Unzucht s. Glück und Moral, Sex
Unzufriedenheits-Dilemma 267
Updike, John 279
Utilitarismus 240–254
Utopien 46, 255–265, 283
Valentin, Karl 208, 270
Vancouver 271
Verantwortungsethik 242
Vercingetorix 142
Vereine 81f
Vererben 51, 65, 113, 117–120
Vergangenheit s. Erinnerung
Vergewaltigung 158
Vergnügen, Spaß 28, 40, 42, 44f, 47, 55, 254
Verjubeln, Verprassen 118f
Verkehrstote 22, 208, 210, 269
Verlierer s. Konkurrenz, Zweikampf
Versagung s. Frust
Verschwendung s. Luxus, Verjubeln, Völlerei
Versicherungswirtschaft 114, 177, 239, 258
Verzweiflung 197, 216
Vietnam-Krieg 211
Voland, Eckart 157
Völlerei 47, 62–64, 76f, 104, 122, 206f, 222 s. auch Essen
Voltaire 28, 58, 61, 142, 280
Vorfreude 87f, 104, 115, 172–174, 210, 223
Vorgriff (in die Zukunft) s. Hoffnung, Vorfreude, Vorsorge, Zukunftsangst
Vorsorge (medizinische) 65, 87, 113–117, 176 s. auch Zukunftsangst
Wagner, Cosima 136
Wagner, Richard 58, 136, 284
Wahlkampf 202
Walser, Martin 82, 103
Walser, Robert 19
Walton, Sam 145
Waschmaschinen 277
Washington, George 248, 261
Wasserklosett 276–278
Weber, Max 68–70, 242
Wehmut 200
Wehner, Herbert 98
Weihnachten 206
Wein s. Alkohol
Weizsäcker, Carl Friedrich v. 226, 254
Weitling, Wilhelm 264
Weltschmerz 26, 43, 198, 200, 268

Wermutbrüder 108f
Wettbewerb, Wettkampf s. Konkurrenz, Sport, Zweikampf
Widerstände (Reiz der) 59 s. auch Strapaze
Wiechert, Ernst 122
Wien 271
Wiesbaden 271
Wilhelm II. 168
Wirtschaftswachstum 16f, 72
Wirtschaftswunder (das deutsche) 16, 122
Wohlbehagen, Wohlbefinden 15–17, 32, 36–40, 42–45, 55, 66, 90, 126–129, 252, 267
Wohlfahrtsstaat 194f, 281
Wohlstand s. Geld, Lebensstandard, Luxus, Wirtschaftswachstum
Wohlstandsparadox 17, 72
Wolfe, Thomas 141
Wollust s. Sex
Wonne s. Genuss
Woodstock 83, 106
World Trade Center (11.9.01) 209, 226, 270
workaholics 57, 185f
Wunsch-Erfüllung 36, 38f, 43, 172–174 s. auch Bedürfnisse
Yoga 226
Zahnärzte 172, 217, 242f
Zlof, Dieter 79
Zola, Emile 98, 264
Zorn (eine Todsünde) 206f
Zorn, Fritz 234f
Zufall s. Glück 1
Zufriedenheit (über den Tag hinaus) 17, 20, 26, 36–40, 42–44, 90, 122, 144, 245, 252, 282 s. auch Glücksbilanzen
Zufriedenheitsfaktoren 244
Zufriedenheitsparadox 268
Zukunftsangst 65, 67, 87, 113–117, 171, 176f, 206, 208–210, 282 s. auch Vorsorge
Zukunftsforschung 46, 171 s. auch Sozialforschung
Zurhorst, Eva-Maria 154, 166f
Zürich 271
Zuversicht 174f s. auch Hoffnung, Optimismus
Zwangsarbeit 182f
Zwangsehe 157–160
Zwei-Drittel-Gesellschaft 281
Zweikampf 12, 32, 42, 141, 154, 201f, 253 s. auch Konkurrenz
Zwillingsforschung 46, 245f

Namen- und Sachregister 303

Bücher von Wolf Schneider

Überall ist Babylon – Weltgeschichte der Städte (Econ 1960, deutsche Auflage 225 000, elf Übersetzungen)

Soldaten – Weltgeschichte und Psychologie einer umstrittenen Gestalt (Econ 1964, Übersetzungen in Holland und Mexiko)

Wörter machen Leute – Magie und Macht der Sprache (Piper 1976, Serie Piper 1986, 15. Auflage 2006)

Deutsch für Profis – Handbuch der Journalistensprache (Stern-Buch 1982, Mosaik TB 1999, 27. Auflage 2006)

Die Alpen – Wildnis, Almrausch, Rummelplatz (GEO-Buch 1984, 3. Auflage 1989)

Deutsch für Kenner – Die neue Stilkunde (Stern-Buch 1987, Serie Piper 1996, 17. Auflage 2006)

Die Sieger – Wodurch Genies, Phantasten und Verbrecher berühmt geworden sind (Stern-Buch 1992, Serie Piper 1996, 8. Auflage 2001)

Deutsch fürs Leben – Was die Schule zu lehren vergaß (Rowohlt TB 1994, 16. Auflage 2006)

Das neue Handbuch des Journalismus (Rowohlt 1996, Rowohlt TB 1998, 8. Auflage 2006, erweitert und aktualisiert) zusammen mit Paul-Josef Raue

Am Puls des Planeten – Expeditionen, Zeitreisen, Kulturgeschichten. 18 GEO-Reportagen (Hoffmann und Campe 1999, Serie Piper 2001)

Große Verlierer von Goliath bis Gorbatschow (Rowohlt 2004, 4. Auflage 2005, Rowohlt TB 2006)

Deutsch! Das Handbuch für attraktive Texte (Rowohlt 2005, 3. Auflage 2006, Rowohlt TB 2007)